# 항공객실서비스
# 디자인

Cengage

*Airline Cabin Service Design*

**Lee Chi Min**
**Myung Hye Ree**



ISBN-13: 978-89-6218-573-7

**Cengage Learning Korea Ltd.**
14F YTN Newsquare 76 Sangamsan-ro
Mapo-gu Seoul 03926 Korea

Cengage is a leading provider of customized learning solutions with employees residing in nearly 40 different countries and sales in more than 125 countries around the world. Find your local representative at: **www.cengage.com.**

To learn more about Cengage Solutions, visit **www.cengageasia.com**



Printed in Korea
Print Number: 01 Print Year: 2024

# 항공객실서비스 디자인

이지민 | 명혜리 지음

Cengage

Australia • Brazil • Canada • Mexico • Singapore • United Kingdom • United States

# 항공객실서비스 디자인


| | |
|---|---|
| **초판 1쇄 인쇄** | 2024년 12월 11일 |
| **초판 1쇄 발행** | 2024년 12월 18일 |
| **지은이** | 이지민, 명혜리 |
| **발행인** | 리리안후아, 탄록민 |
| **편집기획** | 김민정 |
| **발행처** | 센게이지러닝코리아(주) |
| **등록번호** | 제313-2007-000074호(2007.3.19) |
| **주소** | 서울시 마포구 상암산로 76 YTN 뉴스퀘어 14층 |
| **이메일** | asia.infokorea@cengage.com |
| **홈페이지** | www.cengage.co.kr |
| ISBN-13 | 978-89-6218-573-7 |

---

**정가** 32,000원

# 머리말

우리가 살고 있는 21세기는 글로벌 시대로, 국가 간 경제 · 문화 · 사회 · 정치의 모든 영역에서 정보 상호 교환은 필수 요건이 되었으며, 상호 왕래의 일상화로 항공 산업의 발전은 자명한 현실로 여겨진다. 그러나 2020년 3월 세계보건기구의 국제 공중보건 비상사태 선언 이후 4년간의 코로나 팬데믹 상황은 여행 제한으로 인한 여객 수요 감소로 전 세계 항공사의 재정적 손실로 이어졌다. 2023년 5월 비상사태 종료 선포 이후에도 엔데믹 상황 가운데 있는 이들 항공사는 지속 가능한 회복을 위해 다양한 경영 전략을 모색하고 있다.

어떠한 노력이 필요할까? 언택트 트렌드에 적응한 소비자들과 기업의 구성원들, 그리고 AI 플랫폼의 등장으로 변화된 세계 경제의 기류는 서비스 기업에 디지털 혁신, 고객 경험 시대 확산, 기업 문화의 변화라는 새로운 도전을 요구하고 있다. 이에 따른 최근 항공업계의 주요 이슈를 정리해 보면 항공사의 각종 부가 서비스 및 서비스 확장, 저비용 항공사의 지속 성장을 위한 사업 확장, AI와 기술 도입을 통한 디지털 전환, 친환경 정책에 따른 환경 보호, 지속 가능성을 위한 캠페인과 활동, 구성원의 세대 변화에 따른 기업 문화의 변화 등이 있다.

항공사의 고객은 어떠한가? 다양화에 더해, 인간적인 경험을 담은 개인화된 서비스와 옴니 채널 지원을 통한 빠른 응답과 해결을 요구하기에 이르고 있다. 이러한 경영 환경에서 경쟁 우위를 점하기 위해 각 항공사는 고객의 니즈에 부합하는 경험 서비스를 디자인하고, 제공하는 서비스의 품질을 향상하며, 고객과 함께 접점에서 서비스를 생산하는 인적 자원의 운영과 교육 · 훈련에서 그 해답을 찾고자 한다.

이 책은 현직에 있는 항공 객실 승무원 중 서비스 직무 능력에 대한 보다 체계적인 접근을 원하는 분들과 서비스 전문 지식을 익혀야 할 항공 서비스 관련 학과 전공 학생들에게 도움이 되고자, 저자들의 항공사 실무 경험과 강의 교육 내용을 담아 집필하게 되었다. 서비스와 항공 객실 서비스의 기본적인 이해를 바탕으로 객실 승무원의 서비스 직무를 파악하고 이를 대고객 경험 서비스 제공에 실질적으로 적용 · 수행하도록 하는 데 중점을 두었으며, 이를 위해 최근 국내 및 외국 항공사의 구체적인 사례를 제시했다.

이 책은 서비스 및 항공 객실 서비스 개념의 이해, 디자인, 운영 · 관리의 세 단계로 구성했다. 그 내용을 살펴보면, Part 1에는 서비스 직무의 이해를 돕고자 서비스 제공자로서 알아야 할 서비스의 기본적인 개념과 특징, 서비스 프로세스를 디자인하는 방식과 주요한 서비스 품질 관리 기법을 담았다. Part 2는 항공 객실 서비스의 기본적인 이해에 대한 내용으로 직무 해설, 항공 객실 구조 및 시설, 객실 서비스 내용 및 서비스 용품을 소개했다. Part 3에는 이를 바탕으로 디자인된 항공 객실 서비스 직무에 대한 기준과 규정, 교육 · 훈련 내용을 담았고, Part 4에는 실제 항공사가 일반적으로 운영하고 있는 항공사 객실 서비스의 승무 절차를 정리했다. 마지막으로 Part 5는 변화하는 글로벌 경영 환경을 항공 산업에 비추어 구체적인 사례 위주로 구성했다.

4차 산업혁명 시대! 단순히 제공받는 서비스를 넘어, 그 과정에서 자신이 원하는 경험을 하고자 하는 항공사 고객들! 이들의 고객 경험에 어떤 의미를 부여할지, 서비스 단계별 콘셉트를 전략적으로 결정하고, 시간, 공간, 인간, 기술 관점에서 고객 경험을 구체적으로 디자인하는 것이 우리 항공 산업 관련업계 종사자에게 주어진 과제라고 생각한다. 최근 대학에서는 직무 역량을 기반으로 교육과정을 운영하며 열린 사고와 문제 해결 능력을 갖춘 창의 · 융합형 인재를 양성하고 있고, 학생들은 산업체의 주요 이슈에 대한 통찰 기회를 제공하는 캡스톤 디자인 프로젝트와 대학생 아이디어 공모전에 참여하여 적극적으로 활동하고 있다. 이 교재가 고객과 서비스에 대한 독자들의 인사이트 함양에 도움이 되어 항공 산업계를 빛낼 서비스 디자이너가 많이 나오기를 바라는 저자들의 간절하고 소중한 마음을 담는다.

이 책이 출간되기까지 많은 분의 도움을 받았다. 먼저 성의를 다해 협조해 주신 센게이지러닝 김민정 과장님과 편집부 선생님들, 사진 자료 수집과 내용 감수에 도움을 주신 대한항공과 티웨이항공 관계자분들, 세계 각지에서 비행하고 있는 사랑하는 제자들, 마지막으로 늘 기쁜 마음으로 함께 연구하는 명혜리 교수에게 이 지면을 빌어 사랑과 감사의 마음을 전한다.

2024년 12월

저자 이지민

차례

PART 3 항공 객실 서비스의 디자인

# PART 4 항공 객실 승무원의 운영 · 관리

CHAPTER_ 12

PART 5 항공 글로벌 경영 환경

CHAPTER_ 14 항공사 전략적 제휴와 저비용 항공사 378

PART 1

# 서비스의 이해

CHAPTER

# 1 서비스의 개념

유형적인 물적 대상인 재화는 지속해서 재창출과 사용이 가능하지만 서비스는 시간이 경과하면서 가치가 소멸하고 무형적이라는 속성이 있다. 서비스는 행위와 프로세스, 결과로 이루어지며 이때 고객은 프로세스의 일부분으로서 역할을 한다는 특징이 있다. 생산과 소비가 동시에 이루어지는 서비스의 특성 때문에 서비스 산업은 차별화된 운영 전략이 필요하다.

이런 특징을 잘 반영하여 가치 창출을 할 수 있도록 고안한 것이 서비스 가치사슬이다. 서비스 기업은 종사자의 고품질 서비스 제공 방법과 고객의 높은 기업 충성도를 통한 이윤 추구를 가치사슬을 통해 비즈니스 모델화할 수 있다.

1장에서는 서비스의 정의와 특성, 서비스 가치사슬의 의미와 중요성, 서비스 기업의 서비스 가치 창출 관계에 대해 살펴본다.

## 학습목표

1. 서비스의 의미와 속성 파악
2. 서비스의 특성 이해
3. 서비스 가치사슬의 정의와 발생 이해
4. 서비스 기업의 개념과 가치 창출 관계 이해

# 1. 서비스의 정의

재화와 구별되는 서비스에 대한 개념을 파악하기 위해서는 우선 서비스의 속성을 파악할 필요가 있다. 재화는 생산하여 전달될 수 있는 유형적인 물적 대상이나 제품으로서 시간이 지나도 존재할 수 있는 속성 때문에 추후에 재창출이나 사용이 가능한 반면, 서비스는 무형적이면서 일정한 시간이 지나면 가치를 상실하는 속성이 있다. 서비스는 창출과 사용이 거의 동시에 이루어지는 프로세스나 형태를 의미하며, 소비자는 제공된 서비스를 실질적으로 보유할 수는 없지만 서비스의 효과는 유지할 수 있다. 다시 말하면, 서비스는 고객이 직접 공동 생산자의 역할을 수행하는 시간 소멸성을 지닌 무형적 경험이라고 표현할 수 있다.

서비스에 대한 정의는 다양하지만 모두 공통적으로 무형성(Intangibility)과, 생산과 동시에 소멸된다(Simultaneous Consumption)는 특성을 반영한다.

본서에서는 서비스에 대한 정의를 다음과 같이 내리고자 한다. 서비스는 행위, 프로세스, 결과로 이루어져 있다. 서비스의 행위는 해당 기업의 서비스 특성을 반영한 무형적 활동들로 구성된다. 고객의 니즈를 충족하기 위해

Gareth Cattermole/British Airways via Getty Images

서비스는 행위, 프로세스, 결과로 이루어진다.

고객과 서비스 제공자 사이에 인적 자원, 물적 자원, 서비스 제공 시스템 간에 일련의 상호작용이 일어나는데, 이를 서비스 프로세스라 한다. 그리고 이 과정을 통해 생산된 산출물은 유형적 제품이나 완성품이 아니라 생산과 소비가 동시에 이루어지는 본질적인 무형의 형태로 편의성, 즐거움, 적시성, 안락함, 건강 등의 서비스 구매자에게 부가가치를 제공하는 모든 경제활동의 형태로 나타나며 이 결과들을 서비스 부문에 포함시킨다.

## 2. 서비스의 특성

서비스 전달 시스템이 작동하려면 서비스가 생산되는 프로세스 안에서 고객과 서비스 제공자가 상호작용을 해야만 한다. 이러한 서비스의 특성으로 인해 고객에게 부여되는 자유재량, 서비스에 대해 독특한 요구 조건을 가지는 고객의 니즈를 해당 서비스 기업의 서비스 능력과 조율하고 일치시키는 것은 서비스 기업이 풀어 나갈 과제라 할 수 있다.

### 1) 프로세스의 일부분으로서의 고객

고객이 서비스 프로세스의 일부분으로 참여하는 경우, 서비스 시설에 보다 많은 주의를 기울여야 한다. 이것은 전통적인 생산 운영 과정에서는 나타나지 않는 특징이다. 예를 들어, 자동차가 덥고 더러우며 시끄러운 공장에서 생산된다고 해도 이런 사실이 고객에게는 별로 중요하지 않다. 왜냐하면 고객은 대리점의 쾌적한 전시장에서 자동차를 처음 만나기 때문이다. 그러나 고객이 생산 현장에 참여하면, 공장에서는 거의 필요 없었던 서비스 시설의 물리적 환경에 대한 주의가 요구된다. 고객은 서비스 현장, 즉 고객 입장에서 설계된 환경 안에서 서비스를 경험하게 된다. 실내장식, 가구, 배치, 소음, 심지어 색깔까지도 서비스에 대한 고객 인식에 영향을 준다.

판에 박은 듯이 똑같은 버스 정류장과 최첨단 시설을 갖춘 국제공항에서 느끼는 기분을 비교해 보자. 물론 승객은 일부 보안시설과, 수하물을 다루는 규제구역과 같은 지원 부서에는 들어가지 못한다. 그러나 혁신적인 서비

Kichul Shin/NurPhoto via Getty Images

승객은 공항 시설의 물리적 환경을 통해 서비스를 경험한다.

스 기업은 그들의 지원 부서를 개방하여 서비스의 신뢰를 높이기도 한다.

서비스 제공에서 중요하게 고려할 점은 고객으로 하여금 프로세스 안에서 중요한 역할을 하도록 하는 것이다. 고객의 지식, 경험, 동기부여, 심지어 정직성까지도 서비스 성과에 직접적인 영향을 미친다.

## 2) 생산과 소비의 동시성

서비스는 생산과 동시에 소비되므로 저장할 수 없다는 것이 서비스 경영의 핵심적인 특징이다. 이러한 서비스의 무재고성 때문에 고객의 수요 변동에 탄력적으로 대처하기 위한 서비스 산업의 운영 전략은 재고에 의존하는 전통적인 제조산업의 운영 전략과는 차별화되어야만 한다.

일반 제품의 제조업자는 내부 환경의 계획 및 통제를 외부 환경으로부터 분리하기 위해 완제품 재고를 사용하고, 제조 시설은 일정한 생산량 수준에서 통제하여 관리하는 폐쇄 시스템으로 운영하는 반면, 서비스는 수요 변동이 시스템에 직접적으로 영향을 미치는 개방 시스템으로 운영한다. 또한 제조 공정에서의 재고는 생산 단계를 이원화하는 데 사용될 수 있는 반면, 서비스에서의 이원화는 고객의 기다림에 의해서만 가능하다. 재고 관리가 생산 운영에서 중요한 이슈라면, 서비스의 문제는 기다림이나 대기 행렬이다. 서비스 능력, 시설 활용, 유휴 시간의 사용에 관한 문제는 고객의 대기 시간과 균형적으로 이루어져야 한다. 그리고 서비스 산업에서 생산과 소비의 동시성은 서비스 품질의 사전 통제가 개입될 수 있는 기회를 없애거나 감소시키는 주된 요인이 된다. 제품은 배달 전에 검사받을 수 있지만 서비스는 이미 제공된 서비스 품질을 측정하기 위해 다른 기준을 사용해야 한다.

### 3) 시간 소멸적인 서비스 능력

서비스는 저장될 수 없기 때문에 사용되지 않으면 영원히 그 기회를 잃게 되는 시간적 소멸성을 지닌 상품이다. 비행기의 빈 좌석, 병원의 빈 병실, 호텔의 빈 객실, 환자가 없는 시간대의 치과의사에게는 기회 손실이 발생할 수밖에 없다. 보유한 서비스 능력의 최대 활용은 경영자에게 커다란 도전적 과제다. 이는 심한 고객 수요의 편차와 변동에 대처하는 것이 쉽지 않기 때문이다.

서비스에 대한 고객 수요는 단기적으로 다양하게 주기적인 행동을 보이며, 가장 바쁜 시간과 한가한 시간 간의 차이가 크다. 외식업체의 경우, 12시부터 1시까지는 점심식사를 하러 사람들이 몰려온다. 우체국에는 모든 우편물의 60%가 오후 4시부터 6시 사이에 도착한다. 유흥업이나 운송 서비스업은 시즌별 편차가 심하다. 방학이나 연휴 기간에 비행기를 예약하기는 상당히 어렵다.

수요 변동과 소멸적인 서비스 능력에 대해 서비스 경영자는 다음의 세 가지 대안을 선택하고 있다. 간단히 소개하면, 사전 예약제 이용, 가격 인센티브제 활용, 수요 억제를 위한 선전 등의 수요 완화책을 쓰기도 하고, 피크 시간의 시간제 노동력 이용, 고객 셀프 서비스 확대 등을 통해 서비스 능력을 조정하기도 한다. 어떤 경영자는 고객을 기다리게 하기도 한다. 마지막 선택안은 서비스 프로세스에서 가장 소극적인 것으로, 경쟁자에게 불만스러운 고객을 빼앗길 위험성이 큰 반면, 간혹 큰 활용 포인트를 제시하기도 한다. 항공사는 이러한 점을 충분히 인식하여 대기 고객에게 할인 가격을 제시하고 있다.

**Insight Journey**

1. 진에어에서 운영하고 있는 항공권 프로모션의 종류를 알아보자. (도움말은 부록 참조)

## 4) 무형성

서비스는 아이디어 혹은 개념인 반면, 제품은 물건이라 할 수 있다. 그러므로 서비스 혁신은 특허를 받기가 어렵다. 서비스 개념의 효익을 보장하려면 신속하게 확장하여 경쟁자들보다 빠르게 선점해야 한다. 따라서 프랜차이징은 시장 영역을 보호하고 브랜드 명성을 확립하는 주요한 수단이 되고 있으며, 모회사가 가맹점들에게 아이디어를 판매할 수 있도록 하여 통제를 유지하고 위험을 감소시키면서 자본을 유지하는 수단을 제공한다.

서비스의 무형적인 특성은 고객에게도 문제다. 제품을 구매하는 경우 고객이 구매 전에 그것을 보고, 느끼고, 시험해 볼 수도 있는 반면, 서비스에서의 고객은 서비스 기업의 명성밖에 의존할 것이 없다. 이에 정부는 서비

Peter Kneffel/picture alliance via Getty Images

객실 승무원은 고객에게 안전하고 편안한 여행에 대한 확신을 주어야 한다.

스 기업으로 하여금 어느 정도 수준의 서비스 성과를 보장하도록 개입한다. 법률, 면허, 규제 등을 통해 서비스 기업의 교육 및 성과가 일정 수준을 충족하고 있다는 것을 고객에게 확신시켜 준다. 공공 건설의 계획은 반드시 전문 기술자에 의하여 승인되어야 하며, 의사는 개업 면허증을 취득해야 하고, 항공기 조종사와 객실 승무원은 안전 운항과 비행 안전을 위해 각각 운항 면허증과 안전 관련 훈련 자격증을 정기적으로 취득해야 한다.

### 5) 이질성

서비스는 해당 서비스 무형성의 정도와 서비스 전달 시스템에 고객이 참여하는 정도가 다양하게 결합됨으로써, 서비스 제공자가 동일한 서비스를 수행했음에도 고객마다 제공받는 서비스 품질이 달라지는 결과가 나타난다. 그러나 이러한 점에서 서비스 제공자와 고객은 좀 더 완전한 상호작용을 경험하게 된다. 그 까닭은 서비스 산업에서 이루어지는 일련의 모든 상호작용이 제조 산업과 비교할 때 물건 지향적이라기보다 사람 지향적이기 때문이다.

고객과 서비스 제공자의 직접 접촉은 서비스 산업에 이러한 시사점을 준다. 만약 회사에 대해 불만이 있는 자동차 제조회사의 노동자가 조립 공정에서 고의적으로 실수를 하더라도 이러한 자동차는 고객에게 배달되기 전에 최종 검사에서 확인하여 재작업을 할 수 있다. 반면에 불만스러운 서비스 기업의 종업원은 회사에 회복하기 어려운 피해를 입히게 된다. 왜냐하면 서비스 제공자가 고객과 접촉하는 유일한 경로이기 때문이다. 그러므로 서비스 기업의 경영자는 종사자의 양적 성과뿐만 아니라 그들의 태도에도 관심을 기울여야 할 것이다.

매리어트 호텔 체인의 설립자인 매리어트는 "서비스 산업에서 행복하지 않은 종업원이 고객을 행복하게 만드는 것은 불가능하다"라고 말했다. 직원의 서비스 마인드 교육과 직원 복지에 대한 진실한 관심을 통해 조직의 궁극적인 목적은 실현될 수 있다 하겠다.

## 3. 서비스 가치사슬

서비스 가치사슬은 수익성, 고객 충성도, 서비스 가치를 종업원 만족, 역량, 생산성과 연결하는 관계를 제시한다. 모든 서비스 기업이 궁극적으로 추구하는 경영 목표인 수익 성과와 수익성 증대는 충성스러운 고객으로부터 파생하고, 충성스러운 고객은 인식된 서비스 가치의 영향을 받는 고객 만족으로부터 발생한다. 서비스 가치는 자신의 직무에 만족하고, 업무에 매진하는 능력 있고, 생산성을 지닌 서비스 제공자에 의해 창출된다. 자신의 직무에 만족하며 기업에 충성스러운 서비스 제공자는 기업의 올바른 선발과 훈련으로부터 시작되지만, 정보 기술에 대한 투자와 함께 고객 서비스에 대한 의사 결정권과 재량권을 허용해 주는 다른 업무 지원도 필요로 한다.

**고객 가치 명제(Customer Value Proposition, CVP)**
고객이 자발적으로 소비하도록 만들어 주는 핵심 가치를 말한다.

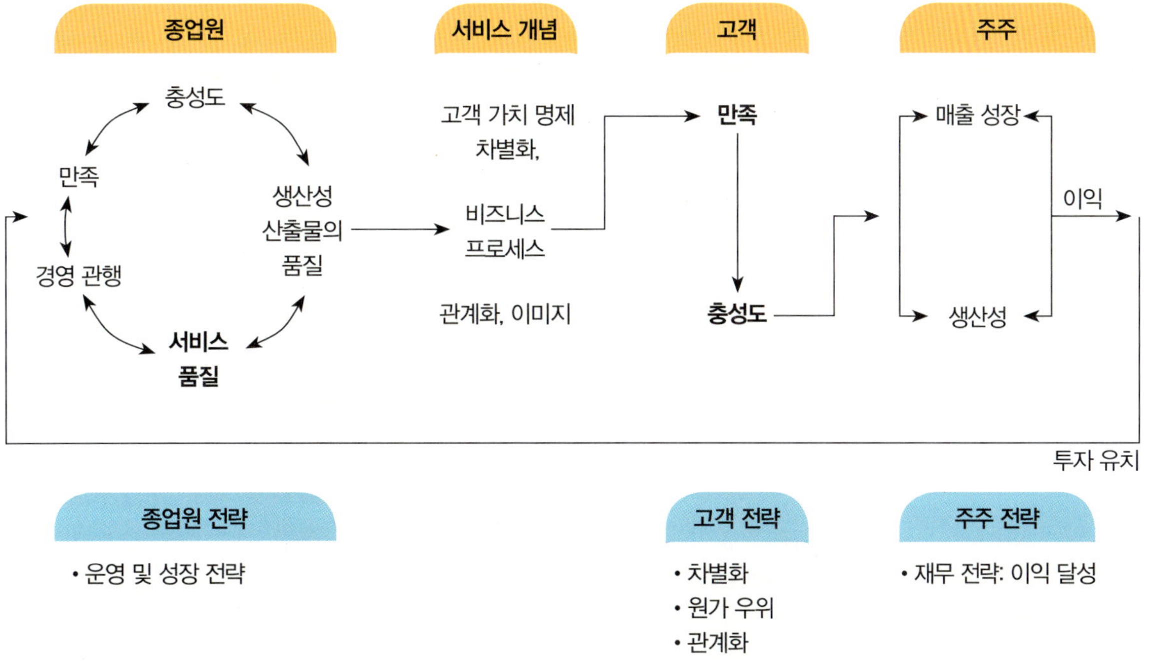


**서비스 기업의 개념적 비즈니스 모델**

### 1) 내적 품질이 종업원 만족 창출

내적 품질은 서비스 제공자인 종업원의 직무 환경을 나타내며 종업원 선발 및 자기 개발, 보상 및 인정, 고객에게 서비스하기 위한 정보 접근 권한, 작업장에서 사용하는 기술, 직무 설계 등을 포함한다.

### 2) 종업원 만족이 종업원 유지와 생산성 창출

대부분의 서비스 기업에서 종업원 이탈의 실제 비용은 생산성의 손실과 고객 만족의 감소로 나타난다. 특히 고객 맞춤화가 높은 서비스 기업의 낮은 이직률은 높은 고객 만족과 깊은 관계가 있다. 예를 들어 증권회사에서 유

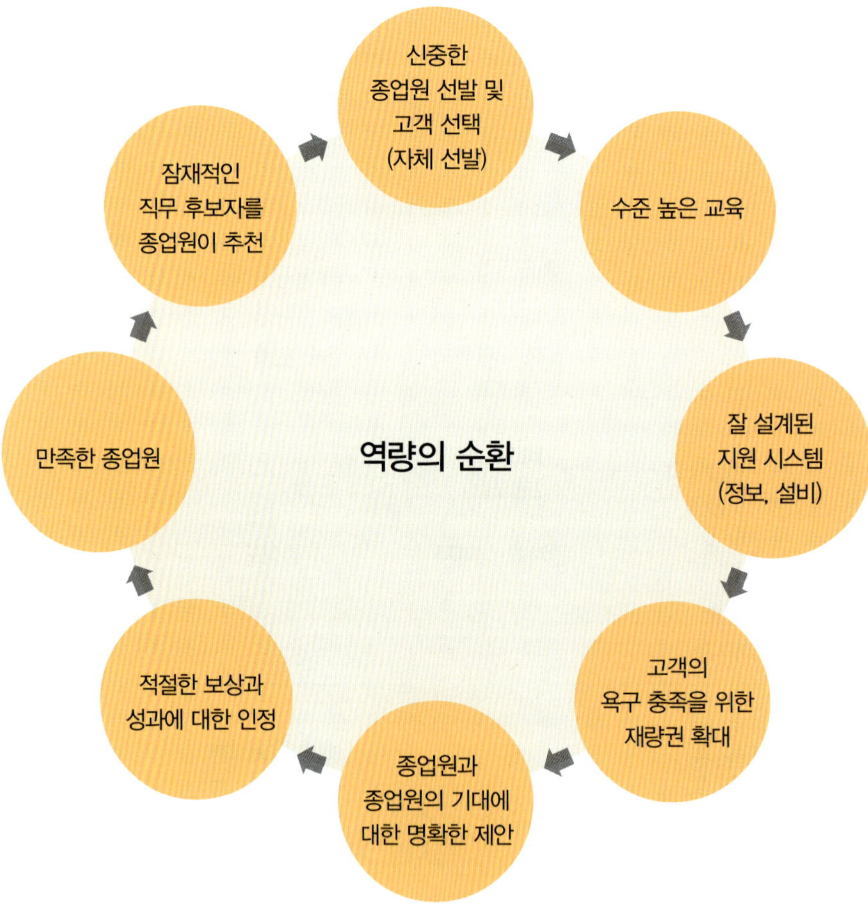


서비스 기업과 종업원 역량의 순환

능한 브로커가 이직함으로써 발생하는 비용은 그의 후임자가 처음부터 고객 관계를 다시 수립하는 동안 발생하는 수수료 손실로 측정된다. 또한 종업원 만족은 생산성 향상에 공헌할 수 있다. 사우스웨스트항공(Southwest Airlines)은 부분적으로 높은 종업원 유지율 덕택에 지속적으로 수익성이 가장 높은 기업이 되었다. 연간 5% 미만의 이직률은 항공 산업계에서 최저 수준이다.

### 3) 종업원 유지와 생산성이 서비스 가치 창출

사우스웨스트항공은 2024년이 되어서야 지정 좌석제를 도입했지만, 약 50년 동안 항공 고객에게 좌석을 지정해 주지도 않고 식사나 음료를 제공하지도 않으며 다른 항공사와의 연계 예약 서비스를 실시하지 않음에도 불구하고, 서비스 가치에 대한 고객 인지도는 매우 높다. 고객은 빈번한 출발 편수, 정시-도착 서비스, 친절한 직원, 타 항공사에 비해 60% 내지 70% 낮은 요금 등에 높은 가치를 두기 때문이다. 이처럼 저렴한 가격이 가능한 것은 부분적으로는 고도로 교육되고 유연성을 지닌 직원들이 여러 가지 직무를 수행할 수 있기 때문이며, 15분 이내에 게이트에서 비행기가 출발할 수 있기 때문이다.

Mario Tama via Getty Images

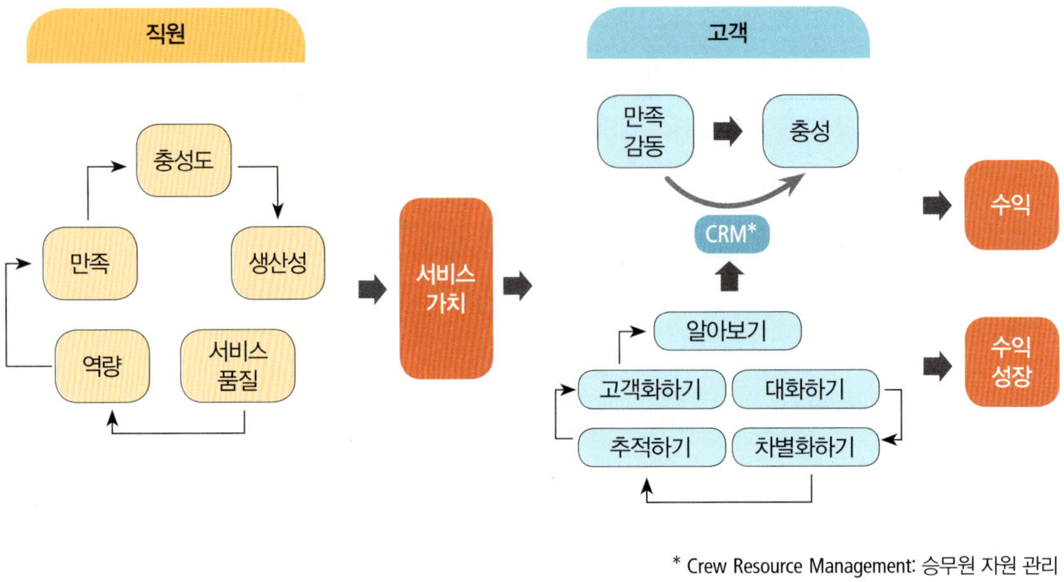


고객 만족(감동)에서 고객 충성으로—서비스 수익 모델

## 4) 서비스 가치가 고객 만족 창출

고객 가치는 서비스를 획득하는 데 투입된 총비용과 서비스 결과를 비교하여 측정한다. 상해보험 회사인 프로그레시브(Progressive Corporation)는 보험 가입자에 대한 요구를 최소화하면서 보험료 지불 청구를 신속하게 처리해 줌으로써 고객 가치를 창출하고 있다. 예를 들어 프로그레시브는 대규모 참사 현장에 보험처리 팀을 급파하여 신속하게 보험금 청구를 처리하고, 지원 서비스를 제공하며, 법률 비용을 줄이고, 실질적으로 피해 고객에게 더 많은 보험금이 지급되도록 한다.

## 5) 고객 만족이 고객 충성도 창출

제록스(Xerox)는 고객 만족에 대해 '매우 불만족'부터 '매우 만족'까지 범위를 포괄하는 5점 척도를 사용하여 설문 조사를 했을 때, '매우 만족'이라고 답한 고객이 단지 '만족'이라고 답한 고객보다 무려 6배나 많이 제록스 장비를 재구매하려 한다는 사실을 발견했다. 제록스는 '매우 만족'이라고 답한 고객을 '사도'라고 부르는데, 그 이유는 자사 제품에 경험이 없는 사람이

John Keeble via Getty Images

자사 제품에 충성하는 사람으로 바뀌었기 때문이다. 다른 극단적인 고객을 '테러리스트'라고 부르는데, 그 이유는 만족도가 매우 낮아 기업에 대해 혹평을 하기 때문이다.

### 6) 고객 충성도가 수익성과 성장 창출

고객 충성도의 5% 상승은 수익을 25%에서 80%까지 상승시키기 때문에 고객 충성도로 측정되는 시장 점유율의 품질은 양적인 시장 점유율만큼 관심을 두어야 할 가치가 있다. 예를 들어 미국 콜럼버스 오하이오에 위치한 수익성 높은 은행인 뱅크원(Bank One)은 고객이 은행을 이용한 서비스 횟수와 뱅크원과의 관계 정도를 측정하여 고객 충성도를 추적하는 매우 정교한 시스템을 개발했다.

충성도 높은 고객은 고객 유지와 기업의 수익 창출에 기여하는데, 이러한 고객은 기업에 대한 신뢰도가 매우 높아 지속적으로 해당 기업을 이용하려하는 성향이 강하다. 결국 이는 기업에 안정적 수익과 매출을 제공하게 되는 것이다. 이와 같은 관계가 오래 지속될수록 기업은 고객 유치를 위한 마케팅이나 홍보에 대한 지출도 줄일 수 있다.

**Insight Journey**

2. 에어프레미아는 2024년 국제선 취항 2주년을 맞았다. 자사 탑승객 대상으로 만족도 조사를 실시한 결과 고객 충성도에서 최고 수준을 받았다. 어떠한 부분에서 높은 점수를 받았는지 세부적인 내용을 알아보자. (도움말은 부록 참조)

# SUMMARY

- 서비스의 행위는 해당 기업의 서비스 특성을 반영한 무형적 활동들로 구성되며, 고객의 니즈를 충족하기 위해 고객과 서비스 제공자 사이에 인적 자원, 물적 자원, 서비스 제공 시스템 간에 일련의 상호작용이 일어난다.

- 서비스 제공에서 중요하게 고려할 점은 고객으로 하여금 프로세스 안에서 중요한 역할을 하도록 하는 것이다. 고객의 지식, 경험, 동기부여, 심지어 정직성까지도 서비스 성과에 직접적인 영향을 미친다.

- 서비스는 생산과 동시에 소비되므로 저장할 수 없다는 것이 서비스 경영의 핵심적인 특징이다. 이러한 서비스의 무재고성 때문에 고객의 수요 변동에 탄력적으로 대처하기 위한 서비스 산업의 운영 전략은 재고에 의존하는 전통적인 제조산업의 운영 전략과는 차별화되어야만 한다.

- 서비스는 저장될 수 없기 때문에 사용되지 않으면 영원히 그 기회를 잃게 되는 시간적 소멸성을 지닌 상품이다.

- 서비스는 해당 서비스 무형성의 정도와 서비스 전달 시스템에 고객이 참여하는 정도가 다양하게 결합됨으로써, 서비스 제공자가 동일한 서비스를 수행했음에도 고객마다 제공받는 서비스 품질이 달라지는 결과가 나타난다.

- 서비스 가치사슬은 수익성, 고객 충성도, 서비스 가치를 종업원 만족, 역량, 생산성과 연결하는 관계를 제시한다. 모든 서비스 기업이 궁극적으로 추구하는 경영 목표인 수익 성과와 수익성 증대는 충성스러운 고객으로부터 파생하고, 충성스러운 고객은 인식된 서비스 가치의 영향을 받는 고객 만족으로부터 발생한다.

# WORK SHEET

## SELF STUDY

1 서비스를 무엇이라 정의할 수 있나요?

2 서비스의 특성을 구분하여 정리해 봅니다.

예 **프로세스 일부분으로서의 고객**
고객은 서비스 현장, 즉 고객 입장에서 설계된 환경 안에서 서비스를 경험한다. 고객이 서비스 프로세스의 일부분으로 참여하는 경우 서비스 시설에 더 많은 주의를 기울여야 하는 이유이다.

- 
- 
- 
- 

3 서비스 가치사슬을 구성하는 다섯 가지 요소와 그 의미를 한 문장으로 요약해 봅니다.

예 **내적 품질이 종업원 만족 창출**
내적 품질은 종업원의 직무 환경으로 내적 품질이 높아야 그곳에서 일하는 직원의 직무 만족이 높아진다.

- 
- 
- 
- 
- 

## SELF FEEDBACK

이번 장을 통해 새롭게 알게 된 부분을 써 볼까요?

## GROUP ACTIVITY

그룹으로 나누어 각 서비스의 특성을 반영한 기업의 운영 사례를 조사해 봅니다.

CHAPTER

# 2 서비스의 디자인

서비스 영업 과정을 다이어그램으로 표현한 서비스 청사진은 서비스 전달 과정을 명확하게 보여 주기 때문에 고객 접점 시점과 불만 야기 가능점 등을 보다 면밀하게 파악할 수 있다는 장점이 있다. 따라서 서비스 청사진을 단계에 맞춰 작성하고 활용할 필요가 있다.

항공 객실 서비스의 서비스 청사진은 승객을 맞이하는 승객 탑승 시점부터 목적지에 도착하여 하기하는 순간까지의 내용을 포함하여 구성해야 한다. 서비스 흐름에 맞춰 청사진을 작성하면 고객과 객실 승무원이 상호작용하는 부분, 고객 대기나 불만이 발생할 수 있는 부분을 구조적으로 분석할 수 있다.

2장에서는 서비스 청사진의 의미를 이해하고 항공 객실 서비스 청사진을 통해 서비스를 개선하고 증진할 수 있는 방법을 살펴본다. 더불어 서비스 접점 구조를 파악하여 기업, 접촉 직원, 고객의 서비스 접점 지배에 대해 알아본다.

### 학습목표

1. 서비스 청사진의 의미와 필요성 이해
2. 항공 객실 서비스 청사진 이해
3. 서비스 청사진을 활용한 서비스 증진 방안 이해
4. 서비스 접점의 중요성과 기업 접점 지배의 목적 이해

# 1. 서비스 청사진

## 1) 서비스 청사진의 개요

어떤 건물을 신축하기 위해 설계를 할 경우에 그 설계 내역은 청사진(Blueprint)이라 불리는 도면에 나타난다. 이를 청사진이라고 하는 이유는 설계 도면이 청색 선으로 나타나는 특수 종이에 인쇄되기 때문이라고 한다. 이러한 청사진은 제품 모양의 형태와 제품 제조에 필요한 모든 규격을 나타내는 데 사용되었다. 그런데 학자 쇼 스택(Sho Stack, G. Lynn)은 서비스 전달 시스템을 시각화하여 도표로 표현하면 서비스 디자인에도 이 기법을 적용할 수 있다는 점에 착안하여 새로운 기법으로 서비스 청사진(Service Blueprint)의 사용을 제안하였다.

서비스 청사진은 '서비스 시스템을 정확하게 묘사하여 그 서비스를 제공하는 데 관계되는 서로 다른 사람들이 각자의 역할과 관점에 상관없이 그 서비스를 이해하고 객관적으로 처리할 수 있도록 해 주는 그림이나 지도'라고 할 수 있다. 다시 말해 서비스 영업 과정을 다이어그램으로 표현한 것이라고 말할 수 있다. 즉 서비스 청사진은 기업이 고객에게 서비스를 전달하는 과정을 명확하게 설명하여 전체적인 서비스를 묘사하고, 고객과 직원의 상호작용과 서비스의 가시적 측면을 보여 주는 것이다. 이는 특정 주문에

Christoph Soeder/picture alliance via Getty Images

대응하여 일을 수행해야 하는 일련의 업무도 보여 주어, 서비스가 어떻게 수행되는지를 고객이 볼 수 있게 해 준다. 또 서비스 실행 시의 기준과 실제의 차이(Gap)가 어디에 존재하는지 알려 주어, 고객 불만족을 야기하는 문제를 해결할 조치 방안까지 서비스 기업이 강구하게 해 준다.

서비스 관리자가 서비스를 최종적으로 실행하기 전에 청사진을 미리 작성함으로써 서비스를 검증하고 정의할 수 있는 방법이 되기도 한다. 특히 실수 가능점(Fail Point)을 파악하여 서비스에 대한 고객 만족을 향상시킬 기회를 제공하기 위해 사용된다. 서비스 프로세스를 도표화하려면 분석의 대상과 내용, 순서, 제공 방법 등을 정확히 인식해야 한다.

## 2) 서비스 청사진의 작성 단계

서비스 청사진을 작성하는 단계는 다음과 같이 세 단계로 구성된다. 먼저 1단계는 서비스 프로세스를 구분하는 단계이다. 고객의 눈에 보이는 활동과 보이지 않는 활동을 가시선으로 구분하여 도표를 작성한다. 가시선 아래의 활동은 서비스 제공자들이 고객에게 보이지 않게 서비스를 공급하는 과정을 말한다.

2단계는 실수 가능점을 제시하는 단계이다. 서비스 운영자에게 실수 가능점을 제시함으로써 실패를 미연에 방지하도록 하여 보다 높은 품질의 서비스를 고객에게 전달하게 한다.

3단계는 성과를 분석하는 단계이다. 각각의 서비스가 수행되는 소요 시간을 관측하여 비정상적인 실패나 지연이 생길 때는 이를 분석한다.

## 3) 서비스 청사진의 기법 활용

서비스 기업은 서비스 청사진 분석을 통해 다음과 같은 서비스 품질을 개선하기 위한 실무적이며 전략적인 개선점을 도출할 수 있다.

첫째, 청사진은 서비스 관리자가 서비스를 최종적으로 실행하기 전에 종이 위에 도표로 작성함으로써 서비스 개념을 검증하도록 하여 서비스 시스템을 정확히 정의할 수 있도록 한다.

둘째, 서비스 청사진을 이용하여 이전의 시스템과 변화한 시스템을 비교 분석함으로써 잠재적인 서비스 개선 기회를 발견하고 고치는 데 도움이 될 것이다.

셋째, 청사진을 면밀히 살펴봄으로써 개선 기회를 발견하고 특정 프로세스에서는 구체적인 정의가 필요한 경우도 발견할 수 있다.

마지막으로, 청사진의 작성은 서비스 운영자에게 실수 가능점을 발견할 기회를 제공하고 더불어 실수가 발생하지 못하도록 하는 규약을 설계할 수 있는 기회를 제공한다. 그 결과, 보다 높은 품질의 서비스를 고객에게 전달할 수 있다. 즉, 서비스 청사진은 실수 가능점을 파악하여 문제를 해결하거나 창의적 사고를 하도록 도와주며 서비스에 대한 고객의 인지를 향상시킬 기회를 제공한다.

### 4) 항공 객실 서비스의 청사진

서비스 청사진 분석을 통해 얻을 수 있는 결과는 일반적으로 서비스 프로세스를 구분하고 고객과 서비스 제공자 간의 상호작용을 고찰함으로써 고객 대기, 의사 결정점을 도출하고 서비스 실수 가능점을 제시하는 것이다. 서비스 단계별 접점 분석을 통한 서비스 개념 인식은 타 직종에 비해 고객과

의 접점이 상대적으로 많은 항공사 객실 승무원에게 효율적인 서비스를 수행하도록 지원하고 서비스 운영자에게는 서비스 실수 가능점을 확인하여 이를 방지할 수 있는 체계적인 규약을 설계할 관리 포인트를 제공한다.

항공 객실 서비스의 청사진 분석은하 다음과 같은 단계로 작성되었다. 1단계에서는 항공 객실 서비스 프로세스를 규명하였다. 본 연구*에서 도출한 국적 항공사의 서비스 절차는 항공사 업무 규정집을 면밀히 분석하고 객실 서비스 전문가 8인의 포커스 그룹 인터뷰(FGI) 결과를 종합하여 정리한 것이다. 인터뷰는 국제선 비행 근무 경력 10년 이상의 객실 사무장, 객실 승무원 서비스 훈련 강사, 객실 서비스 운영 및 계획 부서에서 근무한 자를 대상으로 이루어졌다.

항공사의 객실 서비스는 운항 구간의 지리적 구분에 따라 국제선과 국내선으로 나뉜다. 그러나 서비스 프로세스 사전 분석 결과, 이륙 후 제공되는 식사, 면세품 판매, 영화 상영, 입국 카드 서비스를 제외한 나머지 단계들은 단계별 내용에 국제선과 국내선에 차이가 없었다.

2단계에서는 고객의 관점에서 서비스 프로세스를 도표로 작성하였다. 고객 기준의 가시선과 고객과 객실 승무원 간의 상호작용선, 항공사 객실 서비스 유관부서의 내부 상호작용선을 구분하여 단계별 내용을 파악하고 도표를 작성하였다. 그 결과, 항공사 기내 서비스 이용 시 승객에게 발생할 수 있는 대기 포인트(Waiting Point, W)와 의사 결정점(Decision Making Point, D)을 찾았다. 도표 작성 시 객실 승무원은 서비스 준비와 서비스 제공을 함께 수행하는 업무의 특성상, 승객 가시권을 기준으로 전, 후방에서 모두 근무하게 되므로 가시권 선상의 중앙에 포지션을 정했다.

**MOT(Moments Of Truth)**
고객이 회사나 제품의 이미지를 결정하게 되는 15초 내외의 짧은 순간

3단계에서는 서비스 제공자인 객실 승무원의 행동을 MOT별로 작성했다. 서비스 순서에 따르는 접점에서의 서비스 행위를 객실 승무원의 공통된 업무(CA), 기내 방송 담당 승무원의 업무(ANN), 기내 주방 담당 승무원의 업무(GLY), 객실 사무장(PUR)으로 구분하여 정리하였다. 이 단계에서는 객실 승무원에 의해 발생할 수 있는 MOT별 서비스 실수 가능점(Service Fail Point, F)과 의사 결정점(D)을 파악했다.

---

* 항공사 기내 서비스 프로세스 분석에 근거한 서비스 품질 감사 시스템 개발에 관한 연구, 이지민(2007), 인하대학교 박사학위논문.

**항공 객실 서비스의 프로세스 구성 및 내용**

| 구분 | 내용 | 물리적 증거 | 비고 |
|---|---|---|---|
| 1. 환영 인사 | 승객과 첫 대면이 이루어지는 순간 | 승무원 유니폼, 탑승구 주변의 편의 시설, 항공기 외관 | |
| 2. 좌석 안내 | 탑승권 확인, 원활한 승객 탑승 진행 | 탑승권, 좌석 및 인테리어 | |
| 3. 수하물 보관 안내 | 수하물 관련 규정에 따른 협조 | 선반, 코트룸 | |
| 4. 지상 서비스 | 배경음악이 흐르고 음료 제공 | 스크린, 음향상태, 음료 | |
| 5. 이륙 안전 관련 조치 | 이륙을 위한 점검, 안전 모의 시범(Safety Demo) | 독서등, 좌석벨트, 기내 조명 | |
| 6. 식음료 서비스 | 출발지 시간에 맞는 식사, 음료 제공 | 메뉴, 음식, 음료, 서비스 기물, 청결상태, 승무원 용모 | 식사는 국제선에서 제공됨 |
| 7. 기내 판매 | 승객의 쇼핑 편의 제공 | 기내 판매대, 상품 | 국제선 구간에 한함 |
| 8. 입국 카드 배포 | 입국 카드 작성 협조 | 서류 | 국제선 구간에 한함 |
| 9. Entertainment | 시스템을 통한 영화, 음악, 게임 등 제공 | PSU(Passenger Service Unit), 영화(Film), 모니터 | 국제선 구간에 한함 |
| 10. 개인 휴식 | 객실 순회, 서비스 호출 응대 | 에어쇼, 기내 환경, 온도, 화장실, 담요, 쿠션, 여행 편의용품 | |
| 11. 도착 준비 | 도착지 정보 제공, 서비스 용품 회수 | 이어폰, 담요 | 국제선 구간에 한함 |
| 12. 착륙 안전 조치 | 안전한 착륙을 위한 점검 | 독서등, 기내 조명, 좌석 | |
| 13. 하기 협조 | 환송 인사, 보관 물품 반환 | 승무원 용모, 객실 인테리어 | |

4단계에서는 서비스 지원 활동을 하는 접점 직원과 지원 부서의 활동을 고객에게 연결하였다. 객실 서비스 유관부서의 서비스 관련 행위가 내부 상호작용선을 넘어 결과적으로 승객에게 어떤 영향을 미치는지 알 수 있었고, 지상 직원이나 지원 데스크로부터 야기되는 서비스 실수 가능점(F)을 파악할 수 있었고, 추가적으로 고객이 행동 단계별로 접하게 되는 객실 서비스의 물리적 증거를 제시했다.

항공기 기내 서비스 프로세스 분석 결과 도출한 승객 대기(W), 승객과 승무원의 의사 결정점(D), 서비스 실수 가능점(F)의 내용은 〈항공 객실 서비스의 청사진 분석 내용〉 표와 같다.

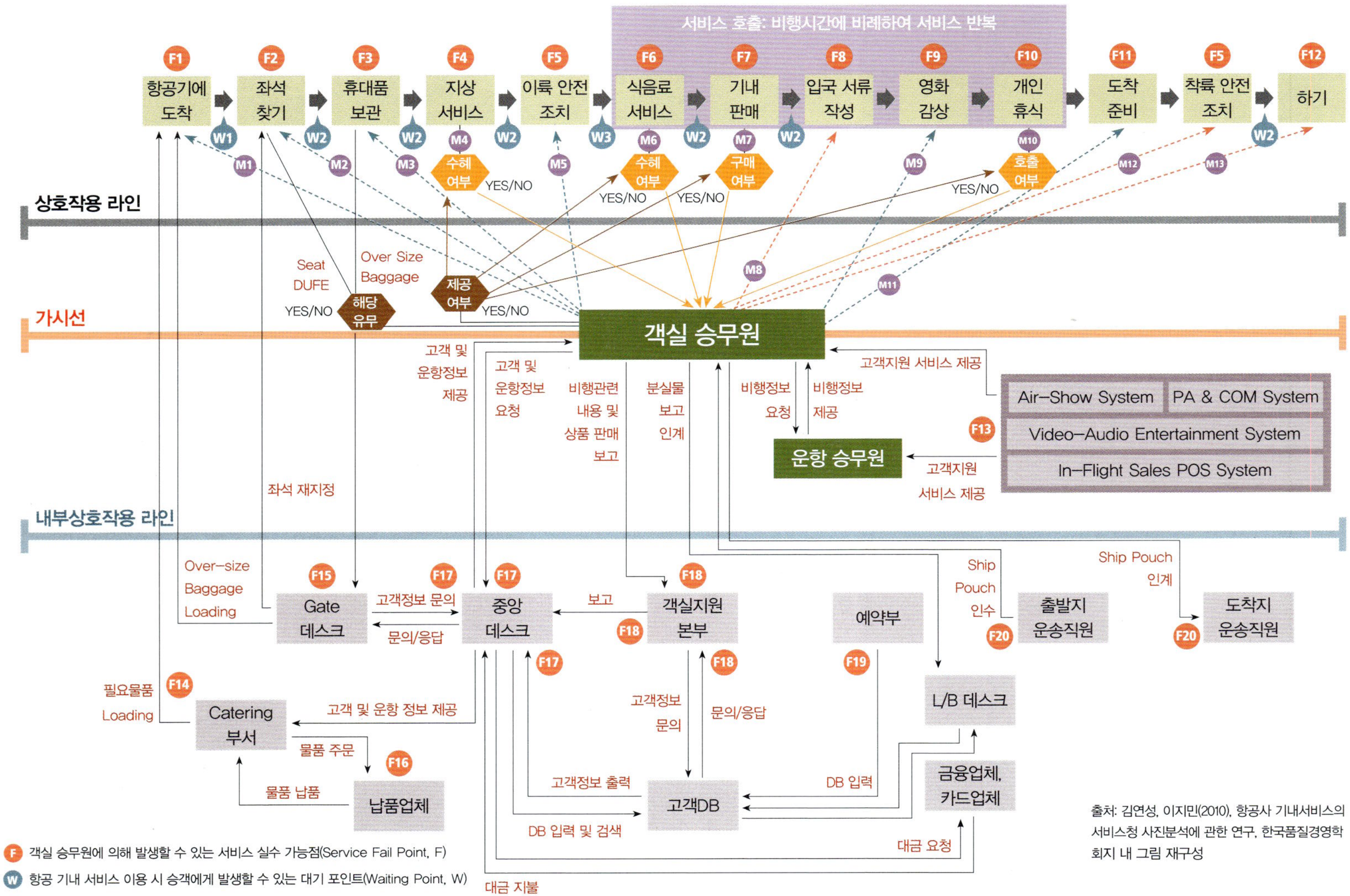


Ⓕ 객실 승무원에 의해 발생할 수 있는 서비스 실수 가능점(Service Fail Point, F)

Ⓦ 항공 기내 서비스 이용 시 승객에게 발생할 수 있는 대기 포인트(Waiting Point, W)

Ⓜ 서비스 제공자인 객실 승무원의 행동(Moments of Truth, M)

객실 서비스의 서비스 전달 시스템

출처: 김연성, 이지민(2010), 항공사 기내서비스의 서비스청 사진분석에 관한 연구, 한국품질경영학회지 내 그림 재구성

**항공 객실 서비스의 청사진**

### 항공 객실 서비스의 청사진 분석 내용

| 구분 | 대상 | 내용 |
|---|---|---|
| W | 승객 | 항공사 탑승 시스템, 해당 구역의 승객과 승무원 수, 승무원의 업무 숙련도, 공항의 트래픽과 기상, 공항의 관제 시스템 |
| D | 승객 | 서비스 수혜 여부, 기내 판매 구매 여부, 서비스 호출 여부 |
| | 승무원 | 서비스 제공 여부, 좌석 중복과 부피 초과 수하물(Oversize Baggage) 해당 유무 |
| F | 승무원 | • 항공기 탑승 지연, 지상에서 연계된 불만족(Check-In), 게이트 안내 미숙, 특별 승객에 대한 특별 서비스의 부재<br>• 좌석 중복 지정, 일행과 좌석 분리<br>• 부피 초과 수하물 처리, 수하물 보관 규정 전달 시 마찰<br>• 요구 아이템 미탑재 및 부족, 담당 승무원의 서비스 주의 부족<br>• 안전 관련 규정 전달 시 마찰(안전벨트, 휴대폰)<br>• 요구 아이템 미탑재 및 부족(식사, 음료, 특별 주문 식사 등)<br>• 주방 승무원의 조리 실수, 담당 승무원의 서비스 실수<br>• 서비스 표정 및 태도 불량, 기내식 메뉴 내용 불만<br>• 판매 POS 시스템 자체 오류, 환율과 계산 오류, 물건 전달과 주문량 오류, 기내 판매 내용과 제공 방식에 대한 불만, 사전 주문 물품 미탑재<br>• 서류 미탑재나 부족, 잘못된 양식 배포와 작성 안내<br>• PSU(Passenger Service Units) 고장과 오작동, 좌석 위치와 화질에 대한 불만<br>• 기내 환경 조성(습도, 온도, 주위 소란, 작업 소음), 비품 청결과 정리 및 부족, 기내 청결과 정돈상태, 외국어 의사소통, 승무원의 무반응이나 늦은 응대<br>• 서비스 용품 회수 시 고객과의 마찰, 승무원의 표정과 서비스 자세<br>• 지연 도착, 부적절한 방송, 승객 유실물 관련 마찰<br>• 고객 서비스 지원 시스템 오류 |
| | 케이터링 부서 | 서비스 아이템의 잘못된 탑재, 내부 직원 간의 마찰 |
| | 게이트 데스크 | • 좌석 배정 관련 서비스 실패의 늦은 대처<br>• 부피 초과 수하물에 대한 미숙한 처리 |
| | 납품업체 | 불량 식자재와 원자재의 유통, 서비스 아이템의 물량 부족 |
| | 중앙 데스크 | 고객 및 운항 정보 전달 시 시스템 오류 |
| | 객실 지원 본부 | • 비행 관련 정보 전달 및 상품 판매 보고 시 부적절한 승무원 배치<br>• 고객 정보의 잘못된 전달 |
| | 예약 부서 | 고객 예약 서비스 지원 시스템 오류 |
| | 운송 직원 | • 승객 분실물 전달 시 발생 문제, 항공기 서류 인수인계 처리 미숙<br>• 특별 지원 승객에 대한 관심 부족 |

## 2. 서비스 접점

서비스의 독특한 특징 중의 하나는 서비스 생산 프로세스에 고객이 적극적으로 참가한다는 것이다. 모든 '진실의 순간'은 고객과 서비스 제공자 사이의 상호작용을 포함한다. 서비스 조직에 의해 마련된 서비스 환경에서 고객과 서비스 제공자는 수행할 각자의 역할이 있다. 서비스 접점 삼각구조는 서비스 접점에서의 3자 관계를 나타내며 갈등의 원인을 제시하기도 한다.

이익을 추구하는 서비스 기업의 경영진은 마진(Margin)을 보호하고 경쟁력을 유지하기 위해 가능한 한 효율적으로 서비스를 전달하는 데 관심을 갖는다. 그 결과, 서비스 전달을 통제하기 위해 접촉 직원이 고객에게 서비스를 제공할 때 직원의 자율권과 재량권을 제한하는 규칙과 절차를 부과하려는 경향이 나타날 것이고, 이러한 기업 문화는 고객을 위해 제공되는 서비스의 범위를 제한하는 데 이르게 된다. 그리고 고객 맞춤화가 부족해지면 결과적으로 고객 만족은 어려워진다. 접촉 직원은 업무를 쉽게 관리하고 스트레스를 덜 받도록 고객 행동을 통제하기를 원한다. 이와 동시에 고객은 서비스 접점에서 최대한의 혜택을 이끌어 내기 위해 서비스 접점에 대한 통제권을 획득하려고 한다.

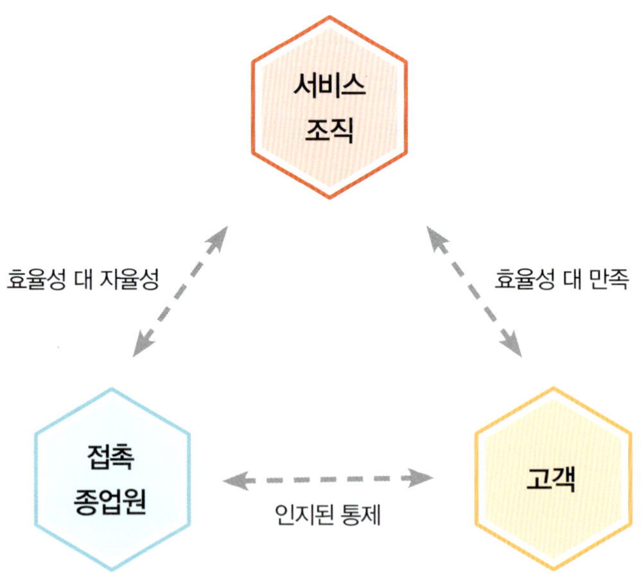


서비스 접점 삼각구조

이러한 구조에서 서비스 기업, 고객, 접촉 직원의 3자는 이상적이고 상호 호혜적인 서비스 접점을 창출하기 위해 함께 노력할 때 많은 것을 획득할 수 있다. 서비스 접점에서 단지 자신의 역할만을 고집하면서 한 참가자가 상호작용을 지배한다면, '진실의 순간'이 역기능적으로 작용할 수도 있다.

### 1) 서비스 기업의 서비스 접점 지배

효율적인 운영을 위해 그리고 아마도 원가 우위 전략을 추구하기 위해, 기업은 엄격한 서비스 운영 절차를 부과하여 서비스 전달의 표준화를 시도할 수도 있다. 이 경우 접촉 직원의 재량권은 엄격히 규제된다. 고객은 선택할 수 있는 몇 가지 표준화된 서비스 옵션만을 갖게 되어 고객 맞춤화된 서비스는 이루어질 수가 없다. 맥도널드(McDonald's)나 지피 루브(Jiffy Lube), 에치앤블락(H&R Block) 같은 많은 프랜차이즈 서비스는 구조화된 조직과 서비스 접점을 지배하는 환경을 통해 기업을 성공적으로 운영하고 있다.

이 기업들은 고객에게 서비스에서 기대해서는 안 되는 것을 교육함으로써 성공을 이루었다. 그러나 다른 서비스 조직에서 고객이 경험하게 되는 소위 '관료주의'라는 냉소적 표현이 붙는 불만족감의 대부분은 서비스 제공자에게 개별적인 고객 요구를 처리할 수 있는 재량권이 주어지지 않기 때문에 발생한다. 이러한 조직에서 접촉 직원은 고객을 동정할 수는 있지만 '규칙에 의해' 어쩔 도리가 없게 되고, 이 과정에서 직원의 직무 만족감은 줄게 되는 것이다.

### 2) 접촉 직원의 서비스 접점 지배

보편적으로 서비스 종사자는 고객 요구를 충족시키는 데서 발생하는 스트레스를 줄이기 위해 서비스 접점의 영역 범위를 제한하려는 경향이 있다. 접촉 직원은 자율적인 지위를 갖게 되면 자신이 고객에 대한 상당한 통제권을 갖고 있다고 인식할 수 있다.

또한 고객은 서비스 제공자가 전문적인 지식을 갖고 있다고 인식하기 때문에 접촉 직원의 판단을 상당히 신뢰한다. 의사와 환자의 상호 관계는

접촉 직원이 지배하는 접점의 단점을 잘 설명해 준다. 고객으로 간주되지 않는 환자는 서비스 접점에 아무런 통제권이 없는 종속적인 위치에 놓이게 된다.

### 3) 고객의 서비스 접점 지배

이러한 경우, 고객은 극단적으로 표준화된 서비스와 극단적으로 고객 맞춤화된 서비스 접점을 통제할 기회를 가질 수 있다. 표준화된 서비스의 경우, 셀프 서비스는 기업이 제공한 한정된 서비스를 완전히 통제할 수 있는 옵션을 고객에게 제공한다. 예를 들어 신용카드 단말기가 설치된 셀프 서비스 주유소에서 고객은 그 누구와도 상호작용할 필요가 없다. 그 결과는 매우 효율적이면서 동시에 고객을 만족시킨다. 그러나 형사 재판의 변론과 같이 고객 맞춤화된 서비스에서는 조직의 모든 자원이 필요하며 효율성 면에서는 많은 비용이 든다.

만족스럽고 효과적인 서비스 접점을 이루기 위해서는 서비스 조직, 접촉 직원, 고객 모두의 통제 욕구가 균형을 이루어야 한다. 다시 말해, 경제적

Anchiy/E+ via Getty Images

수익을 위해 효율성을 중시하는 서비스 조직의 욕구는 접촉 직원이 고객 만족 실현을 위한 적절한 교육을 받고, 서비스 전달 프로세스에서 고객의 기대와 역할이 효과적으로 전달될 때 만족될 수 있다 하겠다. 서비스 접점을 관리하려는 접근 방식에 대한 논의는 서비스 조직으로부터 시작된다.

# SUMMARY

- 서비스 청사진은 '서비스 시스템을 정확하게 묘사하여 그 서비스를 제공하는 데 관계되는 서로 다른 사람들이 각자의 역할과 관점에 상관없이 그 서비스를 이해하고 객관적으로 처리할 수 있도록 해주는 그림이나 지도'라고 할 수 있다.

- 서비스 청사진을 작성하는 단계는 세 단계로 구성된다. 1단계는 서비스 프로세스를 구분하는 단계이다. 2단계는 실수 가능점을 제시하는 단계이다. 3단계는 성과를 분석하는 단계이다.

- 서비스 기업은 서비스 청사진 분석을 통해 서비스 품질을 개선하기 위한 실무적이며 전략적인 개선점을 도출할 수 있다.

- 서비스 청사진 분석을 통해 얻을 수 있는 결과는 일반적으로 서비스 프로세스를 구분하고 고객과 서비스 제공자 간의 상호작용을 고찰함으로써 고객 대기, 의사 결정점을 도출하고 서비스 실수 가능점을 제시하는 것이다.

- 서비스의 독특한 특징 중의 하나는 서비스 생산 프로세스에 고객이 적극적으로 참가한다는 것이다. 모든 '진실의 순간'은 고객과 서비스 제공자 사이의 상호작용을 포함한다. 서비스 조직에 의해 마련된 서비스 환경에서 고객과 서비스 제공자는 수행할 각자의 역할이 있다.

- 서비스 기업, 고객, 접촉 직원의 3자는 이상적이고 상호 호혜적인 서비스 접점을 창출하기 위해 함께 노력할 때 많은 것을 획득할 수 있다.

# WORK SHEET

## SELF STUDY

1 서비스 청사진이란 무엇인지 본문 내용을 통해 요약해 볼까요?

2 서비스 청사진의 작성 3단계를 정리해 봅니다.

예 **1단계**
서비스 프로세스를 구분하는 단계

•

•

3 **2장에 나온 〈항공 객실 서비스의 청사진〉 그림을 보고 F1~F12에서 승객이 인지하는 MOT 요인에 무엇이 있을지 생각해 봅니다.**

예 **F1 항공기 도착**
승무원의 미소, 깔끔한 기내 인테리어, 좋은 향기

•

•

•

•

4 **2장에 나온 〈항공 객실 서비스의 청사진〉 그림을 보고 F1~F12에서 발생 가능한 W 상황에 무엇이 있을지 예상해 봅니다.**

예 **F1 항공기 도착**
탑승하는 승객이 많아 해당 좌석으로 들어가기까지 기다리는 상황

•

•

•

•

•

•

•

5 **다음의 서비스 접점 세 가지를 짧게 요약해 봅니다.**

• 서비스 기업의 서비스 접점 지배

• 접촉 직원의 서비스 접점 지배

• 고객의 서비스 접점 지배

## SELF FEEDBACK

이번 장을 통해 새롭게 알게 된 부분을 써 볼까요?

## GROUP ACTIVITY

그룹으로 나누어 국내 각 항공사의 고객 서비스 접점 관리 운영을 위한 슬로건이 무엇인지 조사해 봅니다.

CHAPTER

# 3 서비스의 운영 · 관리

서비스 품질은 고객 중심적 관점과 고객의 품질 지각에 대한 관점, 고객 만족의 관점 등 고객을 중심으로 한 다양한 접근 방법으로 연구되었다. 서비스 품질은 기술적, 기능적 품질로 구분할 수 있고 고객 평가는 결과는 물론 과정도 영향을 미치는데 이는 고객이 기업의 서비스에 대해 갖는 기대와 제공받은 서비스에 대한 지각을 비교하는 것과 연관이 있다.

서비스 품질 관리는 서비스 품질 갭 모형(Gap Model)을 통해 살펴볼 수 있다. 시장조사와 디자인, 적합성, 커뮤니케이션, 고객 만족의 갭(Gap) 설명을 통해 고객의 기대와 지각 수준의 차이와 함께 서비스 운영 과정에서 발생하는 갭의 원인을 분석할 수 있다는 이점이 있다.

서비스 품질을 측정하는 도구인 SERVQUAL은 서비스 품질 갭 모형을 근거로 고객 만족을 조사할 수 있는 도구이다. 설문을 통해 응답자들이 기업에 갖는 기대를 파악하고 해당 기업의 서비스 성과를 기록한 후 기대와 성과의 차이를 분석하여 서비스 품질을 평가한다.

3장에서는 서비스 기업의 품질 관리 내용을 살펴보고 서비스 품질 측정 모형과 도구에 대해 알아본다. 이와 더불어 서비스 회복의 중요성을 이해한다.

### 학습목표

1. 서비스 기업의 품질 관리 내용 이해
2. 서비스 품질의 측정 요인 및 측정 모형 이해
3. 고객 만족 경영을 위한 서비스 회복의 중요성 이해

## 1. 서비스 품질의 정의

서비스 기업이 서비스 품질을 관리한다는 것은 우선 그 품질을 측정하고, 이를 평가하는 절차를 거쳐 분석하고 활용하는 단계에 이르는 것을 말한다. 서비스 품질에 대한 정의는 그 창출 과정에 고객이 동시에 참여하는 서비스의 고유한 특성으로 인해 고객 중심적 관점, 고객의 품질 지각에 대한 관점, 고객 만족의 관점 등 고객을 중심으로 한 다양한 접근 방법으로 연구되었다.

학자 그뢴로스(C. Grönroos)는 그의 초기 연구(1982)에서 서비스 품질이 기술적 품질(Technical Quality)과 기능적 품질(Functional Quality)의 두 가지 요소로 구성된다고 보았다. 기술적 품질은 서비스 생산 과정의 기술적 산출물로서의 품질을 의미하는 것으로, 이때 서비스 품질은 제품처럼 객관적인 측정이 가능하며 산출된 결과물의 품질과 유사하다고 보았다. 기능적 품질은 서비스 생산 과정 자체에 대한 품질을 의미한다고 했다. 그는 후속 연구(1984)에서 서비스 품질이 고객에 의해 주관적으로 인식되는 품질이라고 주장하고 이를 객관적 품질과 구별하기 위해 지각된 서비스 품질(Perceived Service Quality)이라고 했다.

여러 학자들에 의해 정의된 서비스 품질을 종합해 보면 다음과 같이 정리할 수 있다. 첫째, 서비스 품질은 기술적 · 기능적 품질로 구분이 가능하며

Kanel Bulle/iStock/Getty Images Plus via Getty Images

서비스 품질의 개념

| 학자 | 정의 |
|---|---|
| Grönroos(1982) | 기술적 품질, 기능적 품질의 합 |
| Lehtinen & Lehtinen(1982) | 물리적 품질, 기업적 품질, 상호작용적 품질의 합 |
| Smith & Houston(1983) | 개인의 사전 기대와 이에 따른 실제 경험이 일치하는 방향 |
| Garvin(1984) | 선험적, 제품 중심적, 사용자 중심적, 제조 중심적, 가치 중심적 접근법 제시 |
| Dodds & Monroe(1985) | 객관적 품질과 주관적 품질의 접근법에 따라 구분 |
| Lewis & Booms(1987) | 제공된 서비스 수준이 고객의 기대를 얼마나 충족하는지를 측정하는 것으로, 고객의 기대를 일치시키는 것을 의미 |
| PZB*(1985) | 기업으로부터 받은 서비스에 대한 고객의 지각과 기대 간의 차이와 방향과 정도 |
| Zeithmal(1987) | 서비스의 전반적인 우월성이나 우수성에 대한 고객의 평가 |
| 이경철(2005) | 고객이 대상 기업에서 실제로 제공받은 서비스에 대해 주관적인 기대와 경험을 비교한 결과 |

* Parasuraman, Zeithmal, Berry를 일컫는다.

고객이 평가하는 단계에서는 단지 결과만이 아니라 제공 과정도 지대한 영향을 미치는 것을 알 수 있다.

둘째, 서비스 품질은 고객이 해당 기업의 서비스에 대해 갖는 기대와 제공된 서비스에 대한 지각의 비교와 관련된다. 다시 말해, 고객은 서비스를 구매하기 이전에 서비스에 대한 사전 기대를 하게 되는데 구매 시 제공받는 서비스에 대해 어떤 지각을 함으로써, 결국 이러한 기대와 지각의 비교를 통해 서비스 품질을 인식한다는 것이다.

## 2. 서비스 품질의 측정

서비스는 무형성(Intangibility), 소멸성(Perishability), 생산 · 소비의 비분리성(Inseparability of Production and Consumption), 이질성(Heterogeneity)이라는 특성을 지닌다. 이러한 특성을 지닌 서비스의 품질을 측정하기는 쉽지 않다. 그럼에도 해당 서비스를 개선하고 관리하기 위해 서비스 품질의 측정은 반드시 수반되어야 하는 과정이다. 서비스 기업은 서비스 품질을 해당 기업의 특정한 서비스에 대해 고객이 갖는 장기적이고 전체적인 인식과

Photofex_AUT/Shutterstock.com

에미레이트항공 A380의 일등석

평가로 판단하고, 서비스 전달 과정을 아우르는 포괄적인 방식으로 측정 · 평가 · 분석하는 관리 기법을 터득해야 한다.

### 1) 서비스 품질 갭 모형(Service Quality Gap Model)

학자 파라수라만과 그 동료들(A. Parasuraman, V. A. Zeithmal, L. L. Berry)은 고객이 지각한 서비스 품질의 성과를 기업 내부와 연결시키는 품질 갭 모형(Quality Gap Model)을 개발했다. 이 모형은 시장조사, 디자인, 적합성, 커뮤니케이션, 고객 만족의 다섯 가지 갭을 설명한다.

갭 1은 시장조사 갭으로 고객의 기대 수준과 기대 수준에 대한 경영자의 인식 간의 차이이다. 갭 2는 디자인 갭으로 고객의 기대에 대한 경영자의 인식과 서비스 표준 간의 차이이다. 갭 3은 적합성 갭으로 서비스 표준과 서비스 전달 간의 차이, 갭 4는 커뮤니케이션 갭으로 서비스 전달과 고객 인지의 차이를 말한다. 마지막으로 갭 5는 고객 만족 갭으로 서비스 품질을 결정하는 고객의 기대와 인지 간의 차이를 나타내며, 앞선 네 가지 갭에 의해 결정된다고도 할 수 있다.

기업은 서비스 품질 갭 모형을 통해 고객의 기대와 지각 수준 간의 차이는 물론, 서비스 운영상 발생하는 다섯 가지 갭의 원인을 분석할 수 있다.

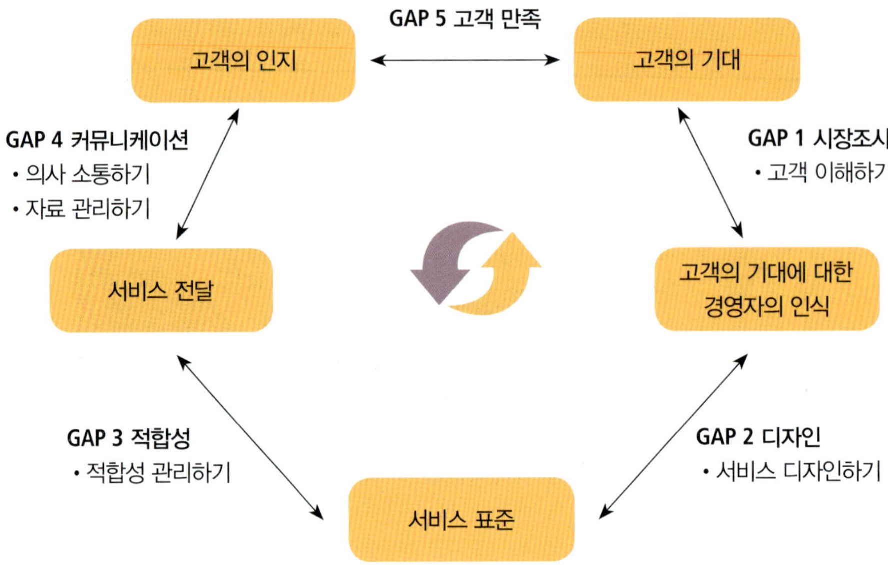


서비스 품질 갭 모형

## 2) SERVQUAL 모형

서비스 품질의 측정 도구 가운데 하나인 SERVQUAL(서브퀄)은 1988년에 개발되었다. 서비스 기업이 고객의 기대와 인식을 평가하는 데 가장 일반적으로 사용하는 모델로, 서비스 품질 갭 모형을 근거로 고객 만족을 조사하기 위한 효과적인 도구이다. 이 모델은 설문지를 통해 응답자들이 특정 기업의 특정 서비스에 대해 갖는 기대를 몇 개의 차원을 통해 완성하게 하고, 그 기업의 해당 서비스에 대한 성과를 기록하게 한다. 이러한 과정을 거쳐 기대와 성과에 대한 차이를 비교하고 서비스 품질의 정도를 평가하게 되는 것이다.

SERVQUAL에 대한 초기 연구에서는 열 가지의 서비스 품질 결정 요목을 제시했다. 그러나 변수들 간에 상관관계가 있음을 발견하여 이를 신뢰성(Reliability), 보증성(Assurance), 유형성(Tangibles), 공감성(Empathy), 반응성(Responsiveness)의 다섯 가지 광범위한 품질 차원으로 통합하게 되었다. 항공 객실 서비스의 품질에 대한 측정과 관리에 대해서는 열 가지 서비스 결정 요목에 근거하여 그 상세한 내용을 4장에서 살펴보기로 한다.

여기에서는 두 가지 서비스 결정 요목으로 서비스에 대한 기대 수준과 인

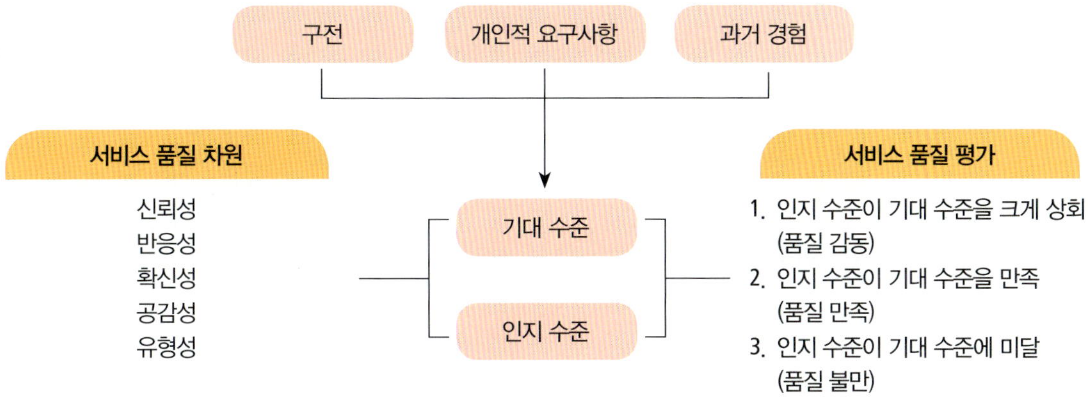


**서비스 품질 SERVQUAL 모형**

식 수준을 측정하는 설문지만 제시하여 살펴본다. 두 가지 설문은 조사 대상 서비스 범주 내의 일반적인 기업에 대한 기대치를 측정하는 항목과 서비스 품질을 평가하는 특정 기업에 대한 인식을 측정하는 항목으로 재구성했다. 권장 절차에 따라 항목의 약 절반을 긍정적으로 표현하고, 나머지 절반은 부정적으로 표현하되 문장 끝에 (–) 기호를 붙였다(Churchill, 1979). 각 항목에는 '매우 동의함'(7)부터 '전혀 동의하지 않음'(1)의 7점과 1점 척도와, 설명 없이 숫자로만 제시된 2~6점 중간 척도가 사용되었다. 부정적으로 표현된 항목은 데이터 분석 전에 척도 값을 반전시켜 채점되었다.

Jeffrey Greenberg/Universal Images Group via Getty Images

## SERVQUAL 설문지 1

지침 이 설문조사를 통해 _______ 서비스에 대한 귀하의 의견을 듣고자 합니다. _______ 서비스를 제공하는 회사가 다음 항목의 각 기능을 어느 정도 갖춰야 한다고 생각하는지 표시해 주세요. 각 항목 옆에 있는 7개의 숫자 중 하나를 선택해 주세요. 회사가 해당 기능을 보유해야 한다는 데 매우 동의하면 7에 동그라미를 치고, 전혀 동의하지 않으면 1에 동그라미를 치세요. 그 중간이라면 귀하의 생각을 가장 잘 나타내는 숫자에 동그라미를 치면 됩니다. 정답과 오답은 없으며, 우리에게 중요한 것은 _______ 서비스를 제공하는 회사에 대한 귀하의 기대치를 잘 나타낸 숫자입니다.

---

E1. 장비가 최신의 것이어야 한다.

E2. 물리적 시설이 시각적으로 매력적이어야 한다.

E3. 직원은 복장이 단정하고 깔끔한 모습이어야 한다.

E4. 물리적 시설의 외관이 회사가 제공하는 서비스 유형에 부합해야 한다.

E5. 회사가 언제까지 무언가를 하겠다고 약속하면 반드시 그 기한을 지켜야 한다.

B6. 고객에게 문제가 생기면 회사는 공감하면서 고객을 안심시켜야 한다.

E7. 회사를 신뢰할 수 있어야 한다.

E8. 약속한 시간에 서비스를 제공해야 한다.

E9. 기록을 정확하게 보관해야 한다.

E10. 회사가 고객에게 서비스 제공 시기를 정확히 말하리라고 기대해서는 안 된다. (–)

E11. 고객이 회사의 직원에게 신속한 서비스를 기대하는 것은 현실적이지 않다. (–)

E12. 직원이 고객을 항상 기꺼이 도와야 하는 것은 아니다. (–)

E13. 직원이 매우 바쁠 때는 고객의 요청에 바로 응답하지 못해도 괜찮다. (–)

E14. 고객이 회사의 직원을 신뢰할 수 있어야 한다.

E15. 고객이 회사의 직원과 거래할 때 안전하다고 느낄 수 있어야 한다.

E16. 직원이 예의 바르고 정중해야 한다.

E17. 직원이 업무를 잘 수행하도록 회사는 적절한 지원을 제공해야 한다.

E18. 회사가 각 고객에게 개별적인 관심을 기울일 거라고 기대해서는 안 된다. (–)

E19. 회사 직원이 고객에게 개인적인 관심을 기울일 거라고 기대할 수 없다. (–)

E20. 고객의 요구사항이 무엇인지를 직원이 알 것이라고 기대하는 것은 비현실적이다. (–)

E21. 회사가 고객의 이익을 최우선시하리라고 기대하는 것은 비현실적이다. (–)

E22. 모든 고객에게 편리한 운영 시간을 기대해서는 안 된다. (–)

**서비스에 대한 기대 수준 측정**

* 설문지의 문항 순서는 무작위로 배치되었다. 2차 데이터 수집 단계에서 사용한 34개 항목의 설문지 전체 목록은 제1 저자에게 있다.

## SERVQUAL 설문지 2

지침 다음 항목은 XYZ 회사에 대한 귀하의 인식을 알기 위한 것입니다. 각 항목의 기능을 XYZ가 어느 정도 갖추었다고 생각하는지 표시해 주세요. 다시 한번 말씀드리지만, 7에 동그라미를 치면 해당 항목에 매우 동의하고 1에 동그라미를 치면 전혀 동의하지 않는다는 뜻입니다. 중간이라면 귀하의 생각을 가장 잘 나타내는 숫자에 동그라미를 치면 됩니다. 정답과 오답은 없으며, 우리에게 중요한 것은 XYZ에 대한 귀하의 인식을 잘 나타낸 숫자입니다.

---

P1. XYZ는 최신의 장비를 보유하고 있다.

P2. XYZ는 물리적 시설이 시각적으로 매력적이다.

P3. XYZ의 직원은 복장이 단정하고 깔끔한 모습을 하고 있다.

P4. XYZ는 물리적 시설의 외관이 회사가 제공하는 서비스 유형에 부합한다.

P5. XYZ는 언제까지 무언가를 하겠다고 약속하면 반드시 그 기한을 지킨다.

P6. 귀하에게 문제가 생기면 XYZ는 공감하면서 귀하를 안심시킨다.

P7. XYZ는 신뢰할 수 있다.

P8. XYZ는 약속한 시간에 서비스를 제공한다.

P9. XYZ는 기록을 정확하게 보관한다.

P10. XYZ는 고객에게 서비스 제공 시기를 정확히 말하지 않는다. (–)

P11. 귀하는 XYZ의 직원에게 신속한 서비스를 받지 못한다. (–)

P12. XYZ의 직원이 항상 고객을 기꺼이 도와주는 것은 아니다. (–)

P13. XYZ의 직원이 매우 바쁠 때는 고객의 요청에 바로 응답하지 못한다. (–)

P14. XYZ의 직원을 신뢰할 수 있다.

P15. XYZ의 직원과 거래할 때 안전하다고 느낀다.

P16. XYZ의 직원은 예의 바르다.

P17. 직원이 업무를 잘 수행하도록 XYZ가 적절한 지원을 제공한다.

P18. XYZ는 각 고객에게 개별적인 관심을 기울이지 않는다. (–)

P19. XYZ의 직원은 귀하에게 개인적인 관심을 기울이지 않는다. (–)

P20. XYZ의 직원은 귀하의 요구사항이 무엇인지 알지 못한다. (–)

P21. XYZ는 귀하의 이익을 최우선시하지 않는다. (–)

P22. XYZ는 모든 고객에게 편리한 운영 시간을 제공하지는 않는다. (–)

**서비스에 대한 인지 수준 측정**

출처: A. Parasuraman, V.A. Zeithaml, and L.L. Berry, "SERVQUAL: A Multiple-item Scale for Measuring Consumer Perceptions of Service Quality,: Journal of Retailing, vol.64, no.1, Spring 1988, pp38~40

Mongkol Chuewong/Moment via Getty Images

## 3. 서비스 회복

고객 만족(Customer Satisfaction) 경영은 기업의 최종 목적을 고객 만족에 두고 만족도 향상을 위해 지속적으로 노력하는 것을 말한다. 이를 위해 기업은 독특한 자사만의 서비스를 창출하여 고객이 인식하는 서비스 가치를 증대시키려 한다.

최고 수준의 고객 지향적 문화와 이를 뒷받침할 수 있는 서비스 시스템이 구축된 기업일지라도 서비스 실패(Service Failure)는 발생할 수밖에 없고, 이를 완벽하게 제거하기는 불가능하다. 이는 서비스 자체가 실패하기 쉬운 특성을 지닐 뿐만 아니라 서비스라는 상품이 표준화될 수 없는 인간 행위에 의해 전달되기 때문이고, 서비스를 전달받는 고객도 서비스의 과정과 성과에 영향을 미치기에 더욱 그러하다.

기업은 서비스 생산 과정에서 서비스 실패가 발생하면 이에 대한 적극적인 회복 노력을 기울이게 된다. 서비스 회복(Service Recovery)을 위한 프로세스는 서비스 실패가 발생하는 것에 비해 상대적으로 통제가 가능할 뿐만 아니라 기업과 고객 간의 신뢰를 높여 고객 만족의 수준을 한층 높일 수 있는 기회를 제공한다는 면에서 매우 중요하다. 또 처음에 서비스 실패가 발생하지 않고 거래가 이루어진 경우보다 오히려 고객을 더욱 만족시키고 나아가 충성 고객으로 변화시키는 계기가 될 수도 있다.

서비스 회복을 위해 고객의 소리에 귀 기울이는 항공사

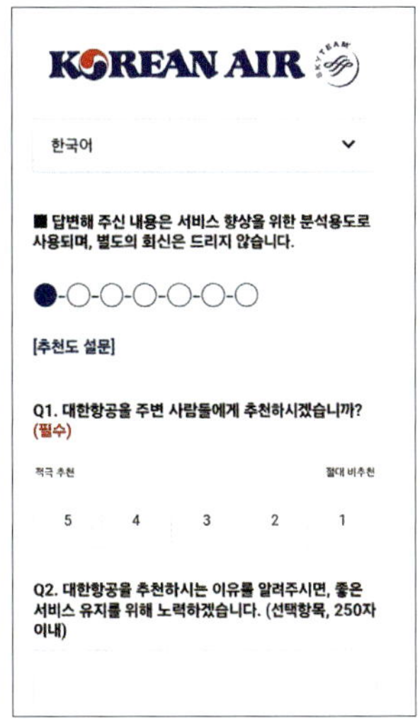


AVOD 고객 설문

학자 비트너(M. J. Bitner)는 그의 연구에서 주요 서비스 산업에 있어 서비스 접점에서의 불만족 원인을 고객 관점에서 규명하고자 했다. 분석 결과, 세 가지의 일반적인 실패 형태는 핵심 서비스 실패, 명확한 고객 필요와 고객 요청에 대한 적절한 반응 실패, 그리고 독자적이고 불필요한 부정적인 서비스 제공자의 행위로 나타났다. 또 불만족한 서비스 접점의 많은 부분은 서비스 실패 상황에 반응하는 서비스 제공자의 무능력 혹은 무의지에 의해 악화된다는 사실이 밝혀졌다. 이와 같은 무기력한 반응은 실패를 가중시켜, 핵심 서비스가 만족스러운 상황에서도 고객 불만족을 초래할 것이다. 또한 서비스 실패를 성공적으로 관리하는 방법에는 서비스 문제의 인정, 사죄, 실패 상황에 대한 설명, 유형적 보상이 있었다.

학자 헤스켓(J. L. Heskett)은 훌륭한 서비스 회복은 실망하고 화난 고객을 충실한 고객으로 바꿀 수 있다고 하며, 다음과 같은 몇 가지 제안을 한다. 먼저, 서비스 시스템 속에서 회복이 가능하도록 설계해야 한다. 앞서 2장의 서비스 청사진에 대한 학습에서 시스템의 실수 가능점을 계획하는 것을 다루었다. 이러한 실수 가능점은 잘못될 것이라고 미리 예측할 수 있는 것이다. 따라서 그에 대한 해결책은 사전에 실수를 방지하는 시스템을 구성하는 것이다. 반면에 전혀 잘못될 것이라고 예측할 수 없는 것도 있다. 이러한 경우는 실수에서 회복까지를 포함하는 유연한 서비스 회복 시스템을 만드는 것이 필요하다.

둘째, 실패로 인한 비용을 측정해야 한다. 실수는 비용이 들기 마련이다. 특히 실수가 고객을 잃어버리는 결과를 낳을 때는 더욱 그렇다. 잃어버린 고객의 비용을 측정하고 지각하게 되면, 실수가 발생했을 때 경영자와 종사원들은 그것을 회복하기 위해 필요한 것이 무엇이든 하도록 동기부여될 것이다.

셋째, 고객에게 직접 물어보아야 한다. 일반적으로 불만족한 고객은 불평을 토로하는 것에 그들의 시간과 에너지를 낭비하지 않고 그냥 떠난다. 따라서 서비스 제공자는 고객과 계속 대화하면서 문제가 발생한 것을 알아차리는 능력을 길러야 하고 문제를 바로잡도록 해야 한다.

넷째, 발생이 가능한 잠재적 문제 지점을 항상 살펴보아야 한다. 예를 들어, 상대적으로 신입 승무원이나 수습 승무원이 많이 투입된 비행편을 지휘하는 객실 사무장에게는 그들이 서비스하는 담당 구역에 대한 세심한 관찰이 요구될 것이다.

이외에도 재빠른 서비스 회복, 회복을 위한 교육 · 훈련, 서비스 제공자에게 부여되는 권한 위임, 적절한 고객에게의 피드백을 강조했다. 기업은 이러한 여러 수단을 이용함으로써 서비스를 제공할 때 발생한 실수를 회복할 수 있고, 고객과 지속적으로 좋은 관계를 유지할 수 있을 것이다.

**Insight Journey**

3. 2024년 제주항공은 '국가 서비스 대상' LCC 2년 연속 1위를 수상하며 서비스 품질을 인정받았다. 세부적으로 어떠한 부분에서 능력을 인정받았는지 알아보자. (도움말은 부록 참조)

# SUMMARY

- 서비스 기업이 서비스 품질을 관리한다는 것은 우선 그 품질을 측정하고, 이를 평가하는 절차를 거쳐, 분석하고 활용하는 단계에 이르는 것을 말한다.

- 서비스는 무형성(Intangibility), 소멸성(Perishability), 생산 · 소비의 비분리성(Inseparability of Production and Consumption), 이질성(Heterogeneity)이라는 특성을 지닌다.

- 서비스 품질의 측정 도구 가운데 하나인 SERVQUAL은 1988년에 개발되었으며 서비스 기업이 고객의 기대와 인식을 평가하는 데 가장 일반적으로 사용하는 모델로, 서비스 품질 갭 모형을 근거로 고객 만족을 조사하기 위한 효과적인 도구이다.

- 고객 만족(Customer Satisfaction) 경영은 기업의 최종 목적을 고객 만족에 두고 만족도 향상을 위해 지속적으로 노력하는 것을 말한다. 이를 위해 기업은 독특한 자사만의 서비스를 창출하여 고객이 인식하는 서비스 가치를 증대시키려 한다.

- 서비스 회복(Service Recovery)을 위한 프로세스는 서비스 실패가 발생하는 것에 비해 상대적으로 통제가 가능할 뿐만 아니라 기업과 고객 간의 신뢰를 높여 고객 만족의 수준을 한층 높일 수 있는 기회를 제공한다는 면에서 매우 중요하다.

# WORK SHEET

## SELF STUDY

**1** 서비스 품질을 무엇이라 정의할 수 있나요?

**2** 서비스 품질 갭 모형에서 새롭게 배운 점은 무엇인지 정리해 봅니다.

**3** **SERVQUAL 모형에서 기대 수준을 나타나는 예에는 어떤 것이 있는지 생각해 봅니다.**

**4** **헤스켓이 주장한 서비스 회복 제안 방안을 다음 예를 포함하여 네 가지로 정리해 봅니다.**

예 **서비스 시스템 속에서 회복이 가능하도록 설계하라.**
청사진을 통해 실수 가능점을 계획해 미리 예측해 본다. 그리고 그에 대한 해결책으로 사전에 실수를 방지하는 시스템을 구성한다.

•

•

•

## SELF FEEDBACK

이번 장을 통해 새롭게 알게 된 부분을 써 볼까요?

## GROUP ACTIVITY

그룹별로 서비스 품질 GAP 모형을 각각 나누어 항공사에서 운영하고 있는 방법을 조사해 봅니다.

# PART 2

# 항공 객실 서비스의 이해

CHAPTER

# 4 항공 객실 서비스 업무

항공 객실 서비스 업무는 인적, 물적 서비스와 지상 지원 업무, 기내 보안 업무, 기내 서비스 업무로 구성하며, 항공 객실 서비스 유관 업무는 운송 업무와 케이터링 업무로 구분할 수 있다. 항공사들은 대부분 동일형 항공기를 보유하고 성능 면에서도 항공사 간에 큰 차이가 없기 때문에 항공사 서비스 차별화는 객실 서비스를 통해 실현될 수밖에 없다.

항공사 서비스는 서비스와 재화가 복합적으로 결합된 형태라는 특징이 있다. 이와 같은 서비스 패키지는 예약이나 터미널 같은 기본 시설, 승객에게 제공되는 면세품, 독서물 같은 서비스 보조용품, 승무원의 태도를 포함한 감각적 편익 서비스, 승객이 지각하는 쾌적성 같은 묵시적 편익 서비스로 구성된다.

고객이 서비스 품질 평가를 하는 기준을 '서비스 결정 요목'이라 할 수 있으며, 이 요목은 접근용이성, 의사소통의 원활화, 정중함, 능력 및 자질, 신용성, 신뢰성, 반응성, 안전성, 이해, 서비스의 유형화이다.

4장에서는 항공 객실 서비스 업무의 구성과 유관 업무를 이해하고 서비스 결정 요목을 구체적으로 살펴본다.

### 학습목표

1. 객실 서비스 업무의 구성과 연관 부서 이해
2. 항공 객실 서비스의 유관 업무 역할 이해
3. 객실 승무원의 서비스 관련 상호 업무 협조 이해
4. 서비스의 결정 요목 이해

## 1. 항공 객실 서비스 업무 범위

항공 객실 서비스 업무는 항공기 내에서 승객들에게 제공되는 물적, 인적 서비스의 계획부터 생산에 이르는 제반 업무를 총칭한다.

물적 서비스 업무는 승객이 필요로 하는 각종 시설물과 서비스 물품을 기내에 장착하거나 탑재하여 승객에게 편의를 제공하는 업무를 말한다. 인적 서비스 업무는 장착된 설비와 탑재된 물품을 사용하여 승객들이 보다 안전하고 편안하게 여행할 수 있도록 객실 승무원들에 의해 수행되는 여러 가지 서비스 업무를 일컫는다.

항공사 직원의 일련의 서비스 업무 중 객실 서비스 업무의 구분은 넓게는 '승객들이 탑승하기 전부터 기내 시설물이나 기용품의 설치 및 탑재와 관련된 여러 준비 과정 업무'를 포함한다. 그러나 좁은 의미에서는 '승객들이 항공기에 탑승하는 시점부터 시작하여 안전하게 하기하는 시점까지 객실 승무원에 의해 이루어지는 제반 업무'로 한정할 수 있다. 객실 서비스 업무를 정리하면 다음 그림과 같다.

항공 객실 서비스는 그 질과 다양성을 기대하는 승객의 욕구를 비행 중에 충족시켜야 하고 그들이 안락하고 쾌적한 항공 여행을 할 수 있도록 배려하는 각종 서비스의 총화라는 점에서 항공사가 많은 관심을 표명하는 대상이

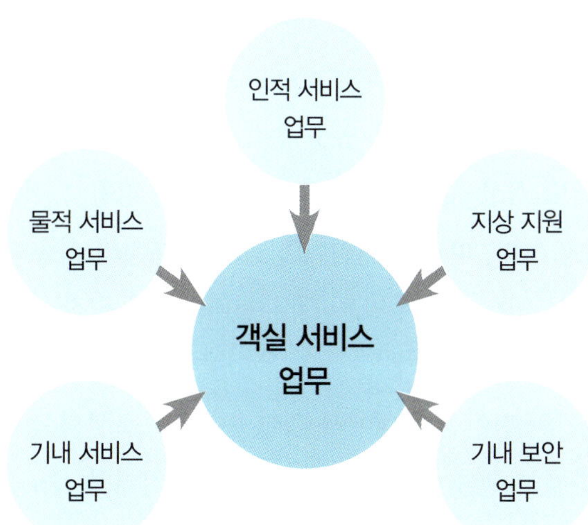


객실 서비스 업무의 구성

다. 특히 승객들은 협소한 공간에서 외계와 격리된 채 비행해야 하므로 유일한 욕구 충족 수단이 객실 서비스라는 점뿐만 아니라 항공사와 장시간 직접 접촉하는 장소도 객실이라는 점에서 그 중요성은 더욱 강조된다.

항공사마다 보유 항공기의 기종은 대부분 동일형이고 안전성과 스피드 등의 성능면에서 큰 차이가 없으며, 무료 수하물 허용량(Free Baggage Allowance)도 IATA 운송 규약에 의거하여 정해지므로 항공사 서비스의 차별화는 사실상 객실 서비스를 통해 실현될 수밖에 없다. 따라서 객실이 바로 고객 유치를 위한 결전장이 된다고 볼 수 있다. 그러므로 객실 서비스의 종류와 품질은 승객의 기대 수준을 넘는 독창적인 것이어야 하며 경쟁 항공사와 비교해 우위적인 것이어야 한다.

승객은 비록 전화 예약, 발권, 탑승 수속 과정에서 항공사 직원의 서비스에 만족했다 해도 객실 서비스에 만족하지 못하면 항공사 전체의 이미지가 나빠질 가능성이 높다. 따라서 객실이 항공사 이미지의 최종 관리 지점이라는 점에서 항공사 서비스의 우열은 객실 서비스에서 시작해서 객실 서비스로 끝난다 해도 과언이 아니다.

조용한 분위기와 편안한 좌석에서 객실 승무원으로부터 정성스러운 서비스를 받으며 항공 여행을 즐기고자 하는 승객의 기대와 욕구를 충족함으로써 자사의 한 차원 높은 객실 서비스 수준을 그들에게 확신시키고 지속적으로 자사 항공기를 이용하도록 유도하는 고객 유지의 방법이 된다. 나아가

**IATA**
**(International Air Transportation Association)**
세계 각국의 민간 항공사들이 모여 1945년에 결성한 동업 조합체로 공식 명칭은 국제항공운송협회이다. 본부는 캐나다 몬트리올과 스위스 제네바에 있다. 한국은 대한항공이 1989년 1월에 가입, 아시아나가 2003년 5월에 가입했다.

**ICAO**
**(International Civil Aviation Organization)**
국제연합의 전문 기구로 공식 명칭은 국제민간항공기구이다. 국제 민간 항공의 안전 유지, 항공 기술 향상, 항공로와 항공 시설 발달 및 촉진 등을 목적으로 1947년에 창설되었다. 본부는 캐나다의 몬트리올에 있다. 한국은 1952년에 가입했다.

James D. Morgan via Getty Images

Georg Wendt/picture alliance via Getty Images

기존 고객의 긍정적인 구전 효과에 의한 신규 고객 창출의 계기가 된다.

**지상 지원 업무**

- 기내 탑재 품목 준비: 예상 기내식 파악(특별식 포함), 기내 서비스 품목, 기내 판매품 확인
- 기내 청소: 지상 조업원
- 기내식 및 기내 품목 탑재: 기내식 제조회사
- 기내 청소 확인: Cabin Crew 및 정비사
- 기내식 및 기내 품목 확인: Cabin Crew 및 기내식 탑재 총괄자

**기내 서비스 업무와 기내 보안 업무**

- 승객 탑승 안내: 탑승권 확인, 환영 인사, 좌석 안내, 짐 보관 안내
- 승객 서비스: Safety Demonstration, 여행 편의용품 서비스, 이어폰 서비스, 음료 서비스, 식사 서비스, 스낵 서비스, Entertainment, 기내 판매, 입국 서류 배포
- 항공기 도착 및 하기: 환송 인사, 잔류 승객 확인, 유실물 확인, 인수인계

중요한 것은 객실 서비스의 요체는 친절과 봉사의 조화에 있으며, 객실 서비스 업무의 출발은 승객과의 대화에서 비롯되고 서비스로 종결된다는 것이다. 인적 서비스는 승객과의 만남에서 시작되고 승객은 물적 서비스보다 정서적 서비스에 더욱 만족할 것이므로 정성과 친절을 다하는 마음으로

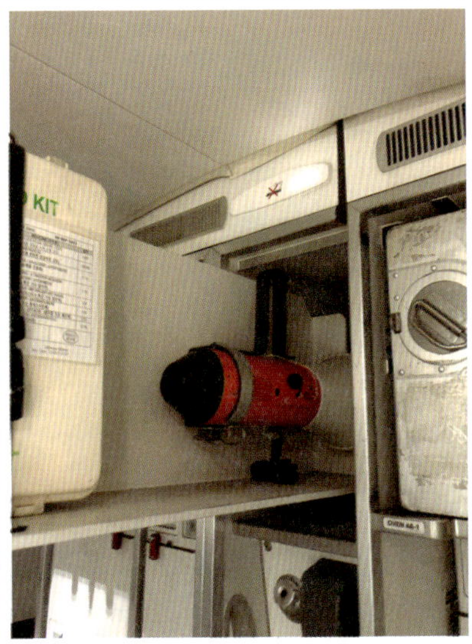

항공 객실 서비스는 업무 지상 지원, 기내 보안, 인적 서비스, 물적 서비스, 기내 서비스 업무를 포함한다.

© Myung Hye Ree(5cut)

접대함으로써 승객들이 양질의 서비스를 경험했다는 만족감이 최대화되도록 해야 한다. 이에 객실 서비스를 담당하는 모든 객실 승무원에게는 승객이 작은 불편도 느끼지 않도록 세심하게 배려하는 마음, 외국인과 자유롭게 소통할 수 있는 외국어 구사 능력, 그리고 밝은 표정과 환한 미소로 승객의 요청에 정성을 다하는 업무 태도와 실천이 기본적으로 요구된다.

# 2. 항공 객실 서비스 유관 업무

## 1) 운송 업무

### (1) 객실 · 운송 업무의 연계성

항공사가 승객 한 명에게 운송 서비스를 생산, 판매, 제공하는 데 여러 부서의 많은 항공사 직원이 직 · 간접으로 참여하게 되고, 이들의 사고와 서비스 마인드가 바로 소속 항공사의 서비스 품질을 결정하게 된다. 항공 운송업의 서비스 생산라인 측면에서 볼 때 공항에서 이루어지는 운송 업무와 항공기에서 이루어지는 객실 업무는 밀접한 업무 연관성이 있다.

원칙적으로 운송과 객실 간의 업무는 승객 탑승과 하기 종료 시점을 기준으로 하여 업무 한계를 그을 수 있으나, 항공기의 지연 · 회항 · 긴급 착륙 등 비정상의 경우에는 업무를 구분하기에 앞서 두 부문 간에 원활한 업무 공조 체제가 이루어져야 한다. 또한 항공기가 도착하여 출발하기까지의 짧은 시간 동안에 다음 비행을 위한 모든 객실 준비가 공항에서 이루어지므로 승객들에게 양질의 객실 서비스를 제공하기 위해서는 공항에서의 적극적인 지원이 무엇보다도 중요하다.

이러한 내용을 토대로 항공사 업무를 정리하면 〈항공 운송 업무의 흐름〉 그림과 같다.

### (2) 업무 책임의 한계

앞서 살펴본 바와 같이 항공사 업무는 영업, 운송, 운항, 객실 간의 업무 연계가 밀접하다. 따라서 부서 간 업무 책임 분담은 필수적이라 할 수 있다.

일반적으로 항공기의 안전 운항과 관련된 사항에 대한 책임은 기장에게 있고, 안전 운항과 관련된 사항과 무관한 객실 서비스, 기내 판매 등 객실 내에서 발생하는 모든 업무에 대해서는 객실 사무장에게 책임이 있다. 승무원들은 근무의 특성상 해외에 체류하는 경우가 빈번하다. 이때 해외 체재 중 체류지에서의 객실 승무원에 대한 지휘 책임은 객실 사무장에게 있다.

환자 · 임산부를 비롯해서 지체 부자유자 · 만취자 · 정신 이상자 등에 대한 탑승 결정 및 기타 승객 탑승과 관련된 사항은 공항 지점장이 결정하고

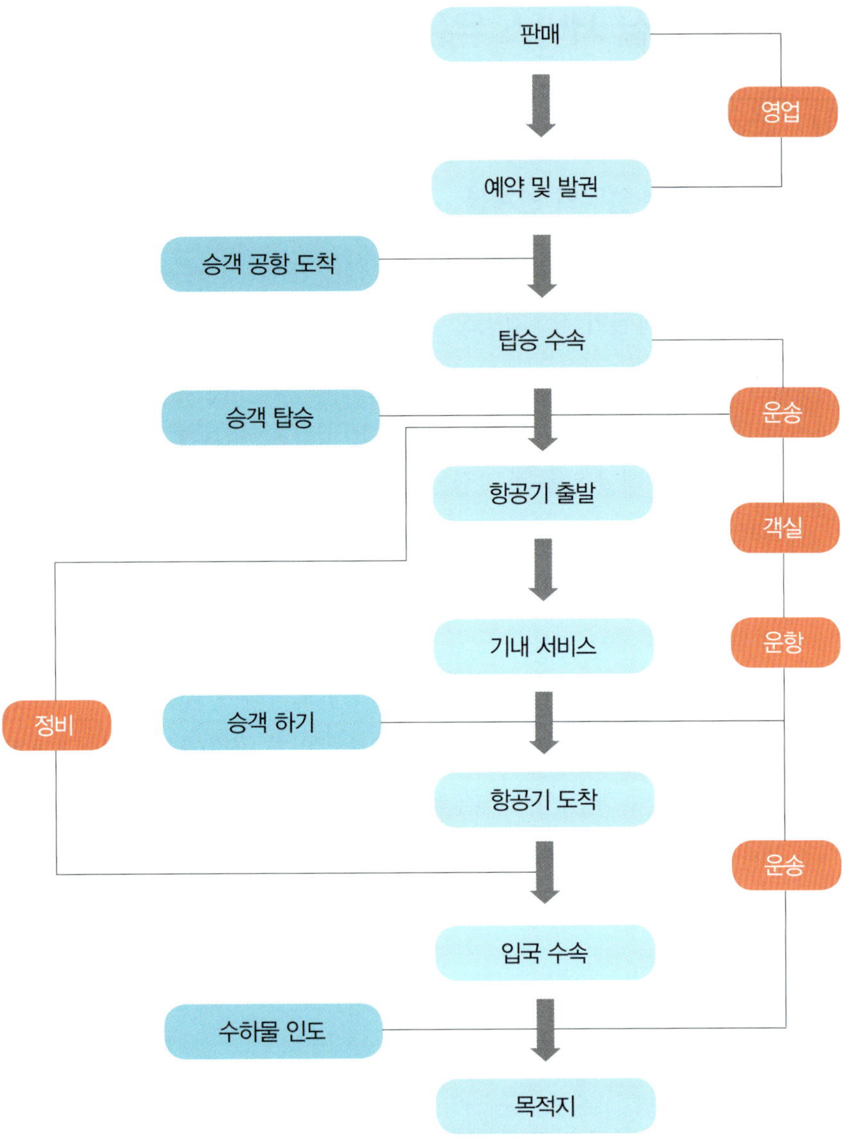


**항공 운송 업무의 흐름**

이에 대한 책임도 진다. 그러나 이 같은 승객의 탑승이 다수 승객의 안전 운항에 현저히 저해될 것이라고 예견된다면 기장은 공항 지점장에게 그 승객의 탑승 여부 또는 기타 필요한 조치를 취하도록 조언해야 하며, 만일 기장이 객실 사무장에게 이를 위임한 경우에는 대행할 수 있다.

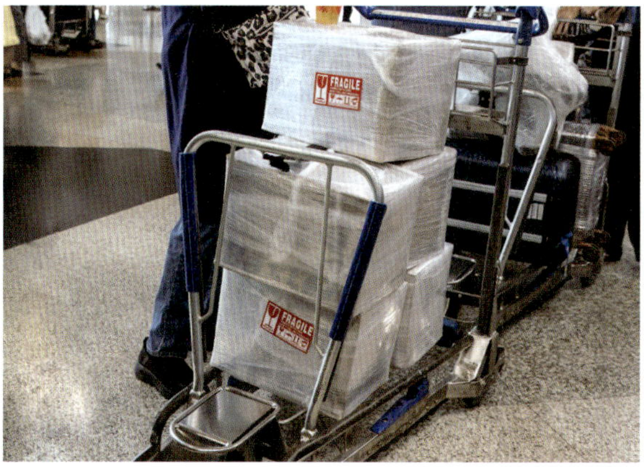

ThamKC/iStock/Getty Images Plus via Getty Images

## (3) 객실 · 운송의 상호 주요 협조 업무

### 휴대 수하물 규제

승객들이 갖고 있는 과대 · 과다 휴대 수하물은 운항 중 난류로 인해 발생하는 기체 동요(Turbulence) 시 Overhead Bin에서 떨어질 우려가 있어 승객에게 심각한 위해 요인이 될 수 있다. 또한 기내 화재나 엔진 고장 등 비상사태로 항공기가 비상 착륙하는 경우, 이 같은 과대 · 과다 휴대 수하물은 착륙 시 충격으로 비상구 주변을 막게 되어 승객들의 신속한 탈출에 지장을 초래할 수 있다.

따라서 규정을 초과하는 승객들의 과대 · 과다 휴대 수하물은 다수 승객의 안전 확보를 위해 기내 반입이 철저히 규제되어야 한다. 이럴 경우는 위탁 수하물로 송부하고 귀중품과 파손 가능 물품(Fragile Item)은 Hand Carry Item Box를 이용하여 휴대할 수 있도록 지상에서 제공한다.

**항공기 화물칸에 동 · 생물을 어떻게 운송할까?**

항공기는 기종별로 동 · 생물의 탑재 및 수송에 적합한 화물칸 설비가 구비되어 온도와 조명 조절이 가능하다. 예를 들어 B747-400 항공기는 화물칸 온도를 최저 4도부터 최고 29도까지 조절할 수 있다.

국내 대형 항공사는 국내 경주용 말을 싣고 태평양을 건너오기도 한다. 물론 이와 같은 동 · 생물 운송 시 안전을 위해 화주가 지정한 동반자가 함께 탑승해야 한다.

항공기 Door Slide Mode Check은 승객의 안전한 비행을 위한 조치이다.

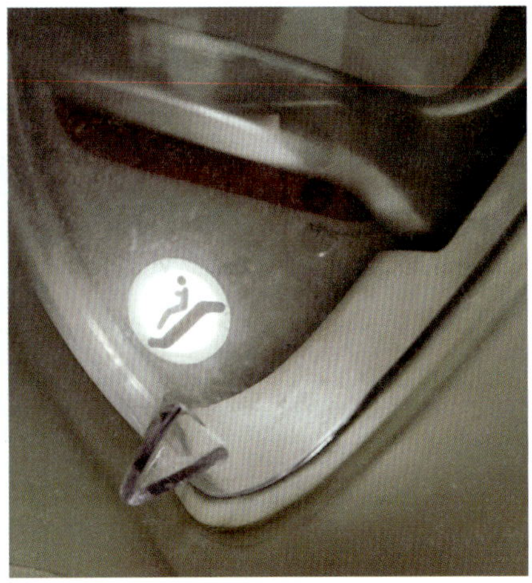

© Myung Hye Ree(3cut)

일부 항공기의 경우 비행 중에는 안전을 위해 해당 Slide Mode에 표시등이 켜져 있다.

## 항공기 Door Open

항공기의 Door에는 비상사태에 대비하여 탈출용 미끄럼대(Escape Slide)가 장착되고, 객실 내부에서 Escape Slide의 Mode(정상 위치와 팽창 위치)를 조작하도록 설계되어 있다. 슬라이드 모드(Slide Mode)는 운항 중에 발생할 수 있는 비상사태에 대비하여 항공기가 Push-back하면 곧바로 팽창 위치(Automatic)에 두고, 항공기가 완전히 정지하기 직전에 정상 위치(Manual)로 돌려놓게 되어 있다.

항공기 출발과 도착 전 항공기 Door를 개폐할 때 운송 직원과 객실 승무원 간의 업무 협조는 필수적인 과정이며, 이 시점에 항공기 출·입항에 관

**Slide Mode Check**
Slide Mode는 항공기의 Door가 열릴 때 비상 탈출 미끄럼대를 자동으로 팽창시키는 Mode와 수동으로 팽창시키는 Mode가 있다. 이러한 Mode가 바르게 작동하는지 점검하는 것을 말한다.

**Push-back**
항공기가 주기된 곳에서 이륙하기 위해 후진하는 동작으로, 항공기는 자체 힘으로 후진이 불가능하므로 Towing Car를 이용하여 후진한다.

PRAKASH MATHEMA/AFP via Getty Images

**기내 휴대 수하물에 관한 안내**

| 무료 허용 범위 |
| --- |
| 기내로 휴대할 수 있는 수하물의 개수는 일반석은 1개, 일등석은 2개이다. 기내 휴대 수하물 사이즈는 가로, 세로, 높이의 합이 115cm(45in) 이내 또는 세 변 각각의 길이가 20cm, 55cm, 40cm 이내(손잡이와 바퀴 포함), 무게는 일반석 10kg 이하, 일등석 18kg 이하로 제한된다. 가방 외에 노트북이나 카메라, 핸드백은 수하물과 별개로 지참할 수 있다. |
| **반입 제한 품목** |
| 무기로 사용될 수 있는 물품, 가령 창/도검류, 스포츠 용품류, 총기류, 무술 호신용품, 공구류 등은 제한된다. |
| **반입 가능 품목** |
| 휴대용 면도기, 카트리지 비금속 손톱 줄, 손톱깎이, 의료용 증명 태그가 붙은 주사기, 뚜껑이 씐 주삿바늘, 공인 자격을 지닌 전문 의료인이 소지한 의료 용구함(날카로운 날을 가진 물품 제외) |

련된 각종 서류의 인수인계도 함께 이루어진다.

만약 Door Slide Mode가 팽창 위치에 있는 상태에서 객실 승무원이 항공기 내부에서 Door를 열면 Door Open과 동시에 슬라이드가 팽창되어 항공기 외부에 있는 지상 직원이나 조업 요원에게 심각한 위해를 가할 수 있다.

또한 한번 팽창된 슬라이드를 다시 접어 항공기에 장착하는 작업은 많은 시간과 비용을 필요로 하며 항공기의 지연 요인이 된다. 따라서 대부분의 경우 항공기의 Door는 비상시를 제외하고 외부에서 지상 직원이 개방하도록 되어 있으며, 외부에서 항공기 Door를 개방하는 경우에는 항공기 내부

CHRISTOF STACHE/AFP via Getty Images

의 슬라이드 모드 상태와 관계없이 슬라이드는 팽창하지 않고 Door만 열리게 되어 있다. 그러나 소형기(B737)는 내부에서 승무원이 열게 되어 있다.

## 2) 케이터링(Catering) 업무

항공 기내식은 세계의 많은 항공사에서 운영하고 있으며 경영 수지면에서도 높은 비중을 차지한다. 기내식은 비행 중 승객에게 제공되는 음식으로 항공기 출발 전에 기내식 공급회사(Caterer)가 각 항공사의 기물을 이용하여 기내 주방(Galley)에 탑재하고, 보관 중인 기내식을 객실 승무원이 미리 계획된 서비스 순서에 따라 각종 음료와 함께 제공하게 된다. 각 항공사는 탑승객의 서비스 만족을 위해 객실 서비스 개발에 박차를 가하고 있으며, 이에 따라 기내식 메뉴와 서비스 패턴이 다양해지는 양상을 보이고 있다.

**기내 주방(Galley)**
기내에서 서비스해야 할 각종 음식, 음료수, 기타 소모품, 서비스에 사용될 각종 기물(器物)을 탑재(搭載), 보관하는 시설로 주방 기능을 한다.

- Dry Galley: 물품을 적재하는 Compartment만 설비된 형태의 Galley를 말한다.
- Wet Galley: Compartment뿐만 아니라 조리에 필요한 Electric System, Water Line, Drainage System 등이 설비된 형태의 Galley를 말한다.

**서비스 순서 (Service Procedure)**
항공기의 현지 출발, 도착시간 및 승객의 비행시간 등을 고려하여 노선별로 기내 서비스의 순서를 정한 것을 말한다.

### (1) 기내식 운영 절차

상황실에서는 항공기 출발 48시간 전에 PMI(Preliminary Meal Inform)를 작성해서 각 작업장으로 전달하게 되고, 작업장에서는 기내식 주문 상황에 따라 각자의 부서에서 케이터링(Catering) 작업을 하게 된다. 항공기 출발 최종 6시간 전에 FMO(Final Meal Order)를 하달하는 상황실은 전날과 당일 아침에 작업을 완료한 카트 내 기내식 수량을 재확인한 후, 출하 냉동실로 이동하여 푸드카(Food Car)에 탑재하기 전까지 신선도 유지에 유의하며 보관한다. 탑재 총괄자(Loading Supervisor)는 상황실로부터 접수받은 후 늘어난 만큼의 기내식 음료의 증가분을 기내 면세품 및 기타 서비스 물품과 함께 체크한 후 푸드카에 탑재한다.

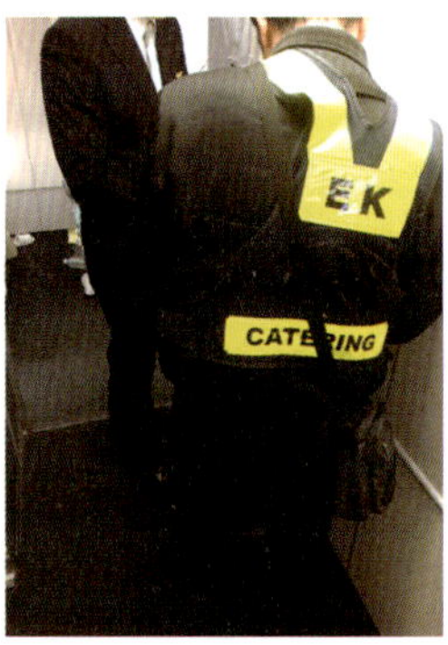

© Myung Hye Ree

승무원이 케이터링 직원과 상호 확인하고 있다.

### (2) 객실과 케이터링의 상호 업무 협조

푸드카가 항공기에 도착하면 탑재 총괄자는 객실 승무원과 기내식 및 서비스 물품 인수인계를 한다. 그리고 항공기 출발 전까지 승객 수의 변동 상황을 주시하고 추가 기내식(Add Meal) 및 서비스 물품 등의 추가 지원에 대비하여 항공기 출발 전까지 기내 객실 승무원 주위에 대기한다. 추가 지원 없

Kilmer Media/Shutterstock.com

BK Awangga/Shutterstock.com

이 항공기가 출발한 후, 상황실에 탑재 상황 종료를 통보하면 케이터링의 기내식 탑재 지원은 끝나게 된다.

## (3) 기내식 제조 과정

케이터링은 담당 업무에 따라 기내식을 만드는 생산부, 지정된 기내식과 기물을 매뉴얼(Manual)하에 포장하는 Bar Packing부, 생산된 기내식을 기내 카트에 승객 수에 맞게 세팅하는 Tray Setting부가 있다. 그리고 비품의 하기와 세척을 담당하는 업무도 분담하여 실시하고 있다. 항공사들은 식자재의 구매부터 저장, 조리, 판매에 이르기까지 위생 관리의 안전을 보장할 수 있는 HACCP 시스템을 운영하는 추세이다.

**기물(Service Tool)**
기내에서 사용하는 각종 용기나 서비스용 도구로, 일회용의 소모품이 아니고 재사용이 가능한 Rotable 품목을 말한다.

**HACCP 시스템**
식자재의 구매, 저장, 조리, 판매의 전 과정에 존재하는 식중독 미생물을 사전에 찾아내 제거, 감소시키는 관리를 한다. 위해 요소가 발생하기 쉬운 곳을 중점 관리점(Critical Check Point, CCP)으로 정해 집중·관리하여 위생 및 안전을 보장하는 시스템이다.

LIONEL BONAVENTURE/AFP via Getty Images

LIONEL BONAVENTURE/AFP via Getty Images

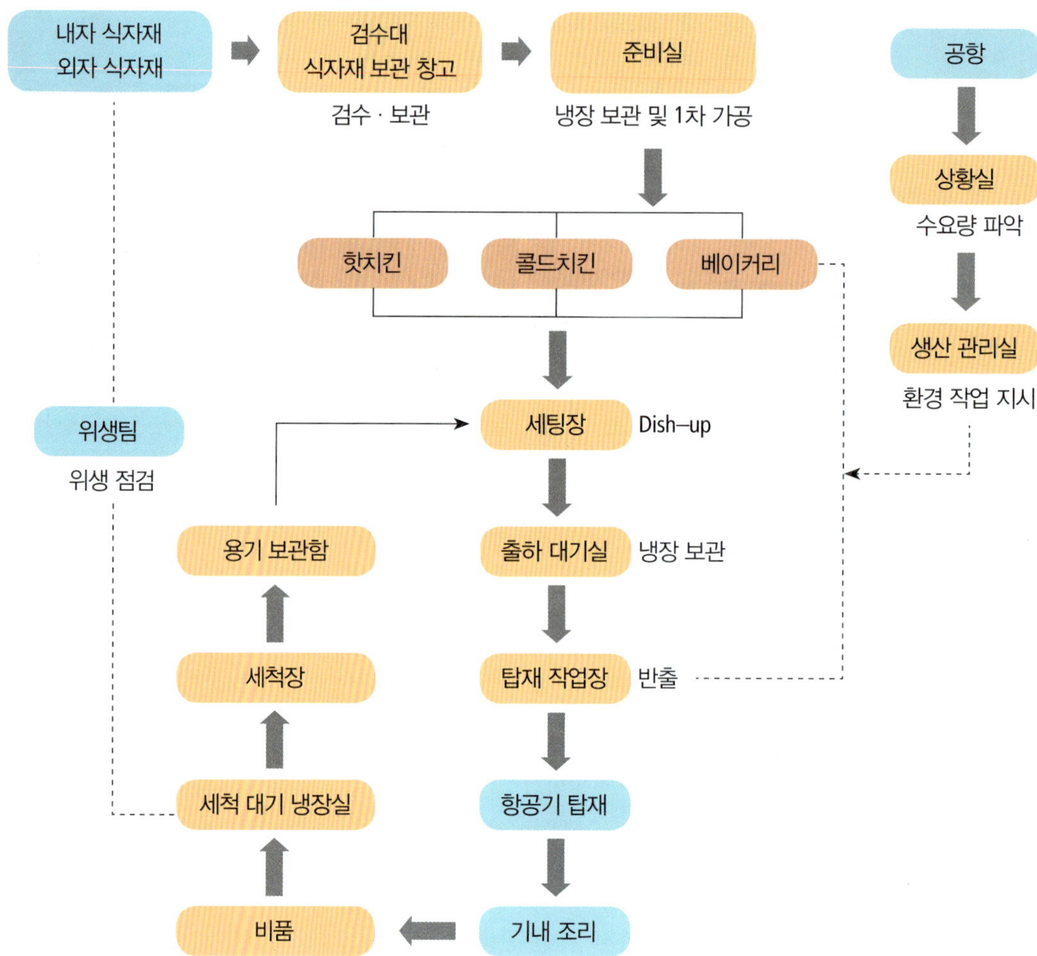


항공사 기내식 제조 과정 및 절차

**Insight Journey**

4. 국내 최초로 반려견 전용 기내식 메뉴를 선보인 항공사가 어느 항공사인지 찾아보자. 해당 서비스를 이용할 경우, 반려견의 기내 취식이 가능한지도 자세히 알아보자. (도움말은 부록 참조)

## 3. 항공 객실 서비스의 품질 관리 요소

앞서 우리는 항공사 객실 서비스 업무와 객실 서비스 유관 업무를 이해했다. 이를 통해 항공사는 운송 서비스의 제공을 위해 항공기라는 자본집약적 하드웨어를 활용함으로써 승객을 안전하게 목적지까지 운송해 주는 데 목적을 둔다는 점을 알았다. 그 과정에는 좌석 예약, 항공권 발권, 탑승 수속, 기내 식음료 및 기내 승무원의 서비스, 수하물 인도 등 다양한 서비스의 조합과 전개가 필요하다는 것도 알았다. 이렇게 보면 항공사 서비스는 주도적인 핵심 서비스(Core Service)와 이를 보조하는 부차적 서비스가 적절히 조화를 이룰 때 그 빛을 발한다는 것을 알 수 있다.

또한 승객 운송이라는 항공사의 핵심적인 서비스는 항공 여행 정보의 안내, 기내 식음료의 제공, 승무원들의 기내식 서비스 등 주변적인 서비스가 반드시 필요하다는 것을 알게 된다. 특히 오늘날과 같은 무한경쟁의 시대에 각 항공사는 항공사 서비스의 경쟁 우위를 점하고자 부차적 서비스에서 타 항공사와 차별화하는 경영 전략을 운용하고 있다.

한편, 항공사 서비스는 순수한 서비스만으로 구성되지 않고 서비스와 재화가 복합적으로 결합된 서비스 다발(Bundle of Services)로서 서비스 패키지(Service Package)를 형성한다. 특정 환경에서 제공되는 재화와 서비스의 묶음인 서비스 패키지는 다음의 네 가지로 구성된다.

첫째, 기본 시설이다. 이 시설에는 운송 서비스를 제공하기 전에 항공사가 미리 구비해 두어야 할 항공기, 전산 예약 시스템, 항공기 유도 시스템, 터미널 시설 등이 속한다. 둘째, 서비스의 촉진을 위해 제공되는 서비스 보조용품이다. 이것은 승객에 의해 소비되거나 구매되는 물품 또는 승객에게 제공되는 물건으로, 기내 면세품을 포함하여 기내 영화와 독서물 등의 오락물과 각종 엔터테인먼트를 제공하는 기내 보조시설을 의미한다. 셋째, 감각적 편익 서비스이다. 이것은 승객이 감각에 의해 직접적으로 알 수 있으며 서비스의 본질적이고 핵심적인 특성이 되는 서비스로, 객실 승무원들의 서비스 수준, 접객 태도, 좌석 예약의 용이성, 정시 운항, 서비스의 다양성과 차별성, 항공 여행 정보의 정확성, 편리한 항공 스케줄 등이다. 넷째, 묵시적 편익 서비스이다. 이것은 승객이 은연중에 느끼는 심리적 혜택이나 서비스의 외관적 특색을 의미하며, 승객이 느끼는 비행 중의 쾌적함과 안락함 같은 묵시적 서비스를 말한다.

이러한 서비스 패키지의 요소들은 항공 운송 서비스의 품질을 결정하므로, 항공사의 주된 관리 대상이 된다. 서비스 패키지 중 서비스 구성요소, 즉 명시적 서비스와 묵시적 편의 서비스가 승객에게 전달될 때 항상 문제시

Erhan Elaldi/Anadolu Agency via Getty Images

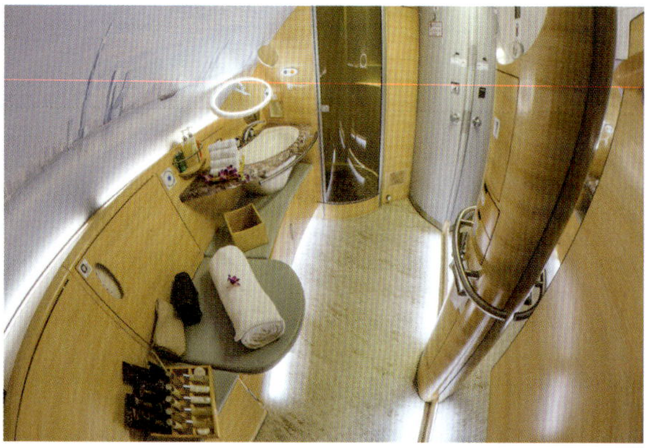

M101Studio/Shutterstock.com

되는 것이 서비스 수준(Service Level)과 서비스 품질(Service Quality)이다.

서비스 수준은 서비스 질에 대해 승객이 갖는 인식으로, 항공사가 제공하는 각종 서비스가 승객의 욕구에 얼마나 부합했는지를 나타낸 것이다. 서비스 품질은 항공사 서비스에 대해 승객이 가진 사전 기대와 비행 후에 승객이 지각한 실제 평가 간의 상대적 관계를 나타낸 것이다.

사전 기대는 주로 항공사의 광고와 타인의 평판, 과거 승객의 탑승 경험과 항공사 이미지 등으로 형성된다. 이에 반해 실제 평가인 지각은 승객과 항공사 간에 교환된 각종 서비스 패키지에 대한 승객의 심리적 만족도에 의해 형성된다. 특히 항공사처럼 승객과의 접촉도가 높은 서비스(High Contact Service) 기업에서는 서비스를 제공하는 직원들의 수행 능력 정도가 실제 평가에 지대한 영향을 미친다. 그리하여 승객들은 지각된 서비스(Perceived Service)가 기대한 서비스(Expected Service)보다 크면 만족스러운 서비스를 제공받았다고 평가하게 된다. 객실 서비스 품질은 고객이 항공사를 선택할 때 결정적인 영향력을 발휘한다.

이에 각 항공사는 항공기 탑승 시 경쟁 항공사보다 우수한 서비스를 승객에게 제공함으로써 그들의 기대에 부응하고 더 나아가 지각된 서비스가 사전 기대보다 높다는 것을 경험하도록 하여 승객의 재탑승을 유도하고자 한다. 따라서 각 항공사는 고객 만족을 극대화하기 위해 객실 서비스 품질을 향상하고 유지하는 제도적 방법을 다각적으로 검토하여 최상의 서비스 패키지(Service Package)를 구성, 조합하여 운용하고 있다.

본서에서는 항공사 서비스의 특성을 감안하여 유형재의 품질 관리 방법의 하나인 제품 속성 접근법(Product Attribute Approach)이 아닌 고객 만족 접근법(Consumer Satisfaction Approach)에 기초하여 학자 파라수라만(A. Parasuraman)이 제안한 서비스의 품질 관리 대상 요소를 항공 객실 서비스에 관련시켜 구성해 보겠다. 실제로 이 요소들은 항공사가 고객의 욕구를 만족시키는 심리적 또는 실질적인 편익이 되어 서비스 품질에 대해 좋은 이미지를 형성하는 데 기여하게 된다.

학자 파라수라만은 서비스 질의 평가에서 소비자들이 서비스 유형에 관계없이 기본적으로 유사한 기준을 이용하고 있음을 밝혀내고, 이 열 가지 기준을 '서비스 결정 요목(Service Quality Determinants)'이라 칭했다.

### 1) 접근 용이성(Accessibility)

객실 승무원은 기내 근무에 임할 때 업무 공백이 있어서는 안 되며, 적정 인원이 항상 승객의 가시권 내에 있어야 한다. 이는 승객이 특별한 도움이 필요한 경우 신속히 응대하기 위함이고 예기치 못한 비상사태를 위한 조치이기도 하다. 항공기 객실 내부의 구조를 보면 승무원 좌석은 승객 좌석과 마주 보게 위치하며 전 객실에 고르게 분포되어 있다. 이는 탑승한 객실 승무원이 다수의 승객에게 보다 체계적이고 효율적인 서비스를 제공하고, 나아가 적절한 업무 분담을 통해 승객 개인에게 접근 용이성을 높이기 위한 방법이라고 볼 수 있다.

아울러 객실 승무원은 승객이 요구사항을 제시하기 전에 미리 이를 파악하고 적절한 서비스를 제공할 수 있는 능력을 길러야 한다. 접근 용이성은 객실 서비스뿐만 아니라 운송 서비스에서도 중요한 요소가 된다. 선진 항공사들은 애플리케이션(Application) 등을 통한 예약 시스템을 이용하여 좌석을 예약하고 탑승 수속을 신속히 하며 판매 경로를 다양화하여 좌석 예약과 항공권 발권이 쉽게 처리되도록 한다.

### 2) 의사소통 원활화(Communication)

글로벌 시대에 급변하는 환경의 영향으로 항공 산업은 고객 수요가 급증하

Anchiy/E+via Getty Images

Sorbis/Shutterstock.com

고 있으며, 고객 요구 또한 복합성을 띠며 다양하게 변하고 있다. 승객의 욕구를 충족시키기 위해 객실 승무원에게 가장 기본적으로 요구되는 것은 상황을 파악하고 요구를 이해하는 의사소통 능력(Communication Skill)이다.

승객과 대화 시에는 가급적 전문 용어의 사용을 지양하고 승객이 이해할 수 있는 용어를 사용하며 승객의 대화 내용을 경청한다. 그리고 외국인 승객 응대를 위해 자기 계발과 고객 응대 화법에 관심을 기울이고 능력 향상에 힘쓰며, 영어는 물론 취항국 언어의 기본적인 외국어 소통 능력을 길러 자국민 외의 승객에 대한 배려도 잊지 않는다.

객실 승무원은 승객이 항공사의 귀중한 자산임을 인식하여 승객과의 커뮤니케이션 과정에서 얻게 된 건전한 불만을 겸허하게 수용함으로써, 이를 한 차원 높은 서비스를 제공하는 계기로 삼는다. 또한 심화된 고객 서비스를 제공하기 위해 상황별, 고객 유형별 응대 방법을 꾸준히 연구하는 자세를 갖는다.

### 3) 정중함(Courtesy)

현존하는 서비스 업종 중 정중한 고객 서비스를 대표하는 직종이 객실 승무원이라고 해도 과언이 아닐 만큼 정중함은 객실 서비스의 품질을 평가하는 데 중요하게 여겨지는 요소이다. 승객을 접대하는 모든 객실 승무원은 정중함과 친절함을 겸비하여 고객을 정중히 모시고 항상 밝은 표정을 지으며 단정한 차림을 유지해야 한다.

이를 위해 항공사들은 정기적으로 접객 매너 교육을 실시하고 항공사 로고, 유니폼 제작, 승무원 개인 용모에 관한 규정도 지정하여 자사의 고유한 정중한 이미지 관리에 힘쓰고 있다.

### 4) 능력 및 자질(Competence)

객실 승무원은 항공기가 이륙해서 착륙할 때까지 탑승객 전체를 안전하게 보호하는 것은 물론 지속적으로 쾌적하고 편안한 분위기를 조성할 임무가 있다. 이들의 업무는 기본적인 안전 비행 수행과 객실 서비스로 나뉜다.

이러한 업무를 수행하기 위해서는 다음과 같은 능력과 자질을 갖추어야 한다. 신체적 건강, 책임감, 심리적 긴장을 제어할 수 있는 정신력, 인내심, 지속적인 자기 관리 등이다. 이들에게 요구되는 업무는 단순하지 않고 복합성을 지니므로 이러한 업무를 소화해 내기 위해 스스로 자질 연마에 힘써야 한다.

객실 승무원은 담당 업무에 정통하여 승객이 요청할 때는 어떤 경우라도 자신 있게 응대해야 하며, 승객의 고충을 원활히 해결해 줄 수 있는 포용력을 겸비해야 한다.

Hispanolistic/E+ via Getty Images

### 5) 신용성(Credibility)

정시 운행, 안전 운항, 쾌적하고 안락한 기내 환경, 친절하고 그 내용이 알찬 객실 서비스 등 승객이 항공사에 요구하는 기대사항은 다양하다. 각 항공사에서는 이러한 승객의 요구에 부합하는 서비스를 제공하여 한 분의 고객이라도 더 유치하기 위해 전사적인 지원과 노력을 아끼지 않는다. 신규 고객 유치는 물론 기존 고객 유지를 위한 기본적인 요소는 신용성이다. 고객과의 약속을 소중히 여기며 이를 지키기 위해 꾸준한 관심을 보이는 자세는 객실 승무원이 고품질 인적 서비스 실현을 위해 갖추어야 할 사항이다. 정시 운항을 위한 최대한의 업무 협조, 사전 주문 면세 물품의 올바른 전달, 주문 식사와 음료의 정확한 제공 등 승객이 가장 큰 관심을 두는 부분을 약속대로 실행해야 한다.

### 6) 신뢰성(Reliability)

객실 서비스의 일관성과 정확성을 확보함으로써 승객이 믿을 수 있는 항공사라는 인식이 뿌리 내리게 해야 한다. 이를 위해 객실에서 승객에게 제공되는 모든 서비스는 해당 부서에서 오랜 기간 계획하고 여러 조정 기간을 거쳐 실행 단계에 이르게 된다. 신규 서비스일 경우에는 전 객실 승무원이

Sunshine Seeds/Shutterstock.com

해당 서비스를 이해하고 그 내용을 충분히 습득할 수 있도록 교육과 훈련을 하고 있다. 객실 승무원 개개인은 승객 한 사람 한 사람에게 신뢰성 있는 서비스를 제공하기 위해 부단히 노력해야 한다.

### 7) 반응성(Response)

객실 서비스는 승객과 객실 승무원이 서로 주고받는 연속적인 반응의 연결이라고 할 수 있다. 욕구가 충족되기를 희망하는 승객과 이에 응대하는 승무원의 적절한 반응이 곧 객실 서비스인 것이다. 객실 승무원은 개인의 서비스 마인드를 확립하고, 이를 바탕으로 승객들의 여러 가지 반응에 성심성의껏 응해야 한다. 승객의 요구사항에 창의적으로 신속하게 대응해야 하는데, 이는 서비스의 적시성(Timing)을 갖춘 상태여야 한다.

일반적으로 항공사에서는 객실 승무원 한 명이 다수의 승객을 담당해야 하는 여건을 감안하여 승객이 도움을 필요로 할 때 승무원을 호출할 수 있는 Call System을 운영한다. 객실 승무원은 이에 즉각적인 반응을 보여야 함은 물론 나아가 승객이 호출하기 전에 요구사항을 예견하여 미리 제공하는 서비스를 해야 한다.

### 8) 안전성(Security)

안전한 비행은 최우선적으로 중시되어야 하는 요소이다. 객실 승무원은 항공기 이 · 착륙 시는 물론 항공기 순항 중 항상 안전한 비행이 최우선 책무임을 염두에 두고, 방지할 수 있는 상황은 예방하는 습관을 가져야 한다.

항공사에서는 객실 승무원의 비행 안전 의식 고취 및 비상시 올바른 상황 판단과 대처를 위해 정기적으로 안전 정례 훈련을 실시한다. 객실 승무원은 훈련 기간에 진지한 태도로 임하며, 비행 근무 시 항상 안전한 비행을 염두에 두는 자세가 필요하다. 또한 항공사는 무엇보다도 안전성이 높은 항공기를 운용해야 하며 완벽한 항공기 정비 기술을 구축하고 선진화된 운항 유도 시스템을 구비함으로써 비행의 안전성을 제고해야 한다.

Wirestock Creators/Shutterstock.com

## 9) 이해(Understanding)

고객의 국적, 연령, 성별, 계층, 종교 등 항공기에 탑승하는 승객은 각기 다양한 문화권의 특색을 지닌다. 객실 승무원은 이러한 여러 종류의 승객 유형을 파악하고 이들의 욕구를 이해하기 위해 지속적인 노력을 해야 한다. 이를 위해서는 실질적인 업무 지식 외에 각 국가가 속한 문화권의 생활이나 전통, 습관에 관한 관심과 이해가 필요하다. 그리고 세계 경제나 문화, 사회 각 분야의 변화하는 소식에도 귀를 기울여야 한다. 오늘 아침 뉴스에 언급된 인물이 저녁에 출발하는 비행 편의 담당 승객이 될 수도 있다.

또한 객실 승무원은 승객이 특별 기내식이나 요람 서비스(Bassinet Service)를 요청할 때 적극적으로 부응하고 상용 여객을 알아차리는 기억력과 기지도 갖추어야 한다.

**특별 기내식(Special Meal)**
종교, 건강 등의 개인적인 이유로 일반 기내식을 취식하지 못하는 승객을 위해 개인의 요구에 맞추어 항공사에서 특별히 제공하는 기내 식사로 다양한 종류가 있다.

**상용 여객(Frequent Flyer)**
해당 항공사를 자주 이용하는 승객을 말한다. 항공사는 이들에 대한 탑승 정보를 관리하며, 공항 라운지 이용, 보너스 마일리지 제공 등의 다양한 혜택을 부여한다.

## 10) 서비스 유형화(Tangibility)

일반적으로 서비스를 크게 인적 서비스와 물적 서비스로 구분한다. 고객 입장에서 유형화된 물적 서비스가 늘수록 서비스 만족도가 상향되는 것은 당연한 이치이다. 그러나 항공사 입장에서 보면 서비스 유형화는 곧 비용 증가로 이어지므로 상당히 민감한 부분이다. 그럼에도 불구하고 항공사들은

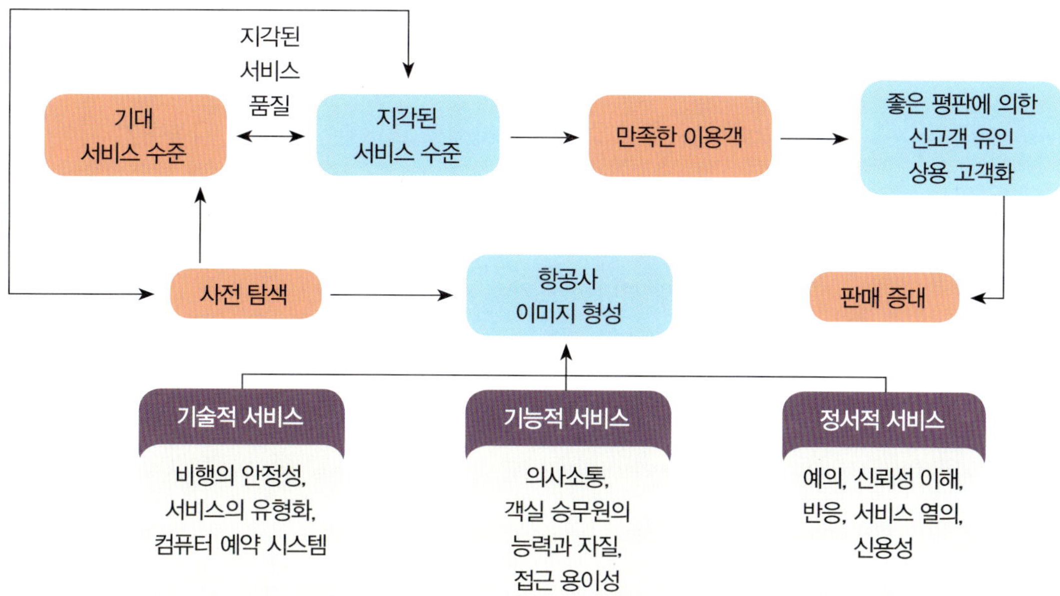


항공사의 서비스 품질 관리 체계도

자사의 서비스 품질을 향상시키기 위해 객실의 재편성을 통한 기내 공간의 확대, 새로운 서비스 아이템의 개발, 차별화된 다양한 기내식 음료의 제공 등으로 서비스 유형화를 도모하고 있다. 이 작업이 항공사로서는 가장 어려운 과제이다.

이상에서 설명한 열 가지의 패키지화된 객실 서비스 품질 관리 요소에 의해 승객은 항공사와 승무원에 대해 기대하는 서비스 수준과 지각하는 서비스 수준을 형성하게 되는 것이다. 객실 서비스의 다양성과 그 품질이 승객이 항공사를 선정하는 데 주요 변수로 작용함은 분명하다. 그러나 실제 객실 서비스를 제공하는 데는 여러 제약이 있다. 우선, 객실 서비스가 고공 비행 중에 제공되며 승객의 식성, 기호, 국적, 언어, 성별, 신분이 각기 다를 뿐 아니라, 기내 공간의 제약으로 시설 배치에 어려움이 많아 승객의 식성과 취향에 부합하는 다양한 종류의 기내 식음료를 탑재할 수 없는 애로사항이 있다.

이러한 제약 요소는 원활한 객실 서비스의 제공에 장애 요소가 되지만, 이것을 슬기롭게 극복할 때 비로소 선호되는 항공사로 자리매김할 수 있다는 점에서 항공사의 전사적 차원의 대안 모색은 물론 객실 승무원의 현장 제안이 절실히 요구된다. 그러므로 각 항공사는 기내 시설의 개량과 개선, 승객이 공통적으로 선호하는 기내 식음료를 탑재하고, 친절과 환대로 승객을 맞이하는 객실 승무원의 자세로 그러한 제약성을 극복하기 위해 노력하고 있다. 현재 수준의 서비스 수행에 만족하지 않고 서비스 성과를 주기적으로 조사, 분석하는 시스템을 설치 · 운영하여 보다 나은 양질의 서비스를 제공하기 위해 부단한 노력을 경주하고 있다.

# SUMMARY

- 항공 객실 서비스 업무는 항공기 내에서 승객들에게 제공되는 물적, 인적 서비스의 계획부터 생산에 이르는 제반 업무를 총칭한다.

- 항공 객실 서비스는 그 질과 다양성을 기대하는 승객의 욕구를 비행 중에 충족시켜야 하고 그들이 안락하고 쾌적한 항공 여행을 할 수 있도록 배려하는 각종 서비스의 총화라는 점에서 항공사가 많은 관심을 표명하는 대상이다.

- 객실 서비스를 담당하는 모든 객실 승무원에게는 승객이 작은 불편도 느끼지 않도록 세심하게 배려하는 마음, 외국인과 자유롭게 소통할 수 있는 외국어 구사 능력, 그리고 밝은 표정과 환한 미소로 승객의 요청에 정성을 다하는 업무 태도와 실천이 기본적으로 요구된다.

- 항공사가 승객 한 명에게 운송 서비스를 생산, 판매, 제공하는 데 여러 부서의 많은 항공사 직원이 직 · 간접으로 참여하게 되고, 이들의 사고와 서비스 마인드가 바로 소속 항공사의 서비스 품질을 결정하게 된다.

- 일반적으로 항공기의 안전 운항과 관련된 사항에 대한 책임은 기장에게 있고, 안전 운항과 관련된 사항과 무관한 객실 서비스, 기내 판매 등 객실 내에서 발생하는 모든 업무에 대해서는 객실 사무장에게 책임이 있다.

- 규정을 초과하는 승객들의 과대 · 과다 휴대 수하물은 다수 승객의 안전 확보를 위해 기내 반입이 철저히 규제되어야 한다. 이럴 경우는 위탁 수하물로 송부하고 귀중품과 파손 가능 물품(Fragile Item)은 Hand Carry Item Box를 이용하여 휴대할 수 있도록 지상에서 제공한다.

- 항공기의 Door에는 비상사태에 대비하여 탈출용 미끄럼대(Escape Slide)가 장착되고, 객실 내부에서 Escape Slide의 Mode(정상 위치와 팽창 위치)를 조작하도록 설계되어 있다.

- 항공기 출발과 도착 전 항공기 Door를 개폐할 때 운송 직원과 객실 승무원 간의 업무 협조는 필수적인 과정이며, 이 시점에 항공기 출 · 입항에 관련된 각종 서류의 인수인계도 함께 이루어진다.

- 기내식은 비행 중 승객에게 제공되는 음식으로 항공기 출발 전에 기내식 공급회사(Caterer)가 각 항공사의 기물을 이용하여 기내 주방(Galley)에 탑재하고, 보관 중인 기내식을 객실 승무원이 미리 계획된 서비스 순서(Service Procedure)에 따라 각종 음료와 함께 제공하게 된다.

- 승객 운송이라는 항공사의 핵심 서비스는 항공 여행 정보의 안내, 기내 식음료의 제공, 승무원들의 기내식 서비스 등 주변적인 서비스가 반드시 필요하다.

- 객실 승무원은 승객이 요구사항을 제시하기 전에 미리 이를 파악하고 적절한 서비스를 제공할 수 있는 능력을 길러야 한다.

- 접근 용이성은 객실 서비스뿐만 아니라 운송 서비스에서도 중요한 요소가 된다.

- 승객의 욕구를 충족시키기 위해 객실 승무원에게 가장 기본적으로 요구되는 것은 상황을 파악하고 요구를 이해하는 의사소통 능력(Communication Skill)이다.

- 승객을 접대하는 모든 객실 승무원은 정중함과 친절함을 겸비하여 고객을 정중히 모시고 항상 밝은 표정을 지으며 단정한 차림을 유지해야 한다.

- 객실 승무원은 항공기가 이륙해서 착륙할 때까지 탑승객 전체를 안전하게 보호하는 것은 물론 지속적으로 쾌적하고 편안한 분위기를 조성할 임무가 있다.

- 고객과의 약속을 소중히 여기며 이를 지키기 위해 관심을 보이는 자세는 객실 승무원이 고품질 인적 서비스 실현을 위해 갖추어야 할 사항이다.

- 객실 승무원 개개인은 승객 한 사람 한 사람에게 신뢰성 있는 서비스를 제공하기 위해 부단히 노력해야 한다.

- 객실 승무원은 개인의 서비스 마인드를 확립하고, 이를 바탕으로 승객들의 여러 가지 반응에 성심성의껏 응해야 한다.

- 객실 승무원은 항공기 이 · 착륙 시는 물론 항공기 순항 중 항상 안전한 비행이 최우선 책무임을 염두에 두고, 방지할 수 있는 상황은 예방하는 습관을 가져야 한다.

- 객실 승무원은 여러 종류의 승객 유형을 파악하고 이들의 욕구를 이해하기 위해 지속적인 노력을 해야 한다.

# WORK SHEET

## SELF STUDY

1 객실 서비스 업무를 구성하는 다섯 가지가 무엇인지 쓰고, 각 구성의 예를 두 가지씩 써 봅니다.

2 항공 운송 업무의 흐름 중, 항공기 객실에서 이루어지는 업무가 무엇인지 생각해 봅니다.

3 객실과 케이터링(Catering)의 상호 업무 협조에 대해 정리해 봅니다.

4 이 장에 제시된 열 가지 서비스 결정 요목(Service Quality Determinants) 중 다섯 가지를 선정하고 중요한 이유를 주관적으로 써 봅니다.

예 **정중함**
객실 승무원은 장시간 동안 한정된 공간에서 담당 승객을 응대해야 한다. 오랫동안 서비스를 수행하기 때문에 승객이 탑승한 때부터 하기할 때까지 정중한 태도를 유지하는 것이 중요하다.

- 
- 
- 
- 
- 

## SELF FEEDBACK

이번 장을 통해 새롭게 알게 된 부분을 써 볼까요?

## GROUP ACTIVITY

그룹으로 나누어 객실 업무를 구성하는 각각의 업무에는 무엇이 있는지 조사해 봅니다.

CHAPTER

# 5 항공 객실 구조 및 시설

상업용 항공기를 제작하는 대표적인 항공기 제작 회사로는 Boeing과 Airbus를 들 수 있다. 항공기 기본 제원은 기종별로 동일하지만 외장과 내부 구조 및 시설은 항공사 요구에 따라 다르게 제작된다. 항공기는 기내의 전면에서 후면으로 각 구역을 Zone으로 구분하며, 비상구 수에 따라 대형기, 중형기, 소형기로 구분하고, 객실 내부 통로 수에 따라 Narrow Body와 Wide Body로 구분한다. 객실 서비스의 등급은 일반적으로 일등석(First Class), 이등석(Business Class), 일반석(Economy Class)으로 나눈다.

항공 객실 시설 및 설비로는 승객 좌석과 선반, 승무원 구역의 승무원 좌석과 휴게 장소, 각종 제어 장치, 기내 주방이 있으며, 이외에 호출 버튼 같은 통신 시스템, 기내 화장실, 출입문 등으로 구분할 수 있다.

5장에서는 항공기를 객실 구분에 따라, 기종 구분에 따라, 클래스 구분에 따라 살펴보고 객실 서비스에 관련된 객실 내부 구조와 시설물 및 장비 사용법을 구체적으로 알아본다.

### 학습목표

1. 항공기 객실 구분에 따른 구조 이해
2. 항공기 기종의 구분 이해
3. 객실 클래스의 구분 이해
4. 항공사별 구조의 운영 흐름 및 현황 이해
5. 기내 설비와 장비 이해

# 1. 항공사별 항공기 도입 현황

세계 민간 항공사들은 주로 미국의 보잉사와 유럽의 컨소시엄 회사인 에어버스사에서 제작되는 항공기를 도입하고 있다. 대개의 상업용 민간 항공기는 항공사들이 필요에 따라 용도별로 두 항공기 제작사의 기종을 선택하는 실정이므로 내부 인테리어나 좌석 배치 정도를 배제하면 항공기 제원이나 성능상의 차이가 거의 없다고 볼 수 있다. 이에 항공사들은 자사의 이미지가 담긴 고유한 디자인으로 항공기의 외장과 객실 인테리어를 하고 있다. 항공사의 시각적 이미지를 담는 항공기 외장과 객실 내부 공간은 항공사의 CIP(Corporate Identity Program) 일환으로 볼 수 있으며, 대고객 기업 이미지의 인지 및 관심도를 유발하는 중요한 요소가 되고 있다. 항공사별 사례를 살펴보자.

## 1) 외국 항공사

뉴질랜드항공(Air New Zealand)은 1996년부터 250억 원을 투자하여 항공사 전반에 걸친 혁신을 시도하고 있으며, 특히 퍼시픽 웨이브(Pacific Wave)는 국제선 여객기의 서비스를 향상하기 위해 모든 항공기의 외부 도장과 객실의 실내 장식을 새롭게 단장하는 것을 주요 목적으로 하는 브랜딩 패키지(Branding Package) 프로그램을 실행했다.

Markus Mainka/Shutterstock.com

일본항공(Japan Airlines)은 동경과 올랜도 노선에 디즈니 월드를 방문하는 어린이 동반 가족 여행객이 많은 점에 착안하여 'Dream Express'라는 특별기를 투입한 바 있다. 이 노선에 투입되는 기종의 외장 전체를 디즈니 캐릭터들로 디자인하여 도장함으로써 승객의 관심을 유발할 뿐만 아니라 절대적인 호응을 얻어, 결과적으로 고객 만족을 위한 성공적인 마케팅 전략으로 평가받고 있다. 2023년 월트 디즈니 컴퍼니 100주년을 맞이하여 일본항공은 일본항공 50주년과 디즈니 100주년을 기념하여 도색한 'JAL Dream Express'를 선보였다.

## 2) 국내 항공사

대한항공(Korean Air)은 1984년 창립 15주년을 기점으로 새로운 경영 체제를 구축하고, 제2의 도약을 상징하는 새로운 이미지를 심기 위해 상징 마크를 비롯하여 항공기의 외장을 현재의 모습으로 변경했다. 대한항공의 현재 상징 마크는 국적기로서의 이미지를 강렬하게 부각하기 위해 음양 원리를 바탕으로 하는 태극 문양을 응용했으며, 외장의 기조색인 담청색은 무궁한 미래와 창공을 상징하며, 기조색을 받치고 있는 중앙부의 은백선은 항공기 하부 동체의 백색과 더불어 무궁한 발전과 실현의 의지를 상징한다.

'드림라이너'로 불리는 B787 기종은 기체의 50% 이상을 탄소 복합 소재로 만들어 무게를 획기적으로 줄이고 연료 효율도 높은 보잉의 환경 친화

Thiago B Trevisan/Shutterstock.com

B787–9 항공기

적인 차세대 항공기이다. 최대 운항 거리는 약 1만 5,750km로 B787-8보다 550km 정도 더 멀리 비행할 수 있다. CS300 기종은 캐나다 항공기 제작사인 봄바디어의 차세대 항공기이다. 동체 및 날개에 첨단 신소재를 적용하여 항공기 무게를 대폭 줄였고 미국의 프랫앤휘트니(Pratt & Whitney)사의 PW1521G 엔진을 장착하여 연료 효율을 15%가량 높였다. 대한항공은 B787-9와 CS300 기종을 순차적으로 들여왔으며, 2019년에는 보잉 B737MAX-8과 에어버스 A321NEO 기종을 순차적으로 도입했다.

B737MAX-8은 최신 엔진과, 기존 날개보다 연료를 1.8% 더 절감할 수 있는 새로운 윙렛(Winglet) 등 첨단기술을 적용하여 효율성과 신뢰성, 운항 능력을 극대화한 차세대 친환경 항공기이다. 기존 동급 항공기들보다 연료를 20% 이상 절감할 수 있으며, 좌석당 운항 비용도 8% 줄일 수 있다. A321NEO도 최신 엔진과 기술이 적용된 차세대 친환경 항공기로 기존 동급 항공기들보다 연료를 15% 이상 절감하는 동시에 탄소를 저감하고 정비 비용까지 절약할 수 있다.

대한항공은 2023년에 A321NEO 항공기 20대를 추가 주문 계약했고 180도로 펼쳐지는 8석의 프레스티지 좌석을 장착했다. 또한 아시아 지역 최초로 에어버스의 객실 인테리어 브랜드 '에어스페이스 인테리어'와 기내 와이파이 등 편의 사양을 갖췄다. 이 계약으로 대한항공이 지금까지 주문한 해당 항공기는 50대에 이르며, 이 항공기를 동남아, 중국, 일본 등 중·단거리 주력 기종으로 운영하고 있다. 향후 A321NEO 항공기 추가 주문을 포함

Phung Quang Minh/Shutterstock.com

A321NEO 항공기

### 왜 항공사들은 친환경 항공기 A321NEO를 많이 도입할까?

아시아나항공은 합병을 앞둔 시점임에도 A321NEO를 구입하고 2025년까지 25대를 순차적으로 운항할 계획이며 대한항공 역시 대량의 추가 물량을 주문했다. A321NEO는 본서에서 언급한 것처럼 연료 효율을 높인 것은 물론, 신형 엔진이 장착되어 엔진 소음을 줄이고 날개 끝이 위쪽으로 휜 샤클렛(Sharklet) 구조로 되어 있어 연료 절감 효과까지 있는 친환경 항공기이다.

2024년 현재 우리나라와 아키아 이스라엘 항공(Arkia Israel Airlines), 제트블루(jetBlue), 에어 트랜셋(Air Transat)도 이 항공기를 도입하여 운항하고 있다. 세부 퍼시픽 항공(Cebu Pacific Air)과 플라이나스(Flynas)는 물론 유나이티드항공(United Airlines)도 A321 항공기를 50대 추가 주문했다.

전 세계적으로 LCC 항공사들이 급부상하면서 A321 항공기가 단거리 대량 수송용 항공기라는 기존의 고정관념이 사라지고 드디어 중장거리 항공기 시장에 새롭게 등판한 것이라고 분석할 수 있다.

하여 100대가 넘는 신형기를 도입할 계획이며, 이와 동시에 A330, B777-200ER 같은 '경년기'는 순차 퇴역시켜 보유 항공기 현대화를 추진할 전망이다.

## 2. 항공 객실 구조

항공기의 기본 제원은 기종별로 동일하나 외장이나 실질적인 내부 구조, 시설은 항공사의 요구에 의해 다르게 주문 제작된다. 항공사들은 항공기 도입 시 적정 시점에 클래스별 좌석 및 설비 배치 계획안을 항공기 제작사에 제출하게 된다. 항공기의 객실 내부는 일반적으로 항공기 전면에서 시작하

Tamme Wichmann/Shutterstock.com

Mario Tama via Getty Images

여 후면으로 내려가면서 A, B, C, D, E Zone으로 구분하며, 주객실(Main Deck) 전면과 위층 객실(Upper Deck)은 주로 상위클래스(일등석과 이등석)로 운영된다. A~E Zone으로 부르는 이 구역은 구역별로 비상시에 사용하는 비상구(Exit Door)인 문(Door)으로 구분하며, 객실 승무원의 근무 구역을 설정하는 기준이 된다. 객실에는 화장실, 선반, 벽장, 승객 좌석, 승무원 좌석, 주방, 비상구가 있고 위치는 기종별로 상이하다.

항공기는 비상구의 수에 따라 대형기, 중형기, 소형기로 구분하며 객실 내부 통로(Aisle)의 수에 따라 협동체(Narrow Body)와 광동체(Wide Body)로 나눈다. 객실 내부에는 객실의 앞뒤를 연결하고 승객이 통행할 수 있는 통로가 기종에 따라 1개 또는 2개 있다. 통로가 1개인 항공기를 협동체(B737, A321 등), 통로가 2개인 항공기는 광동체(B747, B777, A330, A300 등)라고 칭한다.

## 1) 대형기

대형기는 비상구가 항공기 양측에 각각 5~6개 있으며, 객실 구역이 앞부터 차례로 A, B, C, D, E 구역(Zone)으로 이루어진다. B747 항공기의 경우 A, B, C, D, E Zone을 비롯하여 객실 전방 A, B Zone 바로 윗부분에 2층 객실 구역(Upper Deck Zone)이 있다.

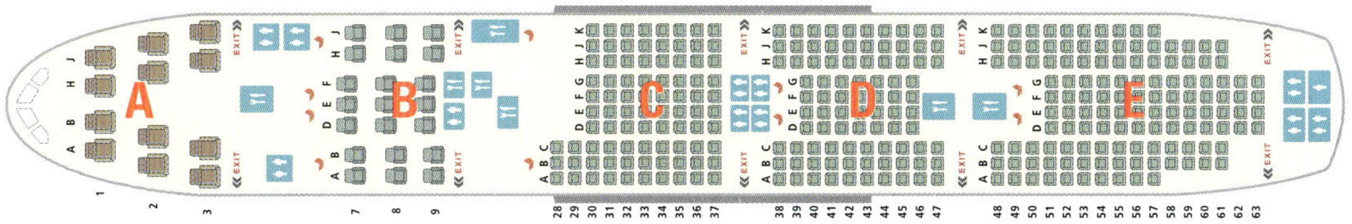


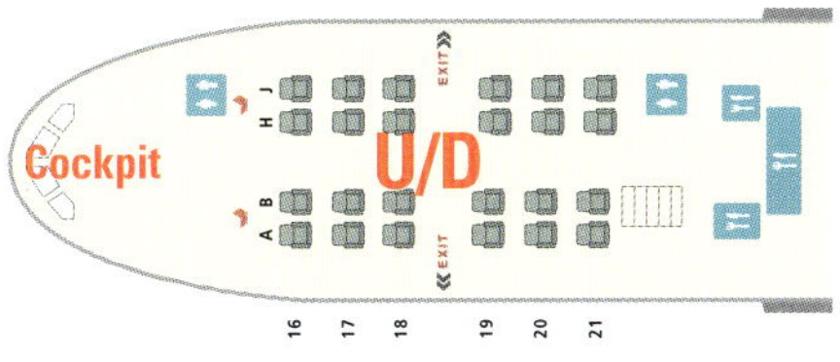


B747-400 항공기의 배치도 예시

### 2) 중형기

중형기는 비상구가 항공기 양쪽에 각각 3~4개 있다. 객실 구역은 대형기와 마찬가지로 앞부터 차례로 A, B, C, D Zone으로 이루어진다.

B777-200/A330-300, 200/A300-600 항공기의 배치도 예시

### 3) 소형기

소형기는 비상구가 양쪽에 각각 2~3개 있으며, 객실 구역을 나누기보다는 항공기 전방, 후방의 개념으로 근무 구역을 설정한다.

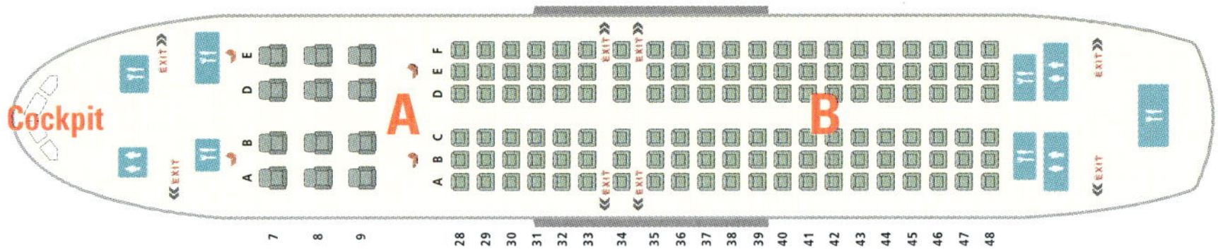


B737-900/800 항공기의 배치도 예시

## 3. 객실 서비스 등급

객실 서비스 등급은 항공사에 따라 그 명칭이 약간씩 다르나 일반적으로 일등석(First Class), 이등석(Business Class), 일반석(Economy Class)으로 구분한다. 객실 서비스 등급은 항공기의 구역(Zone) 구분과 마찬가지로 객실 승무원의 근무 구역을 설정하는 데 주요한 기준이 된다.

Peter Kneffel/picture alliance via Getty Images

루프트한자 알레그리스의 퍼스트 클래스 좌석

First Class Photography/Shutterstock.com

아메리칸항공의 비즈니스 클래스 좌석

## 1) 일등석(First Class)

일등석은 객실 전방부나 2층 객실(Upper Deck)에 위치하며 좌석 너비와 좌석 사이의 간격이 다른 등급에 비해 넓고 쾌적하게 좌석 배치(Seat Configuration)가 되어 일등석만의 안락함과 쾌적함을 조성하는 독립된 분위기를 지니는 것이 특징이다. 좌석 수는 기종에 따라 6석에서 16석까지 운영된다. 대한항공(Korean Air), 에어프랑스(Air France), 영국항공(British Airways) 등의 일부 항공사는 개인 공간을 최대한 보장하기 위해 침대 좌석을 개발하여 일등석 승객에게 제공하고 있다.

## 2) 이등석(Business Class)

이등석은 일등석의 바로 후방 주 객실(Main Deck)이나 2층 객실에 위치한다. 일반석에 추가 요금을 지불한 승객이 탑승하는 클래스로 일등석에 준한 좌석 분위기를 갖추고 있다. 이등석은 최근 들어 모든 항공사 마케팅 전략의 초점이 되어 항공사마다 특색 있는 자사만의 이등석 명칭을 내걸고 승객에게 다양한 편의 시설을 제공하고 있다.

루프트한자 알레그리스의 이코노미 클래스 좌석

### 3) 일반석(Economy Class)

일반석은 기종별로 차이가 있으나, 소형기는 약 100~200명, 중형기는 약 250~300명, 대형기는 약 300~400명까지 탑승할 수 있는 일반 좌석을 일컫는다. 최근 항공사별로 신형 기종은 일반석에도 등받이 각도와 좌석 간 간격을 더 넓히고 좌석 하단에 발 받침대(Leg Rest)를 장착하여 운영하는 등, 승객의 편의를 도모하기 위한 시설 확충에 주력하고 있다.

## 4. 항공 객실 시설 및 설비

상업용 항공기를 제작하는 대표적인 회사로는 보잉(Boeing)과 에어버스(Airbus)를 들 수 있다. 모든 국제 항공사가 두 제조사의 항공기를 도입하여 사용하고 있으며 점차 대형화, 첨단화되는 추세이다. 같은 제작사의 항공기 기종이라고 하더라도 도입하는 항공사의 요구에 따라 주문 제작되므로 실제 내부 구조는 다르다.

일반적으로 모든 민간 항공기의 객실 내부에는 여객 운송에 필요한 기본 객실 구성요소인 승객 좌석, 수하물용 선반, 통로, 화장실, 주방, 비상구가 객실 전역의 적절한 위치에 배치된다.

Photofex_AUT/Shutterstock.com

에미레이트항공의 A380 프리미엄 이코노미 좌석

Nicolas Economou/NurPhoto via Getty Images

유나이티드항공의 B787 이코노미 플러스 좌석

## 1) 승객 좌석과 선반

앞에서 살펴본 대로 여객기의 승객 좌석(Passenger Seat)은 그 등급에 따라 크게 일등석인 First Class Seat, 이등석인 Business Class Seat, 일반석인 Economy Class Seat의 세 종류로 나뉜다. 일부 항공사는 각 클래스 내에도 이코노미 플러스(Economy Plus), 프리미엄 이코너미(Premium Economy) 같은 등급을 두어 차등 운영을 하고 있다.

좌석 등급은 좌석 간의 간격과 좌석의 넓이에 따라 구분되는데, 좌석의 간격은 앞좌석 팔걸이 끝에서 뒷좌석 팔걸이 끝까지의 간격을 일컫는 Seat Pitch로 결정된다. 클래스별 Seat Pitch는 일등석과 이등석은 각각 57인치(약 145cm)와 38~40인치, 일반석은 28인치 규격이 가장 많이 쓰인다. 그러나 클래스별 Seat Pitch 정도는 항공사마다 상이하며 근래에 들어 이를 늘림으로써 보다 편안한 여행을 제공하여 고객 유치에 힘쓰려는 항공사가 현저히 많아지고 있다. 실제로 몇몇 항공사들의 사례를 들어 보자.

### 캐세이 퍼시픽(Cathay Pacific)

홍콩의 플래그 캐리어로 스카이트랙스 수상 5성급 항공사인 캐세이 퍼시픽은 홍콩을 허브로 54개국 255여 개 노선을 운행하고 있다. 비즈니스석과 프리미엄 이코노미석, 이코노미석을 운영하며 프리미엄 이코노미석은 비즈니

**스카이트랙스(Skytrax)**
영국에 소재한 기업으로 항공사와 공항의 품질을 평가한다. 평가 기준은 항공사와 공항 및 라운지별 등급에 따른다

스석과 비슷한 수준의 쾌적한 구조를 갖추었다. 이코노미석은 좌석을 눕혀도 뒷좌석에 영향을 주지 않으며, 신장이 180~185cm인 성인 남성이 이용해도 불편함이 없을 정도의 공간을 제공한다.

### 에어프랑스(Air France)

에어프랑스는 항공사 최초로 장거리 노선에 개인 공간을 최대로 보장하여 편안함과 자유로움을 추구할 수 있는 일명 침대 좌석인 'Espace'를 개발하여 'Espace 180(First Class Seat)', 'Espace 127(Business Class Seat)' 클래스를 운영하고 있다. 첨단기술과 인체 공학적으로 설계된 Espace 180은 등받이가 180도까지 승객이 원하는 각도로 조절 가능하고 길이 1.97m, 폭 53.3cm이며 개인 비디오 시스템 및 칸막이가 설치되어 개인의 프라이버시를 최대한 존중하는 편안한 여행 시설이다.

2023년에는 기내 리뉴얼을 통해 비즈니스 클래스 좌석은 '풀 플랫(Full Flat)', '풀 액세스(Full Access)', '풀 프라이버시(Full Privacy)'를 기본으로 제작했다. 기존 180도 완전 수평으로 펼쳐지는 침대형 좌석은 전 좌석이 기내 복도로 바로 연결되어 이동 시 편리하다. 각 좌석에 개별 슬라이딩 도어와 중앙 패널이 탑재되어 완벽한 프라이버시를 선사한다. 중앙 패널을 내리면 동승자와 함께 비행을 즐길 수 있다.

### 영국항공(British Airways)

영국항공은 5억만 파운드를 투입하여 기존의 일등석인 First Class와 이등석인 Club World Class에서 한 열당 2좌석이 배치되었던 것을 1좌석 배치로 개조한 침대 좌석을 승객에게 제공하고 있다.

### 싱가포르항공(Singapore Airlines)

싱가포르항공은 항공업계 최초로 2인용 침대(Double Bed)형 좌석을 이등석 객실에 도입하여 설치했다. 일명 'Space Bed'인 새로운 좌석은 길이 78인치(198cm), 폭 27인치의 수면 공간을 제공하며, 승객이 거의 반듯하게 누울 수 있게 되어 있다. 바로 옆에 좌석이 붙어 있어 약 4.5피트(135cm) 폭 2인용 침대를 만들 수 있다. 물론 승객들이 원할 경우 좌석 사이에 있는 칸막이로 옆자리와 공간을 분리하는 것이 가능하여 개인의 프라이버시를 지킬 수

Agent Wolf/Shutterstock.com

싱가포르항공 A380 비즈니스 클래스 좌석

도 있다. 싱가포르항공과 다른 항공사들의 기존 일등석에도 대형 좌석이 있지만 'Space Bed'만큼 충분한 공간을 제공하지는 못했다. 2인용 침대의 설치로 승객이 내 집과 같은 편안함을 기내에서도 느낄 수 있게 된 것이다.

### 델타항공(Delta Airline)

델타항공은 2014년부터 승객의 요구에 맞춘 세분화된 좌석 옵션인 델타 원 비즈니스 클래스, 퍼스트 클래스, 델타 프리미엄 클래스, 델타 컴포트 플러스(Delta Comfort+)를 통해 차별화된 여행 상품을 제공하고 있다. 프리미엄 이코노미 좌석인 델타 프리미엄(Delta Premium) 클래스는 2017년 하반기 A350 기종으로 운항하는 일부 국제 노선에 도입된 것을 시작으로 2018년에는 B777 기종에까지 추가했다. 더 넓은 공간과 업그레이드된 서비스, 디자인과 품질에 주력하는 다양한 브랜드와의 제휴를 통해 델타항공 프리미엄 이코노미 좌석 수준을 한층 더 높였다.

델타 프리미엄 클래스는 최대 38인치(약 97cm)의 좌석 간 간격과 19인치에 달하는 넓이, 7인치까지 젖히는 등받이 등으로 공간이 더 넓어졌다. 또 조절 가능한 발 받침대와 머리 받침대가 탑재된다. 동종 클래스에서 규모가 가장 큰 13.3인치 고해상도의 기내 엔터테인먼트 스크린과 소음 차단 헤드

EQRoy/Shutterstock.com

델타항공의 컴포트 플러스 좌석

Rasid Necati Aslim/Anadolu via Getty Images

터키항공의 비즈니스 클래스 좌석

폰으로 델타 스튜디오의 영화, 엔터테인먼트 게임 등을 무료로 즐길 수 있으며, 크고 작은 전자기기를 충전할 수 있는 좌석 전원 콘센트와 기기를 보관할 수 있는 수납 공간이 제공된다. 아울러 빠른 체크인과 보안 검색, 우선 탑승, 빠른 수하물 서비스를 포함하는 스카이 프라이어리티(Sky Priority) 서비스를 받을 수 있다.

또한 델타항공은 2017년에 전 세계 최초로 비즈니스 클래스에 델타 원 스위트 좌석을 A350 기종에 도입했다. 승객의 편안함과 프라이버시에 중점을 두고 고안된 델타 원 스위트 좌석은, 슬라이딩 도어가 장착되어 프라이버시를 극대화하고 개인 수하물 보관함을 제공한다. 또한 미국 항공사 가운데 가장 큰 와이드 스크린 모니터를 통해 기내 엔터테인먼트 프로그램을 즐길 수 있으며, 프리미엄 마감재와 디자인으로 마치 집과 같은 편안함과 휴식을 제공하는 최고 수준의 비즈니스 클래스 경험을 보장한다.

### 터키항공(Turkish Airlines)

터키항공은 2024년 새로운 비즈니스 클래스 타입인 '크리스털 비즈니스 클래스 스위트'를 선보였다. 이 좌석은 터키항공 최초로 슬라이딩 도어를 도입하여 프라이버시를 보장한다. 발밑 공간은 23인치(약 58cm)로, 넉넉한 공간을 확보하고 모든 좌석이 통로석으로 구성되어 접근이 용이하다. 이 좌석은 2026년부터 대륙 간 장거리 노선에 적용될 예정이다. 터키항공의 A350 항공기에 점차적으로 설치된 이후 B777 항공기에도 도입될 계획이다.

이와 같이 항공사들이 보다 편안한 공간을 제공하여 고객을 유치하려는 서비스 경쟁은 앞으로도 지속적으로 이루어질 것이다.

**Insight Journey**

5. 에미레이트항공은 '2024년 스카이트랙스 세계 항공 대상(Skytrax World Airline Awards)'에서 총 7개 부문을 수상했다. 에미레이트항공의 차별화된 서비스가 무엇인지 알아보자. (도움말은 부록 참조)

---

다음에서는 항공 객실 시설 및 설비로 승객 좌석, 승무원 구역, 기내 주방, 통신 시스템, 기내 화장실을 나누어 살펴본다.

### (1) 승객 좌석(Passenger Seat)

승객 좌석은 좌석벨트(Seat–belt), 접이식 테이블(Folding Table) 및 승객용 조절장치(Passenger Control Unit, PCU), 머리 받침대(Headrest), 개인용 모니터가 설치되어 있다. 그리고 팔걸이(Arm Rest)나 개인용 모니터에 부착된 PCU에는 승무원 호출 버튼(Attendant Call Button), 독서등, 기내 오락 서비스 관련 버튼이 있다.

좌석 등받이의 각도는 좌석 젖힘 단추(Reclining Button)로 조절하며, 하단에는 구명조끼(Life Vest)가 있다. 좌석 상단에는 승객의 짐을 보관할 수

Sorbis/Shutterstock.com

AVOD 모니터

AVOD에서 볼 수 있는 대한항공 기내식 중 한식 '묵밥'에 대한 설명

© Myung Hye Ree(2cut)

있는 Overhead Bin이 있고, 그 아래에 부착된 PCU는 독서등(R/Light), 비상용 산소마스크(EMG Oxygen Mask), 승무원 호출 표시등(Attendant Call Light) 및 각종 지시 사인(Instruction Sign)으로 이루어져 있다.

### 개인 주문형 오디오/비디오 시스템(Audio Video on Demand, AVOD)

승객은 좌석에 장착된 개인용 모니터(Personal Monitor)를 통해 다양한 프로그램을 즐길 수 있다. 현재 각 항공사는 개인용 모니터(AVOD)를 모든 기종의 모든 좌석에 설치하는 추세이다. 종래에는 전면에 설치된 대형 스크린을 통해 기내 영화를 장거리 노선에서 대략 2편 상영했으나 개인용 모니터가 장착되어 이제는 다양한 채널을 선택할 수 있게 되었다. 영화뿐만 아니라 예능 프로그램, 음악, 항공사 홍보 영상, 에어쇼, 기내식 관련 안내도 제공한다.

글로벌 승객의 기호에 맞추어 각 항공사의 오락 프로그램은 여러 언어로 더빙되거나 자막 처리된다. 예를 들어 캐세이 퍼시픽의 한국과 홍콩 구간 노선에서는 영어, 광동어, 중국어, 일본어와 한국어로 제공된다.

**Insight Journey**

6. 에어아시아는 2024년 게임 기업과 파트너십을 체결해 새로운 기내 엔터테인먼트를 제공했다. 관련한 세부 내용을 알아보자. (도움말은 부록 참조)

Overhead Bin 아래에 부착된 PCU

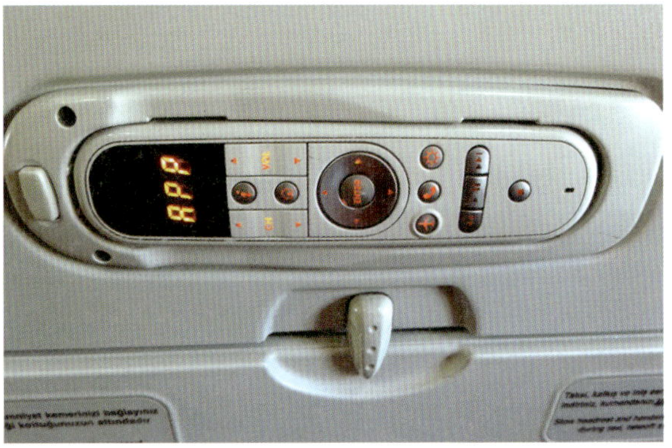

좌석 앞 모니터 하단에 부착된 PCU



### PCU(Passenger Control Unit)

기내 편의 시설 조정 장치로 보통 팔걸이에 부착된 것으로는 기내 영화와 오디오를 감상할 수 있는 버튼과 승무원 호출 버튼, 좌석 젖힘 단추, 독서등 등을 조절할 수 있다. 또한 Overhead Bin 아래에 부착된 PCU는 독서등, 비상용 산소마스크, 승무원 호출 표시등 및 각종 지시 사인으로 구성되어 있다. 개인용 모니터(Individual Monitor)가 장착된 기종에는 개인용 모니터 화면을 조절하기 위한 PCU가 있다.

**산소마스크(Oxygen Mask)**
기내 감압 현상 발생 시(객실 고도 14,000피트 이상) 각 승객 좌석의 선반에서 자동으로 내려오며, 마스크를 당겨 코와 입에 대면 산소가 공급된다.

### 기내 위성 전화

기내 위성 전화는 각 좌석에서 세계 어디로든 전화가 가능하다. 일반적으로 일반석에서는 항공기 벽면에 장착되고, 상위클래스에서는 팔걸이(Armrest)

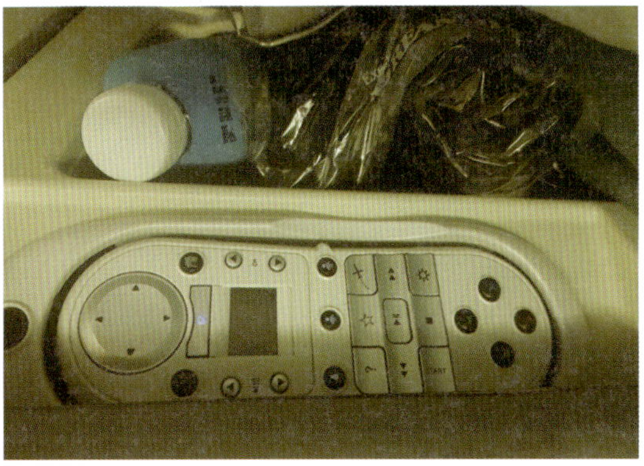



핸드셋에 장착된 상위클래스 기내 위성 전화

승객 좌석 위에 설치된 Overhead Bin

상단에 장착된다. 한 면은 위성 전화기, 다른 면은 개인용 모니터 화면을 조절하기 위한 PCU로 사용된다.

기내 전화는 신용카드로 이용할 수 있으며, 요금을 계산하는 기준이 일반 전화와 다르며 요금이 상대적으로 비싼 편이다. 항공사 기내지에 이용 방법과 요금 체계가 안내되어 있다.

### (2) 선반(Overhead Bin)

승객의 좌석 머리 위에 부착된 선반으로 승객의 가벼운 짐이나 코트, 베개, 담요 등을 넣을 수 있는 공간을 말한다. B747, B777, A300 기종 등 뚜껑이 있는 곳은 Stowage Bin이라고 한다.

승객의 안전한 비행을 위해 Overhead Bin 점검은 필수 업무이다. 승객 탑승 전 점검과 탑승 후 물품 보관 시 안내, 비행 중 안전 사고 대비를 위한 주의, 하기 후 유실물 점검까지 한 치의 소홀함도 허용되지 않는다.

## 2) 승무원 구역

### (1) 승무원 좌석(Jump Seat)

승무원 좌석은 모든 Door 옆에 위치하며 접을 수 있는 좌석으로, 사용하지 않을 때는 저절로 접히고 사용할 때는 좌석을 밑으로 내리면 펴진다. 항공기 각각의 비상구 옆에 위치하며 항공기 전역에 고르게 분포되어 있다. 일반적으로 승객 좌석과 마주 보게 제작되어 있다.

승무원 구역(Attendant Station) 및 그 부근에는 인터폰(Interphone), 승무원 물품 보관함(Stowage), 비상장비, 패널(Panel) 등이 설치되어 있다. 또 좌석을 비춰 주는 작업등(Work Light)과 승무원용 산소마스크가 있다.

일반적으로 사무장(Duty Purser) 구역에는 객실 조명, 온도, 기내 음악, 비상 탈출 신호 등 객실 설비를 일괄적으로 제어할 수 있는 객실 주조절 패널(Cabin Control Main Panel)이 있다.

Single Seat Type Jump Seat

Dual Seat Type Jump Seat

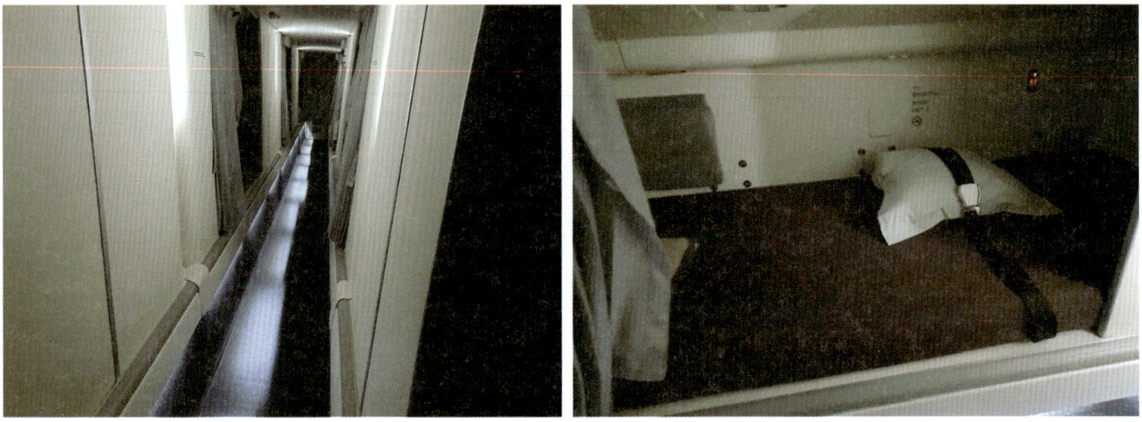



객실 승무원들만 이용할 수 있는 Bunk

## (2) 승무원 휴게실(Bunk)

장거리 비행 중 승무원들이 승객 휴게 시 두 개 조로 나뉘어 쉴 수 있는 공간이다. 보통 객실 뒤편 2층(Upper Deck)이나 지하에 위치한다. 승무원 휴게실 안에는 승무원들이 누워서 쉴 수 있는 2층 간이침대와 독서등, 비상장비 등이 갖추어져 있다.

## (3) 제어 장치(Control System)

기내에서 제공되는 영화, 음악 등 각종 엔터테인먼트 서비스에 관련된 시스템을 제어할 수 있는 장치는 대부분 항공기 전방 사무장 좌석 옆에 설치되

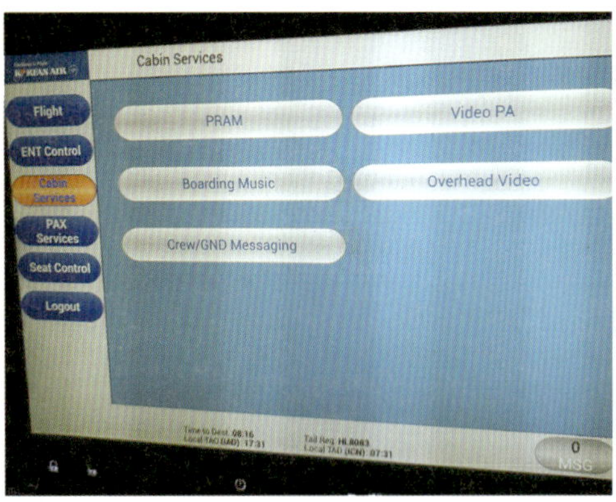


객실 시스템 제어 장치

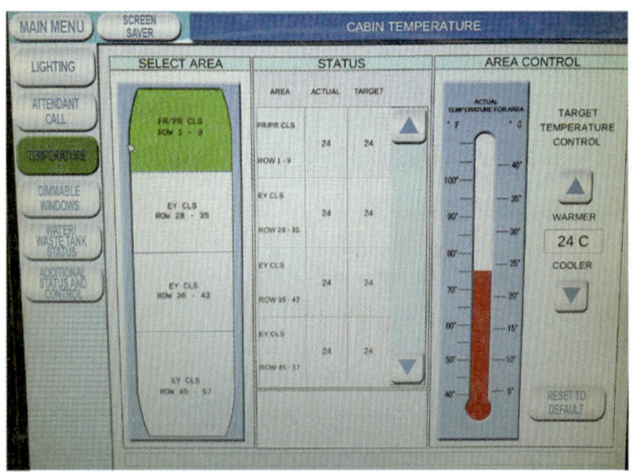




기내 온도 조절 화면

어 있다. 또한 Air Show 및 기내 온도 조절 장치, 객실 조명 등이 기종별로 정해진 장소에 설비되어 있다.

Air Show는 항공기 이 · 착륙 시에도 계속 상영되도록 해야 하며 일반적으로 부사무장이 승객 탑승 전에 미리 작동 준비를 한다. 객실 조명은 서비스 형태 및 순서, 승객 휴식시간 등의 객실 상황에 적합하도록 객실 사무장이 조절한다.

객실 온도는 승객들이 쾌적한 항공 여행을 하도록 수시로 체크하여 가장 쾌적한 기내 온도를 유지하도록 힘쓴다. 객실 온도 조절 시에는 승객과 승무원이 느끼는 온도의 차이, 각 Zone과 승객 수에 따른 온도 차이, 취침 시의 체온 유지 능력 저하, 객실 내의 조도 등에 유의해 조절해야 한다. 일반적으로 승객이 쾌적하게 느끼는 객실의 적정 온도는 24±1℃ 정도이다.

### 3) 기내 주방

Galley는 항공기의 주방으로 일반 장비(Galley Equipment), 보관 공간(Stowage Space), 작동 패널(Control Panel)로 이루어진다. 객실 승무원은 Catering에서 제조된 기내식을 기내 주방(Galley)에서 Heating이나 Chilling 해서 승객이 취식하기 좋은 상태로 제공하게 된다. 따라서 음식을 데우는 Oven, Microwave가 있고 음료 제공을 위한 Coffee Maker, Water Boiler,

**Oven**
기내식의 Meal Entree, 빵, Towel 등을 가열하여 승객 기호에 맞게 서비스할 수 있는 Heating 장비이다.

**Coffee Maker**
기내 커피 서비스를 위해 커피를 Brewing하는 Galley 장비 중의 하나이다.

**Water Boiler**
기내에 뜨거운 물(92℃)을 공급하여 인스턴트 Coffee와 Tea 서비스 등을 수행하게 한다.

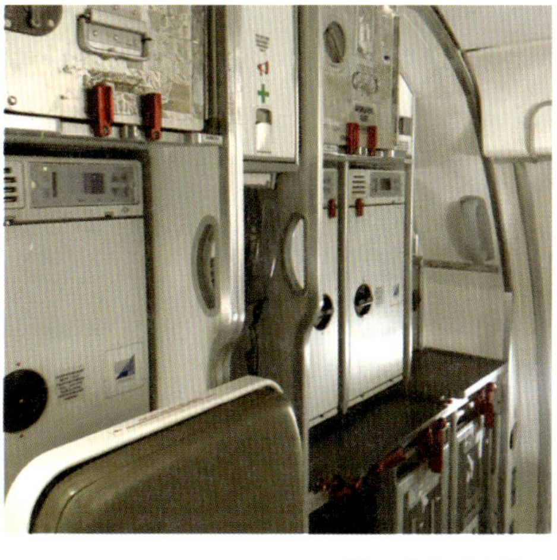

A220 항공기 후방 Galley 모습. Compartment를 비롯한 각종 장비들이 있다.

Hot Jug & Cup, 기내식 보관을 위한 냉장고, Stowage Space가 기본적으로 설치되어 있으며 여러 전자장비를 통제할 수 있는 패널이 구성되어 있다.

기종이 복층으로 구성된 경우에는 Cart 이동 시 편의를 위해 Galley Elevator가 있고 일부 신기종에는 Trash Compactor가 장착되어 있다. 모든 장비들은 항공기 이 · 착륙 및 기체 요동(Turbulence) 시 안전을 위해 Lock을 할 수 있도록 되어 있다.

**Galley Elevator**
복층으로 구성된 기종에서 기내 식음료 서비스 내용물이나 기물의 탑재 및 운반을 용이하게 해주는, 기내 주방 내에 장착된 운반용 장비이다.

**Trash Compactor**
기내에서 수거된 쓰레기를 효율적으로 처리하여 부피를 줄이기 위한 쓰레기 압축기이다.

**Compartment**
기내 용품을 탑재하기 위해 Galley 등에 설치된 별도의 공간이다.

### (1) 기내 냉장고

기내 주방 보관장소(Galley Compartment)에 장착되며 차갑게 음료를 서비스하기 위해 사용하거나 냉장이 필요한 음식을 보관할 때 이용한다.

© Myung Hye Ree(2cut)

기내 주방에 설치된 기내 냉장고

### (2) 오븐(Oven)과 전자레인지(Microwave)

케이터링 센터(Catering Center)에서 제조된 기내식을 따뜻하게 서비스하기 위해 사용하는 기기로 오븐과 전자레인지가 있다. 일반적으로 Oven은 기내 모든 기내 주방(Galley)에 설치되고, 전자레인지는 기내 공간의 한정성을 이유로 상위클래스 기내 주방에 설치되는 경우가 많다.

객실 승무원은 메뉴별 Heating 시간과 방법을 준수해야 한다. 항공사는

A220 항공기 후방에 장착된 Oven

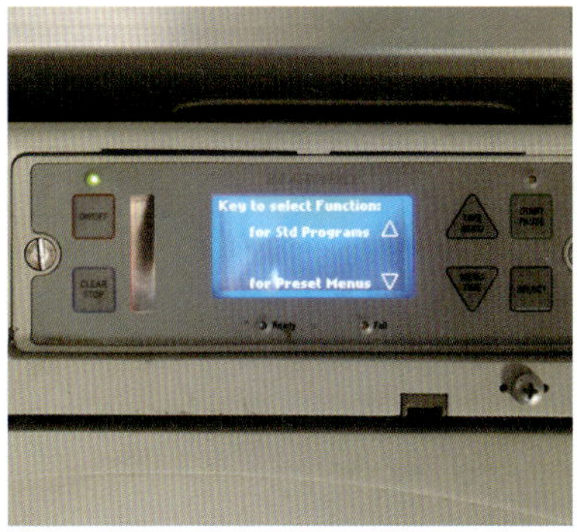


Oven 전원을 켠 모습

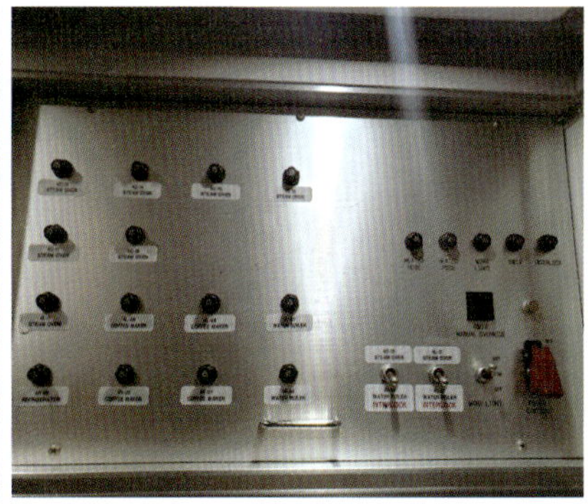

Oven, Coffee Maker 등의 전자장비 제어 패널

© Myung Hye Ree(3cut)

신규 메뉴 탑재 시에는 각 메뉴의 탑재 방법 및 Heating 방법과 유의사항을 사전에 공지한다. 사용 시에는 내용물을 확인하고 전원을 켜야 하며, 사용하지 않을 때는 반드시 닫힘과 잠금상태(Close & Lock)를 유지하고 착륙 전에는 전원을 끈다.

### (3) 물품 보관함(Compartment)

객실 서비스 용품을 보관하는 장소는 Compartment가 비행기에 장착된 경우에는 Compartment이고, 그렇지 않은 경우 Carrier Box를 탑재하여 사용한다. 일반적으로 항공기 내 모든 물품은 위치가 정해져 탑재되므로 사용 후에는 반드시 제자리에 놓아야 한다. 또한 비행기의 갑작스러운 요동으로 보관함 안에 든 물건이 떨어질 우려가 있으므로 사용 시에만 열어 사용하고 평상시에는 반드시 문을 닫고 고정해 놓아야 한다.

**Carrier Box**
기내 물품 운반 용구로 휴대해 이동할 수 있도록 Box 형태로 제작된다. 통상 Aluminum 재질로 제작된다.

### (4) 쓰레기통(Waste Container)

일반적으로 쓰레기통은 각 Galley와 화장실에 있다. 객실 승무원은 장시간 비행 동안 많은 양의 쓰레기가 나오므로 사용 시 가능한 공간 확보에 유의해야 한다. 쓰레기통은 사용하지 않을 경우 반드시 닫힘 상태를 유지하도록 스프링 타입의 뚜껑이 부착되어 있어야 한다. 최신 기종은 쓰레기를 압축할 수 있는 시스템을 갖춘 쓰레기통이 부착되어 있다.

압축이 가능한 Trash Compactor

© Myung Hye Ree

메뉴별 탑재 방법 및 Heating 방법의 예

| 품목 | 탑재 방법 | Heating 방법 및 유의사항 |
|---|---|---|
| 갈비, 떡갈비, 생선찜<br>(상위클래스) | 도시락 형태의 Tin Foil에 1인분씩 탑재 | • Tin Foil을 Oven에 넣어 Heating(뚜껑 ON)<br>• Heating Time: 15분 정도(건식) |
| 소고기 스튜, 돼지불고기, 생선 탕수<br>(일반석) | 플라스틱 용기에 Tin Foil로 덮어 1인분씩 탑재 | • 용기를 Oven에 넣어 Heating(뚜껑 ON)<br>• Heating Time: 20분 정도(건식) |
| 햇반<br>(일반석) | 시중에서 판매되는 형태와 동일한 형태로 1인분씩 탑재 | • 용기를 Oven에 넣어 Heating<br>• Heating Time: 20분 정도(습식) |

### (5) Coffee Maker와 Water Boiler

일부 항공 기종에는 에스프레소, 카푸치노처럼 카페에서나 즐길 수 있는 다양한 커피를 기내에서도 서비스할 수 있도록 Coffee Machine이 장착되어 있기도 하다. 이에 객실 승무원은 다양한 커피 제조 방법을 익혀 승객의 다양한 욕구에 부응할 수 있어야 한다.

일반적인 Coffee Maker는 원두 Coffee Pack을 넣고 Brewing하는 것으로 용량은 약 20잔 정도이다. 각 Coffee Maker는 온도 조절 장치로 조절하며 과열 방지 장치가 설치되어 있다. Coffee Maker와 Water Boiler는 작동하기 전에 반드시 Hot Water 꼭지에서 기포 없는 물이 나올 때까지 물을 빼내는

상위클래스 기내 주방에 장착된 에스프레소 기기와
기내에 탑재된 Coffee Pack, Water Boiler, Coffee Maker

© Myung Hye Ree(4cut)

© Myung Hye Ree

승무원, 승객별 호출을 알려 주는 Indicator

Air Bleeding을 실시한 후 사용한다. Coffee Maker의 Coffee Pack Tray 및 Hot Plate 등은 청결하게 유지해야 한다.

### 4) 통신 시스템

기내에서 사용되는 통신 시스템(Communication & Calls system)으로는 객실 승무원과 객실 승무원 또는 객실 승무원과 운항 승무원 사이의 통화를 가능하게 하는 Interphone 시스템, 기내 방송문이나 비행 정보를 승객이나 객실 승무원에게 전달할 수 있는 PA(Public Address) 시스템, 승객이 승무원을 부를 때 사용하는 승객 호출 시스템(Passenger Call System)이 있다. 이러한 기능은 모두 Interphone을 이용하여 구현된다. Interphone Pad에는 각각의 기능에 맞도록 누를 수 있는 버튼이 있고, 비상구 주변이나 승무원 좌석 근처의 천장이나 벽면에는 이 기능들을 구분해 알려 주는 Indicator가 있다. 최신 기종은 기내 주방 내에서 호출 버튼을 누른 승객의 좌석번호를 알 수 있어 즉각적인 응대가 가능하다.

#### (1) 비상 탈출 지시 스위치(Evacuation Command Switch)

이 스위치는 조종실(Cockpit)과 기종별로 Cabin Attendant Station에 하나

씩 장착되어 있으며, 기장과 객실 승무원 사이에 비상시 사용하는 통신 시스템이다. 스위치를 누르면 조종실과 전 스테이션(Station)에 비상 신호(Evacuation Signal)가 작동하게 된다.

### (2) 인터폰 시스템(Interphone System)

운항 승무원과 객실 승무원 또는 객실 승무원과 객실 승무원 사이에 일반적인 의사소통이 필요한 경우 사용하는 것으로, 기종별로 약간의 차이가 있으나 사용법은 비슷하다.

- 핸드셋(Handset)은 객실의 각 승무원 전용 좌석(Jump Seat), 승무원 휴게실(Crew Bunk)에 장착되어 있다. 상대방을 호출하려면 핸드셋을 Handset Cradle에서 들고 Dial Tone을 확인한 후 각 스테이션에 해당하는 숫자를 누르면 된다. 스테이션별 번호는 핸드셋에 표기되어 있다.
- 인터폰 사용법은 다음과 같으나 기종별로 약간의 차이가 있다. Pilot Alert Call은 객실 내의 긴급한 상황이 발생한 경우 운항 승무원에게 알리기 위해 사용하는 호출이며 인터폰에서 해당 버튼을 누르면 된다.
- Pilot Call은 객실 승무원과 운항 승무원 간의 일반적인 호출이다. 호출 버튼은 기종별로 다르다.
- All Call은 객실의 모든 스테이션과 조종실의 호출이 가능하며, All Call

항공 기내 인터폰 시스템

을 누르면 모든 스테이션에서 차임(Chime) 소리와 함께 Call Light가 점멸하게 된다.

- Station To Station Call은 Handset을 꺼내 들고 원하는 스테이션에 해당하는 번호를 누르거나 원하는 Call을 누르면 통화가 가능하다. 해당되는 스테이션에서 차임이 울리고 Call Light가 점멸된다.

### (3) PA 시스템(Public Address System)

방송문이나 비행 정보를 승객이나 객실 승무원에게 전달하기 위해 사용하는 시스템으로 인터폰 시스템의 고장 시에도 사용하게 된다. 종류로는 핸드셋과 마이크(Microphone)가 있다.

어느 스테이션에서든 사용이 가능하며 스테이션별로 하거나 전 객실을 대상으로 하는 등 구분을 지어 방송할 수도 있다. 승객이 헤드폰을 사용하여 음악이나 영화 감상 중이어도 운항 승무원, 객실 승무원의 방송 또는 Pre-recorded Announcements를 작동시킨 경우에는 헤드폰을 통해 방송이 전달된다.

**Pre-recorded Ann (Pre-recorded Announcements)**
기내 안내 방송 일부를 Chip 또는 Tape에 저장해 두었다가 필요할 때 승무원이 버튼 조작을 하여 승객에게 안내하는 방송을 말한다.

**PA 우선순위**

1. 조종실로부터의 PA
2. 객실로부터의 PA
3. Pre-recorded Announcements
4. 비디오 시스템의 오디오
5. Boarding Music

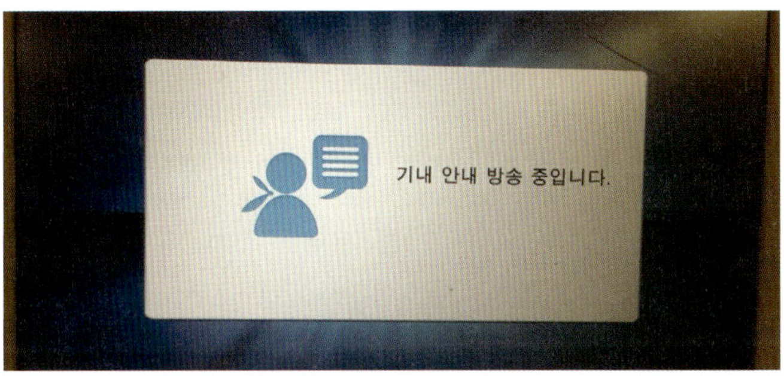


© Myung Hye Ree

영화 시청 중 객실 승무원 방송 시 영화가 중단되고 표시되는 AVOD 화면

'On'되어 있는 승객 호출 버튼(Passenger Call System)

화장실 안에 장착된 Call Button



### (4) 승객 호출 시스템(Passenger Call System)

승객이 승무원을 부를 때 사용하는 시스템으로 승무원 호출 버튼은 승객 좌석 팔걸이 또는 PCU에 설치되어 있다. 승객 호출이 이루어지면 해당 승무원 스테이션(Attendant Station) 내의 Master Display에 청색등이나 황색등이 켜지고 차임이 울린다. 또한 호출 승객 좌석 위 PCU에도 불이 켜진다.

화장실에도 승무원 호출 버튼(Attendant Call)이 설치되어 있다. 승객이 화장실 내 Call Button을 누르면 Master Display에 황색등이 켜지면서 차임이 울린다. 해당 화장실 밖 Call Button Indicator에도 Light가 켜진다. Reset 하려면 화장실 Call Light/Reset Switch를 누르면 된다.

## 5) 기내 화장실

항공사에서 도입하여 운영 중인 항공기의 기내 화장실(Lavatory)은 거의 동일한 형태로 별도의 고급화 및 차별화 전략이 시도되지 않았다. 그러나 1996년 5월부터 일본의 최대 항공사인 일본항공(Japan Airlines)이 장거리 국제 노선의 일등석 승객 유치 전략으로 초호화 화장실을 설치한다고 발표하면서 각 항공사의 화장실 인테리어가 새롭게 부각되었다.

일본의 3대 민항인 일본 에어 시스템(Japan Air System)은 꽃무늬로 디자인하고 여성용 향수와 화장용품 등을 구비한 여성 전용 화장실을 기내에 한 개씩 설치하여 운영 중이다.

### 기내는 금연인데 왜 화장실에 재떨이가 있을까?

현재 운항하는 최첨단 항공기 화장실에도 재떨이가 설치되어 있다. 흡연이 가능했던 시기에 제작된 항공기가 아닌데도 왜 재떨이가 있는 것일까? 미국 연방항공청(FAA)의 항공기 감항성 조건을 따라 항공기는 기내 흡연의 허가 여부와 관계없이 개별적으로 탈착이 가능한 재떨이를 화장실에 설치해야 한다. 감항성이란 목적지까지 안전하게 비행할 수 있는 가능성을 의미한다.

FAA가 처음부터 재떨이 설치를 규정한 것은 아니다. 바리그항공 820편 기내에서 승객이 흡연 후 쓰레기통에 버린 담배꽁초에서 시작된 화재로 승무원 17명 전원과 승객 118명 중 107명이 사망한 사건을 계기로 재떨이 설치를 의무화하게 되었다. 즉 이 규정은 기내 흡연이 금지되어 있어도 화장실에서 유혹을 이기지 못하고 흡연한 경우 꽁초를 재떨이에 버리도록 하여 기내 화재를 예방하기 위한 조치이다.

대한항공은 중대형 항공기에 여성과 장애인을 위한 전용 화장실을 별도로 두어 고객의 불편을 최소화하고 있다. 여성 전용 화장실의 경우 내부 인테리어를 차별화하거나 페이스 미스트, 핸드 크림과 같은 화장품을 비치하며, 장애인 전용 화장실에는 더 넓은 공간을 할당하고 벽면에 지지용 손잡이를 부착해 놓았다.

기내 화장실은 2층 화장실(Upper Deck Lavatory), 측면 화장실(Sidewall Lavatory), 중앙 화장실(Centerline Lavatory)의 세 종류가 있으며, 종류에 상관없이 기능이나 작동법이 유사하나 위치에 따른 차이점이 있다. 각 화장실에는 승무원 호출 버튼(Attendant Call Switch), 산소마스크(Oxygen Mask), 좌변기, 휴지통, 세면대, 거울, 연기 감지기(Smoke Detector) 등의 시설이 기본적으로 갖추어져 있다.

화장실을 청결하게 유지하고 최적의 상태로 관리하는 일은 승객의 쾌적한 여행을 위해 매우 중요하며, 이는 객실 승무원이 적극적으로 업무를 수행하고 있다는 것을 보여 주는 효과도 있다.

### (1) Indicator

항공기 이 · 착륙 시에는 화장실 사용 및 이동이 금지되므로 좌석에 앉아 있어야 한다. 기내 화장실을 사용할 때는 문을 잠근 상태에 있어야 화장실 밖 Indicator에 '사용 중'이라는 불이 켜진다. 사용 중일 때는 'OCCUPIED', 비었을 때는 'VACANT'에 불이 켜진다. 최신 항공기 일부는 이와 같은 표

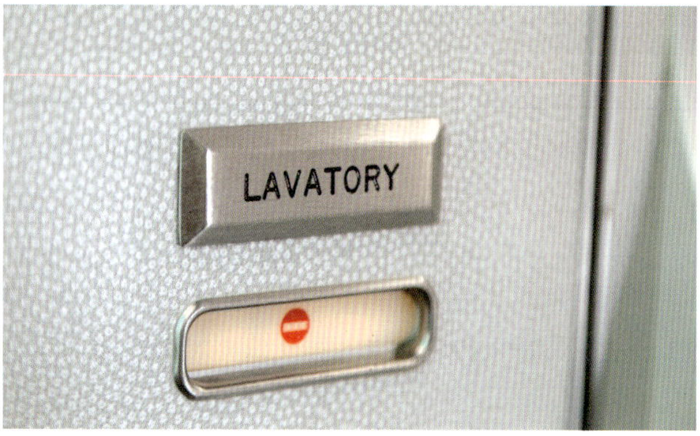


승객이 화장실 사용 중일 때 표시되는 'OCCUPIED'

A220 항공기의 화장실 사용 시 문밖에 표시등이 켜진 모습

© Myung Hye Ree

식 대신 사용 중일 때는 화장실 표시에 불이 들어오는 방식으로 운영하고 있다.

### (2) 세면대

기내 화장실에는 세면대가 있다. 세면대의 수도꼭지는 버튼식으로 되어 있어서 온수와 냉수를 구별하여 이용할 수 있다. 최신 항공기는 버튼을 누르지 않고 센서를 인식하여 물을 공급한다. 쾌적한 여행을 위해 세면대 사용 후에는 꼭 다음 사용자를 위해 물을 빼고 한번 휴지로 닦아 주는 것이 좋

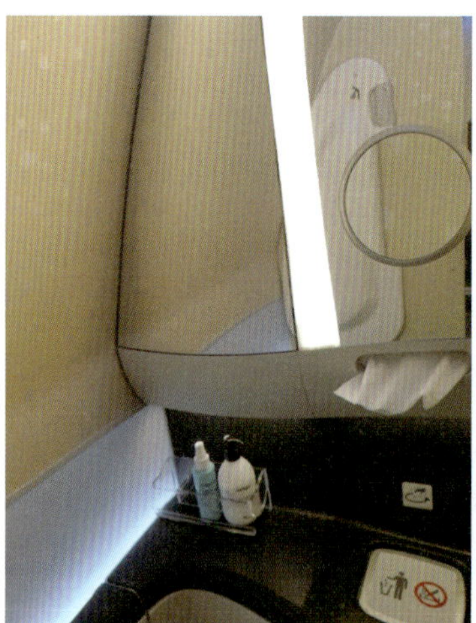

B787 항공기의 기내 화장실 모습

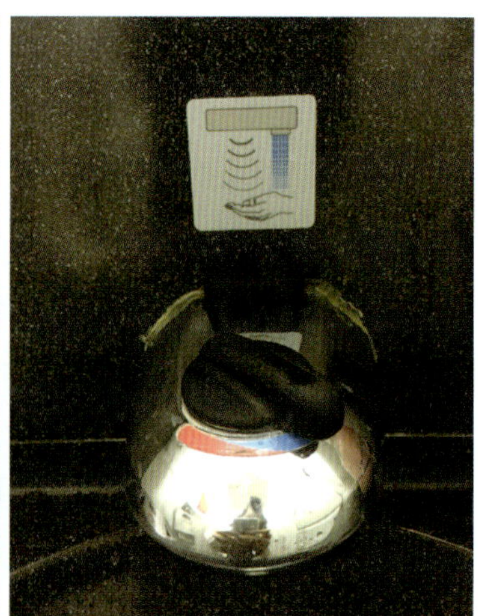

센서 작동 세면대

© Myung Hye Ree(2cut)

다. 세면대 옆에는 에멀전, 칫솔 등이 있다. 휴지는 'PUSH WASTE AND TOWEL DISPOSAL'이라고 쓰인 통에 버리면 된다.

### (3) 화장실 변기

기내의 화장실 변기는 사용 후 플러시(Flush) 버튼을 누르면 기압으로 변기가 청소되는 시스템이다. 최신 항공기는 비접촉으로 손만 가까이 대면 인식하여 자동으로 플러싱(Flushing)된다. 승객의 편의와 위생을 위해 종이로 된 일회용 변기 커버를 제공하고 있다. 기내의 화장실은 비좁기 때문에 화장실을 사용할 때는 주의하고, 사용 후에는 깨끗이 정리하여 다음 사용자가 쾌적하게 이용하도록 해야 하며, 변기에는 비치된 화장지 외에 다른 것을 버리지 않도록 주의해야 한다.

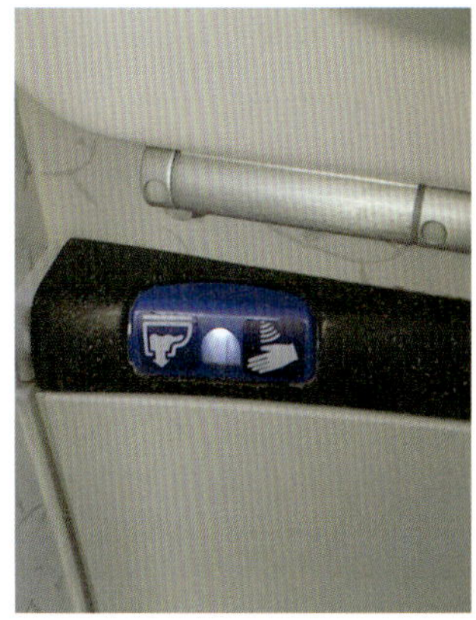



비접촉식 플러싱(Flushing) 설비

### (4) 연기 감지기(Smoke Detector)

항공 기내 화재 발생 경보를 위한 장치로 화재 발생에 취약한 장소(화물칸, 화장실 등)에 설치되어 있다. 화재로 인해 발생한 연기를 감지하여 경보를 발생시키므로 연기 감지기라고 한다. 사진의 위쪽 부분은 연기(Smoke)의 공기 중 밀도를 감지하는 장치로 화장실 상단과 화물칸 내부 등에 설치되어 있으며, 사진의 아래쪽 부분은 연기 발생을 감지하고 화재 발생을 알리는 경보음 발생 장치이다.

승무원은 비행 전 연기 감지기의 정상 작동 여부를 확인하고, 비행 중 승객이 부주의하게 감지기를 훼손하는 일이 발생하지 않도록 점검해야 한다.

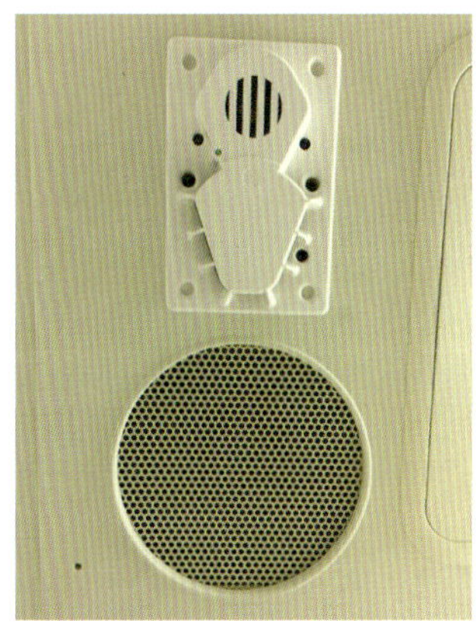



화재 방지를 위해 천장에 설치된 기내 화장실 내 Smoke Detector

## 6) 출입문

Door는 평상시 출입구로서의 역할뿐만 아니라 비상시 탈출구(Emergency Exit)로 이용되므로 전 객실에 고르게 분포되며, 기종별로 정해진 수의 Door가 장착되어 있다. 모든 항공기 Door는 Door Control Handle, Slide Mode Control Lever, Door Locking Indicator, Viewing Window, Door

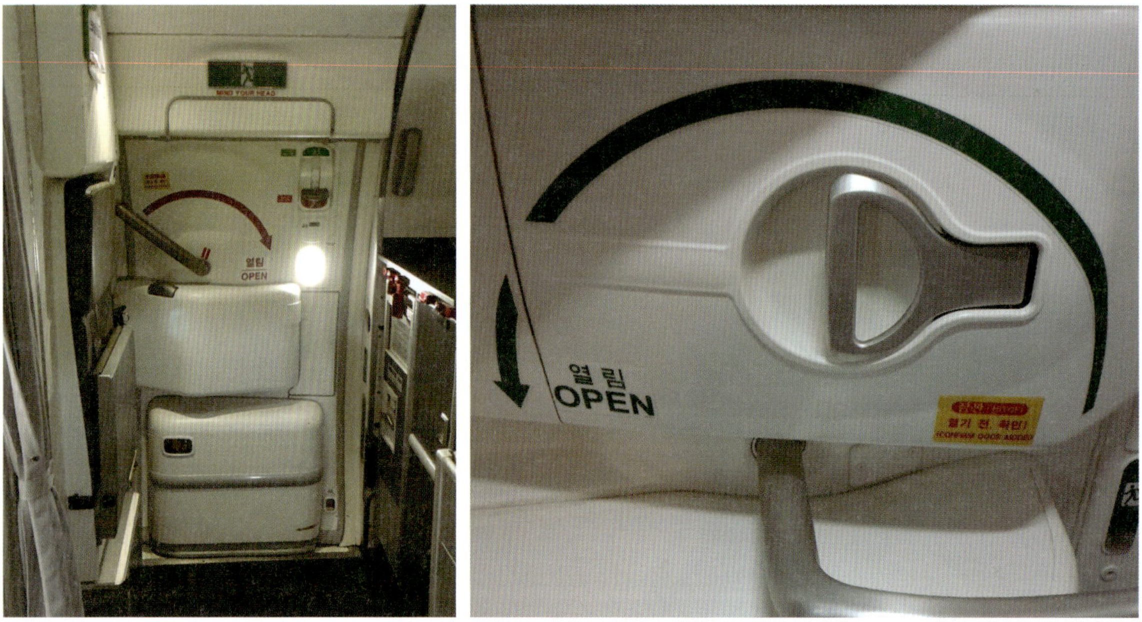


© Myung Hye Ree(2cut)

A220 항공기의 후방 Door와 B787 항공기의 Door 일부 모습. Slide Mode, View Port, Door Operation Handle을 볼 수 있다.

Warning System, Evacuation System Container를 갖추고 있어야 한다. 또한 Door 주변에는 객실 승무원의 Jump Seat와 각종 비상장비들이 구비되어 있다.

Door는 항공기 내부와 외부에서 개폐할 수 있으며, 통상적으로 외부에서 작동하나 승무원이 내부에서 작동하는 경우에는 비상시와 평상시의 정확한 조작법을 숙지하여 오작동으로 안전상의 문제를 일으키지 않도록 주의해야 한다.

# SUMMARY

- 세계 민간 항공사들은 주로 미국의 보잉사와 유럽의 컨소시엄 회사인 에어버스사에서 제작되는 항공기를 도입하고 있다.

- 항공기의 기본 제원은 기종별로 동일하나 외장이나 실질적인 내부 구조, 시설은 항공사의 요구에 의해 다르게 주문 제작된다.

- 항공기의 객실 내부는 일반적으로 항공기 전면에서 시작하여 후면으로 내려가면서 A, B, C, D, E Zone으로 구분하며, 주객실(Main Deck) 전면과 위층 객실(Upper Deck)은 주로 상위클래스(일등석과 이등석)로 운영된다.

- 항공기는 비상구의 수에 따라 대형기, 중형기, 소형기로 구분하며 객실 내부 통로의 수에 따라 협동체(Narrow Body)와 광동체(Wide Body)로 나눈다.

- 객실 서비스 등급은 항공사에 따라 그 명칭이 약간씩 다르나 일반적으로 일등석(First Class), 이등석(Business Class), 일반석(Economy Class)으로 구분한다. 객실 서비스 등급은 항공기의 구역(Zone) 구분과 마찬가지로 객실 승무원의 근무 구역을 설정하는 데 주요한 기준이 된다.

- 일반적으로 모든 민간 항공기의 객실 내부에는 여객 운송에 필요한 기본 객실 구성요소인 승객 좌석, 수하물용 선반, 통로, 화장실, 주방, 비상구가 객실 전역의 적절한 위치에 배치된다.

# WORK SHEET

## SELF STUDY

1 항공기를 크기로 구분하고 비상구의 개수와 Zone을 나열해 봅니다.

2 객실의 등급을 다음 예를 포함하여 세 가지로 구분하고 구체적인 내용을 정리해 봅니다.

> 예 **일등석**
> 좌석 너비와 좌석 사이의 간격이 다른 등급에 비해 넓고 일등석만의 안락함과 쾌적함을 제공하는 독립된 분위기가 조성되는 것이 특징이다. 일부 항공사에서는 개인 공간을 최대한 보장하기 위해 침대 좌석을 개발해 일등석 승객에게 제공하고 있다.

•

•

3 항공 객실 시설 및 설비에서 승객 좌석과 승무원 구역을 구분하고, 각각의 구성 설비에 무엇이 있는지 그리고 그 기능이 무엇인지 정리해 봅니다.

예 **승객 좌석**
개인 주문형 오디오/비디오 시스템: 영화, 음악, 에어쇼 등 다양한 프로그램을 제공한다.

•

•

## SELF FEEDBACK

이번 장을 통해 새롭게 알게 된 부분을 써 볼까요?

## GROUP ACTIVITY

그룹으로 나누어 각 항공사에서 최근 도입하고 있는 항공기 기종은 무엇이고 어떠한 특징이 있는지 조사해 봅니다.

CHAPTER

# 6 항공 객실 서비스의 내용 및 용품

항공 객실 서비스는 승객이 제공받는 좌석, 식음료 같은 물적 서비스와 승무원에 의해 제공되는 태도, 안전한 비행 같은 인적 서비스로 구성된다.

최근 승객들이 기내식에 대한 수준 높은 서비스를 기대하고 있어 각 항공사는 차별화된 메뉴 선정 및 운영에 노력을 기울인다. 클래스별로 다양하게 구성하고 소요 비용과 승객 수준에 맞는 메뉴를 운영하고 있다. 일반 기내식은 물론 종교, 기호, 건강상의 이유로 일반 기내식의 제한을 받는 승객을 위해 다양한 종류의 특별 기내식도 운영하고 있다. 식음료 서비스 외에 주류, 화장품, 향수 등 엄선된 유명 제품을 면세 가격으로 구입할 수 있도록 기내 면세품을 판매하고, 즐거운 비행을 위해 영화, 음악은 물론 와이파이 서비스도 운영하고 있다.

6장에서는 기내 식음료 및 면세품과 오락 서비스에 대해 깊이 알아보고 기내에서 제공하는 의료 지원 서비스의 종류와 구성에 대해 살펴본다. 이와 더불어 승객에게 제공하는 특별 지원 서비스의 내용과 지원 대상을 알아본다.

### 학습목표

1. 항공 객실 서비스의 의미 이해
2. 기내 식음료 서비스의 운영 방법과 제공 매뉴얼 및 구성 이해
3. 기내 면세품 서비스의 종류와 운영 방법 이해
4. 기내 오락 서비스의 종류 이해
5. 기내 의료 지원 서비스의 내용 이해
6. 기내 특별 제공 서비스의 종류와 해당 승객 유형 이해
7. 기내식 제공 관련 제반 시설 이해

# 1. 항공 기내 객실 서비스의 의미

항공 서비스의 총화인 객실 서비스를 구성하는 두 가지 서비스 요소인 물적, 인적 서비스 모두에 만족을 느껴야만 비로소 승객들은 훌륭한 객실 서비스를 경험했다고 느낀다. 물적 서비스란 고객이 여행 목적을 달성하는 동안에 이용하거나 제공받게 되는 각종 시설 및 서비스 제공물로 항공기 좌석, 식음료, 여행 편의용품, 이어폰, 기내 영화 및 음악 등을 말한다. 그리고 인적 서비스란 객실 승무원에 의해 제공되는 정중함과 친절함, 세심한 배려, 안전한 비행, 쾌적한 기내 환경 유지 등을 의미한다. 객실 승무원은 기내에서 제공되는 객실 서비스 내용을 숙지하여 최상의 서비스를 제공하기 위해 노력해야 한다.

한편 객실 서비스를 서비스 패키지의 개념에 비추어 보면 객실 서비스 내용은 보조용품, 명시적 서비스, 묵시적 서비스의 세 가지 구성요소를 복합적으로 포함한다고 볼 수 있다. 기내식 서비스의 예를 들면 제공되는 엄선된 메뉴의 저녁식사는 고객에게 제공되는 보조용품에 해당하고, 승객이 주문한 특별 식사의 적절한 서비스와 그 방법은 감각에 의해 직접적으로 알 수 있는 명시적 서비스에 속한다. 그리고 식사 서비스 시 객실 승무원의 친절하고 세심한 서비스 태도와 객실 내 분위기는 고객이 느끼는 심리적 혜택인 묵시적 서비스를 의미한다.

Wang Qin/Chengdu Economic Daily/VCG via Getty Images

필리핀 항공의 객실 서비스 내용

| 구분 | | Business Class | Premium Economy | Economy Class |
|---|---|---|---|---|
| 기내식 | 음료수 | **비알코올 음료:**<br>주스, 아이스 티, 소프트 드링크, 커피와 차<br>**알코올 음료:**<br>샴페인, Aperitifs, 칵테일, 와인, 스카치, 위스키, 진, 보드카, 럼, 코냑, 리큐르, 맥주 | **비알코올 음료:**<br>주스, 소프트 드링크, 커피와 차<br>**알코올 음료:**<br>와인, 맥주 | **비알코올 음료:**<br>주스, 소프트 드링크, 커피와 차<br>**알코올 음료:**<br>와인, 맥주 |
| | 특별식 | 어린이식, 유아식, 건강식, 종교식, 개인 취향을 위한 식단 | 좌동 | 좌동 |
| 여행 편의용품 | | Noise Cancelling Headset, Dental Kit, 양말, 수면안대 | Dental Kit | Dental Kit |

**똑같은 음식인데 기내에서 먹으면 왜 맛이 평소와 다르게 느껴질까?**

비행기를 타면 평소에 먹던 음식이더라도 그 맛이 다르다. 그 이유는 운항 중인 기내 환경과 관련이 있다. 고도가 높아지면 기압이 낮아져 미각과 후각이 둔감해진다. 특히 단맛과 짠맛을 느끼는 감각세포의 기능이 약 30%까지 저하되기 때문에 음식의 맛이 평소보다 싱겁게 느껴진다.

## 2. 기내 식음료 서비스

대부분의 항공사들이 제공하는 물적 서비스는 정도의 차이가 거의 없을 정도로 흡사했으나, 최근 경쟁이 과열되면서 참신한 아이디어로 물적 서비스를 차별화, 고급화하는 전략으로 고객을 유치하려는 움직임이 활발하다. 세계 유수의 항공사들은 고객에게 과거에 경험하지 못했던 물적 서비스를 제공하는데, 그중에서 기내식은 근래에 들어 고급화, 차별화 경쟁이 가장 치열해지고 있다고 할 수 있다.

기내식은 1919년 8월 런던-파리의 정기 항공 노선에서 샌드위치 · 과일 · 초콜릿 등을 종이상자에 담아 승객에게 제공한 것이 효시가 되었다. 항공 운송업 초기에는 기내 시설이 빈약하여 대개 중간 기착지의 공항 식당에서 승객에게 식사를 제공했으나, 항공기 산업의 발달과 더불어 기체가 대형화되고 장거리를 장시간 운항하게 되면서 기내식 제공 시설도 개발하게 되

Sorbis/Shutterstock.com

Jeff Greenberg/Education Images/Universal Images Group via Getty Images

었다.

오늘날 승객들은 기내식을 단지 식사에 대한 개념으로서가 아니라 즐거움을 경험할 수 있는 기회로  인식한다. 식음료 서비스에 대한 이러한 승객들의 차원 높은 요구에 부응하기 위해 각 항공사는 엄선된 메뉴의 선정에 노력하고 있다. 그러나 기내 공간의 한정성과 경제성 때문에 언어, 식습관, 종교가 다른 수백 명의 승객 모두를 동시에 만족시킬 식사를 탑재하여 제공하기란 사실상 불가능하다. 이러한 이유로 항공사들은 승객 모두가 공통으로 즐길 수 있는 식사 종류를 선정해서 제공하는 것이 일반적이며, 모든 기내식의 신선도 유지를 매우 중시하고 있다.

또한 상용 고객 배려 차원에서 식사 메뉴를 정기적으로 교체하는 사이클 메뉴(Cycle Menu)제를 실시하며, 승객이 종교나 건강상의 이유로 특별 식사를 원하는 경우에는 예외적으로 개별 희망 식사를 준비하여 제공하고 있다. 기내식에 곁들여 제공되는 음료와 주류 또한 승객에게 즐거움을 주는 물적 서비스의 하나이다.

이와 같이 정선된 기내식의 품질 우수성은 항공사의 서비스 품질을 평가하는 데 중요한 요소로 작용한다. 따라서 각 항공사는 다른 항공사와의 서비스 차별화를 위해 다양한 메뉴 개발과 품질 향상에 노력하고 있다.

캐세이 퍼시픽 항공사는 일부 노선 일등석의 경우 전기밥솥, 토스터, 프라이팬을 기내에 탑재하여 객실 승무원이 즉석에서 밥이나 토스트, 계란 등을 만들어 제공하는 서비스를 실시했다. 이 서비스는 고객이 원하는 시간에

고객의 기호에 맞는 음식을 주문해서 식사할 수 있는 기내식 서비스의 시발점이 되었다.

일반적으로 항공사 기내식은 그 구성에 있어 서양식을 기본으로 한다. 그러나 마케팅 전략의 일환으로 노선에 따라 다양한 기내식을 제공하고 있다. 국내에 취항하는 외국의 메가 캐리어들도 국내 고객의 비중을 감안하여 고추장을 곁들인 한식과 면류 식사를 제공하기 시작했으며, 국적 항공사들은 기내용으로 개발한 고급화된 음식을 경쟁적으로 서비스하기 시작했다.

에어프랑스(Air France)는 프랑스와 한국 구간에 프랑스 정통 요리사가 만든 프랑스 요리는 물론 한국인 승객을 위한 불고기, 갈비 등의 한국인 기내 식단과 고추장, 김치 등을 제공하며 원하는 승객에게는 라면도 제공한다. 이와 같이 한국에 취항하는 외국 항공사들은 서양식을 기본으로 하며 한국인에게 맞는 메뉴를 추가로 개발하여 서비스하고 있다.

국적 항공사의 경우는 한식 메뉴 개발에 더 많은 투자를 하고 있다. '한식의 기내 서비스'는 특유의 냄새와 적절한 식기의 한계로 인해 기내식 메뉴로 보편화되는 데 많은 어려움이 있었다. 그러나 맛은 그대로 유지하되 냄새를 제거하는 연구가 성과를 이루면서 다양한 한식 메뉴가 개발되어 서비스할 수 있게 되었다.

대한항공은 일등석의 경우 한식 정찬을 새롭게 구성하여 문어초회, 갈비, 전, 수정과 등을 제공하기도 하며, 심지어 복날을 전후해서는 삼계탕도 서

대한항공에서 제공하는 비빔밥

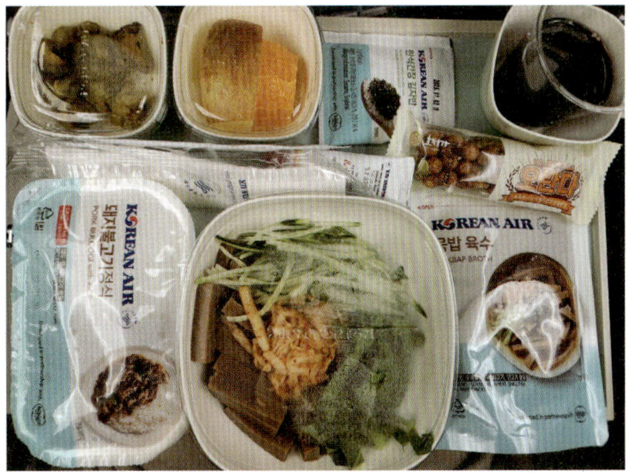


비빔밥에 이어 한식 메뉴로 제공하는 묵밥

© Myung Hye Ree

비스하고 있다. '대한항공의 비빔밥'은 한국 전통 음식의 기내식화를 실현한 대표적인 사례이다. 국제 기내식 협회에서 최고의 기내식 상인 '머큐리 상'을 수상하기도 한 비빔밥은 주재료가 야채여서 건강식으로 외국인들에게도 인기가 높다. 최근에는 비빔밥에 이어 묵밥을 새롭게 선보여 승객들에게 좋은 평가를 받고 있다. 이외에 장거리 비행에서도 소면이 불지 않는 신선한 비빔국수를 제공하여 한식의 다양한 서비스를 시도하고 있다.

예약 시 주문해야 하는 종교 특별식과 어린이를 위한 유아식, 일등석 승객을 위한 한식 메뉴로 제한되던 기내 식사는 이제 계절별 별미, 시차 때문에 식사를 제대로 못 하는 승객을 위한 죽에 이르기까지 다양하게 고객의 욕구를 만족시킬 수 있게 되면서 고객의 항공사 선택 요소의 하나로 자리 잡게 되었다.

## 1) 기내식 메뉴 구성

기내식의 특징은 공간이 협소하다는 항공기의 조건 때문에 승객의 운동 부족으로 인한 소화 장애나 고칼로리로 인한 비만 등을 방지하기 위해 소화가 잘되고 흡수되기 쉬운 저칼로리 식품으로 구성된다는 점이다. 또한 좁은 공간에서 원활한 서비스가 가능하도록 알맞게 고안 · 제작된 식기류나 운반구가 사용된다.

지상의 일반 음식점과 달리 기내식은 항공기 운항 계획에 따라 케이터링(Catering)에서 미리 조리된 음식을 정해진 그릇에 담아 보관했다가 항공기 출발시간에 맞추어 기내에 싣고, 적정 시간에 기내 주방에서 재조리한 다음 승객에게 제공된다.

항공기에 탑재되는 기내식은 비행구간 및 비행시간에 따라 제공되는 Type과 제공하는 횟수가 다르다. Hot Meal은 2시간 이상의 비행구간에 서비스되고, Cold Meal은 2시간 이하의 비행구간에 제공된다.

일반석에서는 Tray 위에 Entree, Dessert, Coffee, Bread, Salad 등이 일정한 기물에 담겨 한상차림으로 제공되고, 상위클래스에서는 담당 승무원에 의해 Bread, Appetizer, Salad, Entree, Dessert, Coffee & Tea의 서양식 코스 순으로 서비스된다.

기내식 메뉴를 구성하는 데 있어 고려해야 할 사항을 살펴보면, 그 첫째는 음식의 다양성과 풍미의 조화이다. 노선별, 클래스별, Meal Type별로 다양하게 구성되어야 하며 음식의 색과 모양도 고려되어야 한다. 둘째로는 클래스별 수익(Revenue)을 고려하여 소요 비용과 승객 수준에 적합한 메뉴를 구성해야 한다. 셋째로는 지역별 현지 특산 식자재와 계절별 Peak Season의 식자재를 사용하여 저가격 고품질 메뉴 서비스를 실현해야 한다. 넷째로는 승객이 원하는 시간, 국적, 식생활, 종교적 전통을 고려하여 승객의 욕구에 맞는 메뉴를 구성해야 한다. 마지막으로는 다양한 메뉴를 구성하되, 메뉴별 전통적인 조리 방법을 준수해야 한다.

Aureliy/iStock/Getty Images Plus via Getty Images

기내식의 서비스 구분

| 비행시간에 따른 Meal 제공 횟수 | 서비스 시간대에 따른 Meal Service Type |
|---|---|
| • 6시간 미만: 1회<br>• 6시간 이상 13시간 미만: 2회 + Snack SVC<br>• 13시간 이상: 3회 + Snack SVC | • Breakfast: 03:00 ~ 09:00<br>• Brunch: 09:00 ~ 11:00<br>• Lunch: 11:00 ~ 14:00<br>• Snack: 14:00 ~ 18:00<br>• Dinner: 18:00 ~ 21:00<br>• Supper: 21:00 ~ 24:00 |

클래스별 서비스 메뉴 구성

| Lunch/Dinner/Supper | | |
|---|---|---|
| **Economy Class** | **Business Class** | **First Class** |
| Bread & Butter<br>Appetizer or Salad<br>Entree<br>Dessert | Bread & Butter<br>Appetizer<br>Salad<br>Entree<br>Cheese & Fruit<br>Dessert | Bread & Butter<br>Caviar<br>Appetizer<br>Soup<br>Salad<br>Entree<br>Cheese<br>Fruit<br>Dessert |
| **Breakfast/Brunch** | | |
| **Economy Class** | **Business Class** | **First Class** |
| Bread & Butter<br>Yoghurt<br>Entree<br>Fruit | Bread & Butter<br>Yoghurt<br>Entree<br>Fruit | Bread & Butter<br>Yoghurt<br>Cereal<br>Entree<br>Fruit |
| **Light Meal** | | |
| **Economy Class** | **Business Class** | **First Class** |
| Bread & Butter<br>Appetizer<br>Entree<br>Fruit | Bread & Butter<br>Salad<br>Entree<br>Fruit | Bread & Butter<br>Salad<br>Entree<br>Fruit |

## (1) First Class 기내식 예시

Bread & Butter

Caviar

Hors D'oeuvre

Soup

Salad

Entree

Cheese

Fruit

Dessert

에미레이트항공

### (2) Business Class 기내식 예시

Ancha Chiangmai/Shutterstock.com

대한항공

Ceri Breeze/iStock/Getty Images Plus via Getty Images

영국항공

### (3) Economy Class 기내식 예시

Mayuree Moonhirun/Shutterstock.com

콴타스항공

fokke baarssen/Shutterstock.com

터키항공

MARON_STUDIO/Shutterstock.com

대한항공

eric1207cvb/Shutterstock.com

스타럭스항공

## 2) 특별 기내식(Special Meal)

승객에게 서비스되는 기내식은 시간적, 공간적 제약 속에서 보다 많은 승객을 만족시키기 위해 보편적으로 선호도가 높은 메뉴로 구성된다. 따라서 일부 승객의 특별한 요청에 의해 준비, 제공되는 기내식은 전체 승객의 만족도를 배가하는 데 필수 불가결의 요소이다.

특별 기내식이란 종교, 기호, 연령 제한, 건강상의 이유로 일반적인 기내식에 제한을 받는 승객의 특수한 요구에 의해 기내에 탑재되는 식사이다. 또한 생일, 결혼, 크리스마스를 위한 특별 메뉴도 여기에 포함된다. 항공사들은 일반적으로 최소한 비행기 출발 24시간 이전에 특별 기내식을 주문하도록 하고 있다.

### (1) 종교적 이유에 의한 특별 기내식

- HNML(Hindu Meal): 쇠고기를 먹지 않는 힌두교도를 위한 식사로 대부분이 인도인이다.
- MOML(Moslem Meal): 돼지고기를 먹지 않는 이슬람교도의 식사이다.
- VGML(Vegetarian Meal): 종교, 건강 또는 문화적 이유 등으로 육류를 먹지 않는 채식주의자의 식사로 불교 승려도 포함된다.
- KSML(Kosher Meal): 유대 정교 신봉자의 식사로 율법에 따라 조리한다. 돼지고기를 사용하지 않으며 쇠고기, 양고기 등도 기도를 올린 것에 한해 사용한다. 따라서 닭고기나 생선이 주로 사용되며 Bread 대신 Matzo라는 건빵이 쓰인다.

Dini Pebriani/Shutterstock.com

MOML

g215/Shutterstock.com

KSML

### (2) 건강상의 이유에 의한 특별 기내식

- SBDT(Soft Bland Diet): 무자극성으로 위염, 위궤양 환자용 식사이다.
- DBML(Diabetic Meal): 당뇨병 환자용 식사이다.
- GFML(Gluen Free): 글루텐이 들어가지 않으며, 3세 이하의 내장 질환 소아용 식사이다.
- VLML(Lacto−ovo Vegetarian Meal): 유제품과 달걀을 사용한 채식 식사이다.
- NLML(No Lactose Meal): 유당 제한 식사로 채소, 과일, 가금류 등으로 조리한다.
- LSML(Low Sodium): 저염식으로 고혈압, 신장염 환자에게 제공된다.
- LFML(Low Cholesterol/Low Fat): 저콜레스테롤, 저지방, 심장질환, 동

GFML

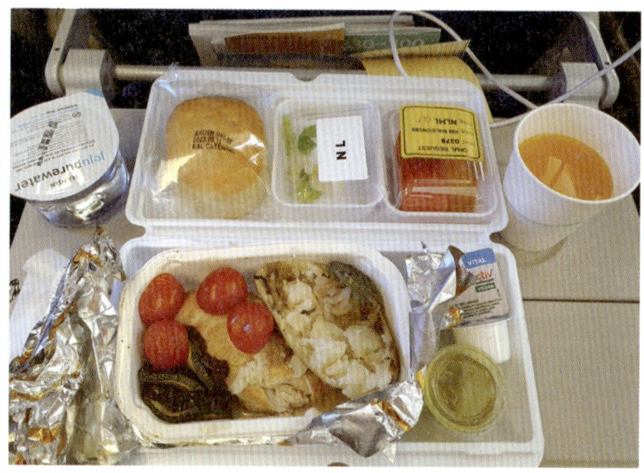


NLML

VLML

LSML

맥경화 등 성인병 환자용 식사이다.

- No Dairy Products: 우유가 들어가지 않으며, 우유 분해효소가 없는 체질용 식사이다.
- ORML(Oriental Meal): Chinese Style로 조리된 식사이며 동남아 승객의 선호도가 높다.

### (3) 연령상의 이유에 의한 특별 기내식

- IFML(Infant Meal): 12개월 미만의 유아식으로 주로 우유를 제공한다.
- BBML(Baby Meal): 12개월에서 24개월 정도의 유아식으로 우유, 이유식을 제공한다.
- TDML(Toddler Meal): 2세에서 6세 정도의 아동을 위한 기내식으로 씹고 삼키기 쉽게 조리된다.
- Child Meal: 12세까지의 어린이용 식사로 Ham&Cheese Burger, 오므라이스, 자장면, Chicken Nugget, Pizza, 만두, Scrambled Egg, Apple Crepe, Spaghetti, Pancake, Sandwich, 김밥 등 어린이들이 선호하는 식단을 제공한다.

© Myung Hye Ree

Livia Harijanto/Shutterstock.com

햄버거로 제공된 Child Meal

### (4) 기타 승객의 요구에 의한 특별 기내식

일반적으로 승객의 생일이나 결혼 등과 같은 기념일에 제공되는 식사이다.

승무원은 케이크와 함께 샴페인이나 와인을 서비스하면서 승객에게 축하의 메시지도 전달한다.

- HMCK(Honeymoon Cake): 결혼 축하 케이크
- BDCK(Birthday Cake): 생일 축하 케이크
- Anniversary Cake: 각종 기념일 축하 케이크

국내 항공사들은 최근 채식 식단에 대한 고객 수요가 증가함에 따라 종교상, 건강상의 이유가 아니더라도 보다 다양하게 채식을 할 수 있도록 많은 신메뉴를 개발하여 서비스하고 있다. 대한항공은 한국식 채식(Korean Vegan Meal)에 대한 고객 니즈를 반영하여 생선류, 가금류 등의 모든 육류와 동물성 지방, 젤라틴뿐만 아니라 계란과 유제품을 포함하지 않는 한국 전통의 채식을 제공하고 있다. 대한항공은 세계적인 여행 전문지 「글로벌 트래블러(Global Traveler)」가 주관하는 '2024 레저 앤 라이프스타일 트래블 어워즈(Leisure and Lifestyle Travel Awards)'에서 일등석 기내식 메뉴(Airline Onboard Menu) 부문 최고상을 수상했다. 채식 메뉴로는 우엉보리밥, 곤드레나물밥, 매실두부무침 등이 있다.

저비용 항공사(LCC)들도 각기 차별화된 채식(Vegan) 메뉴를 개발하여 선보이고 있다. 제주항공은 최근 국제선 사전 주문 기내식 신메뉴로 한국식 비건 메뉴를, 티웨이항공(T'way Air)은 동물성 재료가 사용되지 않은 비건 메뉴로 대체육을 사용하여 소화 부담이 없는 기내식을 제공한다.

대한항공에서 제공하는 한국식 비건 메뉴

### 3) 기내 음료 서비스

기내 음료는 기내식과 더불어 항공사가 승객들에게 제공하는 서비스에서 큰 비중을 차지한다. 일부 항공사의 경우 유료로 주류를 제공하기도 하지만 대부분의 항공사는 무료 서비스를 실시한다. 기내 음료도 식사와 마찬가지로 서양식을 기본으로 하며 식사와의 조화를 중요시한다.

음료는 식사 순서에 따라 서비스하여, 식전에는 식욕을 돋우는 가벼운 음료를 제공하고, 식사 중에는 음식의 맛을 더욱 즐길 수 있는 음료를 식사 후에는 소화를 돕는 음료를 서비스하여 식사와 음료가 유기적으로 잘 어울리도록 한다.

객실 승무원은 이륙 후 정규 기내식 서비스 사이에는 물론이고, 정규 기내식 서비스 종료 후에도 승객들이 휴식을 취하거나 영화를 상영하는 시간 등 비행 중에 주기적으로 음료를 제공해야 한다. 비행 중 충분한 음료 서비스는 승객과의 친밀감 형성에 도움이 될 뿐만 아니라 승객의 건강을 위해서도 필요하다. 기내에서의 충분한 수분 섭취는 혈액 순환을 원활하게 하여 피로물질의 누적을 방지하는 효과가 있다.

기내 음료는 크게 알코올을 함유한 알코올 음료와 그렇지 않은 비알코올 음료로 나뉜다. 기내에서 제공하는 음료의 실제를 국내 K 항공사의 예를 들어 살펴보자. 자세한 종류는 표를 참고한다.

기내식과 함께 제공되는 카트 상단의 기내 음료 모습

Esra Hacioglu/Anadolu Agency via Getty Images

Sebastian Gollnow/picture alliance via Getty Images

### (1) 비알코올 음료

알코올이 함유되지 않은 음료로 상쾌한 맛을 지닌 Soft Drink, 인체에 필요한 영양분을 다량 함유한 주스와 우유, 카페인을 함유하며 깊은 맛을 지닌 커피와 차가 있다.

### (2) 알코올 음료

알코올을 함유한 음료로 제조법에 따라 양조주, 증류주, 혼성주로 나뉘고, 식사와의 조화에 따라 식전주, 식중주, 식후주로 구분된다. 항공사들은 자사의 서비스 질 향상을 위해 승객들에게 세계적으로 명성이 높은 브랜드의 제품을 서비스하고, 이를 서비스하는 승무원들에게는 서양식 음료에 관한 전문 지식을 습득할 것을 요구하고 있다.

### (3) 칵테일(Cocktail)

칵테일은 일반적으로 알코올 음료에 다른 술을 섞거나 주스나 탄산음료, 향료 등의 부재료를 혼합하여 만들며, 맛, 향기, 색채의 세 가지 요소의 조화를 살린 음료라고 말할 수 있다. 항공사에서 승객들에게 식전주나 환영 음료로 제공하는 경우가 많으며, 일반적으로 알코올 도수가 낮고 종류가 다양하여 승무원들이 승객들에게 적극적으로 서비스하기에 적당한 서비스 품목이다. 따라서 객실 승무원들은 다양한 칵테일과 그 제조 방법을 익혀, 보다 적극적인 서비스로 고객 만족에 기여하도록 한다.

K 항공사에서 제공하는 비알코올 음료

| Cold Beverage | | Hot Beverage | |
|---|---|---|---|
| 품목 | 종류 및 상품명 | 품목 | 종류 및 상품명 |
| Mineral Water | • 제주 생수<br>• Perrier | Coffee | • Brew Coffee<br>• Instant Coffee<br>• Decaffeinated Coffee<br>• Espresso Coffee<br>• 기타 9종 |
| Juice | • Orange Juice<br>• Tomato Juice<br>• Pineapple Juice<br>• Guava Nectar<br>• Apple Juice | | |
| Soft Drink | • Coke/Diet Coke<br>• Sprite/Diet Sprite | Tea | • Black Tea<br>• Green Tea<br>• Ginseng Tea |
| Mixer류 | • Tonic Water<br>• Soda Water<br>• Ginger Ale | | |

K 항공사에서 제공하는 알코올 음료

| 품목 | 종류 및 상품명 | 품목 | 종류 및 상품명 |
|---|---|---|---|
| Still Wine | • Red, White 각 2종<br>• Red, White 각 1/2종<br>• Red, White 각 1종 | Whisky – Bourbon | • Jack Daniel's<br>• Jim Beam |
| Sparkling Wine<br>Aromatised Wine | • Champagne 1종<br>• Champagne 2종<br>• Dry Vermouth | Brandy | • Remy Martin X.O.<br>• Remy Martin V.S.O.P. |
| Fortified Wine | • Sherry Wine(Tio Pepe)<br>• Port Wine(Sandeman) | Liqueur | • Baileys/Cointreau<br>• Creme de Menthe<br>• Creme de Cassis |
| Whisky – Scotch | • Malt: Glenfiddich<br>• Blended: Johnnie Walker Blue, Ballantine 17Years, Chivas Regal 18yrs, J&B/Grant'S, Johnnie Walker Black | Campari<br>Rum<br>Gin<br>Vodka | • Campari<br>• Barcardi<br>• Beefeater<br>• Stolichnaya |
| Whisky – Canadian | Canadian Club | Beer | • Cass<br>• Hite<br>• Budwiser<br>• Carlsberg<br>• Local Beer(Station별) |

## 3. 기내 면세품 판매 서비스

국제선 항공편에서는 승객의 편의를 위해 주류, 담배, 향수, 화장품, 선물용 제품 등 세계 유명 상품을 면세 가격으로 구입할 수 있도록 면세품 판매를 실시한다. 이는 승객들에게 편의를 제공함과 동시에 항공사의 수익을 증진함에 일익을 담당하며, 각 항공사에서는 항공사의 브랜드 이미지를 높일 수 있는 상품을 자체 개발하여 판매하기도 한다. 또한 항공기 내의 서비스 시간과 탑재 공간의 한계에서 오는 여러 가지 문제 해결 차원에서 최근에는 인터넷을 통한 사전 주문 예약 서비스도 시행하고 있다.

승객은 전화나 인터넷을 통해 물품을 사전에 주문하거나 식사 서비스 후 기내에서 이루어지는 면세품 판매시간에 항공기 좌석 앞주머니에 비치된 기내 쇼핑 안내 가이드를 참조하여 주문하게 된다. 귀국편 사전 주문은 항공기가 목적지에 도착한 시점을 기준으로 한일 노선과 한중 노선은 48시간, 기타 노선은 72시간 이후 출발 귀국편에 한해 가능하다. 또한 면세품은 관세법상 기내에서의 교환 및 환불이 불가하며, 상품에 하자가 있는 경우에만 동일 제품으로 교환이 가능하다. 따라서 승무원들은 각 면세품에 대한 정확한 상품 정보를 숙지하여 승객들이 보다 신중한 선택을 하도록 도울 수 있어야 한다. 또한 국가별 면세 허용량을 숙지하여 안내해야 한다.

© Myung Hye Ree(2cut)

기내 판매를 위한 카트

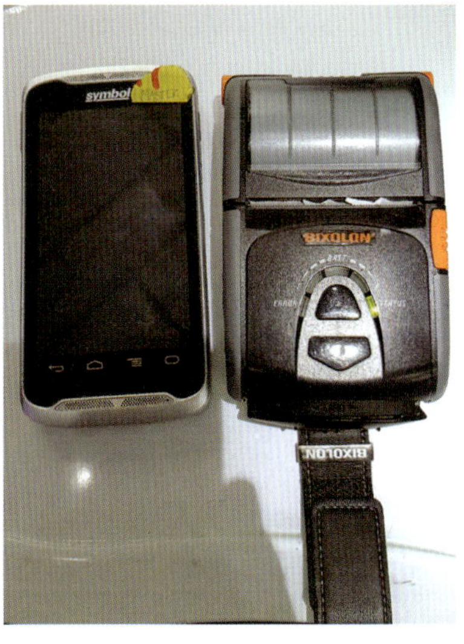


계산을 위한 POS

국가별 면세 허용 규정(2024년 9월 기준)

| Country | Liquor | Cigarettes | Fragrances |
|---|---|---|---|
| Korea | 2bottles | 1carton | 60ml |
| Arab Emirates | 4liters spirit | 2carton | 300ml |
| Australia | 2.25liters | 1pack | reasonable quantity * |
| Canada | 1.5liters | 1carton | 60ml |
| China | 1.5liters | 2carton | reasonable quantity |
| Egypt | 1liter | 1carton | reasonable quantity |
| Fiji | 2.25liters | 1carton | 250ml |
| France | 1liter spirit/4liters wine | 1carton | reasonable quantity |
| Germany | 1liter spirit/4liters wine | 1carton | reasonable quantity |
| Guam | 1liter | 1carton | reasonable quantity |
| India | 2liters | 1carton | 60ml |
| Indonesia | 1liter | 1carton | reasonable quantity |
| Italy | 1liter spirit/4liters wine | 1carton | reasonable quantity |
| Japan | 3bottles | 1carton | 60ml |
| Malaysia | 1liter | 1carton | 225ml |
| Mongolia | 1liter | 1carton | reasonable quantity |
| Netherlands | 1liter spirit/4liters wine | 1carton | reasonable quantity |
| New Zealand | 3bottles | 50g | reasonable quantity |
| Philippines | 2liters | 1carton | reasonable quantity |
| Russia | 3liters | 1carton | reasonable quantity |
| Saipan | 2liters | 1carton | reasonable quantity |
| Singapore | 1liter | not admitted * | reasonable quantity |
| Switzerland | 1liter | 1carton(250g) | reasonable quantity |
| Thailand | 1liter | 1carton(250g) | reasonable quantity |
| United Kingdom | 1liter spirit/4liters wine | 1carton(250g) | reasonable quantity |
| USA | 1US quart | 1carton | reasonable quantity |
| Vietnam | 1.5liter | 1carton | reasonable quantity |

주: not admitted는 '허용되지 않음', reasonable quantity는 '적당량'이란 뜻이다. 각 국가의 면세 허용 규정은 변경될 수 있으니, 비행 전 최신 정보를 확인하도록 한다.

7. 2024년 대한항공은 고객의 편의를 위해 기내 면세점 'SKYSHOP' 온라인 플랫폼을 개편했다. 어떠한 점이 달라졌는지 자세히 알아보자. (도움말은 부록 참조)

# 4. 기내 오락 서비스

항공사에서는 승객의 즐거운 여행을 위해 각종 기내 오락 서비스(Cabin Entertainment Service)를 제공하고 있다. 최신 엔터테인먼트 시스템의 발달로 일부 항공사에서는 인공위성을 통해 와이파이 서비스를 개발, 도입하고 있는 추세이다.

휴대 기기에서 이용 가능한 대한항공 무선 엔터테인먼트

## 1) 기내 영화와 음악

미국의 델타항공(Delta Airlines)에서 항공 여행을 하는 승객을 대상으로 기내 시간을 어떻게 보내는지에 대한 복수 응답 조사를 실시했다. 그 결과 81%가 읽을거리, 64%가 조용한 명상, 55%가 기내 영화나 음악 감상, 54%

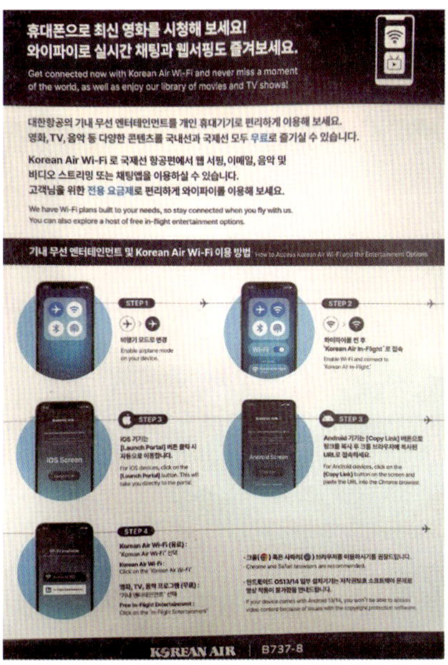

대한항공에서 제공하는 와이파이 안내서

에어프레미아에서 제공하는 와이파이 바우처

가 수면으로 보낸다고 답했다.

기내에서의 영화 · 음악 감상은 이제 항공 여행에서 필수 요소가 되었다. 이에 각 항공사는 승객들이 지루하지 않게 여행할 수 있도록 풍부한 콘텐츠를 갖추기 위해 많은 비용을 소요하며, 최상의 프로그램을 제공하기 위해 노력하고 있다.

### (1) 기내 영화

승객들의 높은 관심에 부응하여 각 항공사는 경쟁적으로 기내 영화를 상영, 운영하고 있다. 관련 하드웨어 설비에 상당한 비용을 투자하고 있는데, 이러한 추세는 앞으로도 계속 이어질 전망이다.

처음으로 영화를 기내 정규 프로그램으로 편성한 항공사는 미국의 트랜스월드항공(Trans World Airlines, TWA)으로 1961년 뉴욕발 샌프란시스코행 구간에서 'By Love Possessed'를 상영했다. 그 후 1988년 노스웨스트항공(Northwest Airlines)에서 처음으로 개인용 비디오 시스템(Personal Video System)을 도입했고, 현재 많은 항공사들이 이 시스템을 기내에 갖추고 있다. 이에 따라 승객은 자신이 선호하는 영화를 선택할 수 있고, 보다 많은 영화를 감상할 수 있게 되었다.

이제는 기내에서도 개인용 모니터를 통해 집에서 영화를 감상하는 것처럼 보고 싶은 영화를 원하는 시간에 볼 수 있게 되었다. 자세한 사용법은 각 항공사의 기내 잡지에 상세히 안내되어 있다.

© Myung Hye Ree

개인용 모니터로 보는 다양하게 구성된 영화 목록

한국에 취항하는 외국 항공사도 한국어 더빙을 하거나 한국 영화를 상영하여 한국인 승객들의 즐거운 항공 여행을 위해 노력하고 있다. 2024년 8월 델타항공은 K-영화 9편을 기내에 도입했다. 상영 영화는 제92회 아카데미 시상식에서 작품상을 수상한 '기생충'과 '콘크리트 유토피아', '설국열차' 등이다. 제프 무마우 델타항공 아시아 태평양 부사장은 이번 콘텐츠 탑재는 세계적으로 한국 문화가 각광받는 흐름을 반영한 것이라고 전했다.

### (2) 기내 음악

영화와 함께 승객들은 기호에 맞게 다양한 채널에서 다양한 장르의 음악도 즐길 수 있다. 기내 음악은 승객들에게 여행의 즐거움과 편안함을 주기 위해 준비되는 것으로 보통 2개월을 주기로 교체한다. 기내 음악 선정 시에는 특별한 항공 여행의 즐거움과 설렘을 반감할 수 있는 주제, 즉 이별, 죽음 등 슬픈 주제의 음악은 지양하고 승객의 다양한 국적과 인종, 연령을 고려하여 다양한 취향을 고루 반영하도록 하고 있다.

기내 음악 채널과 사용법에 대한 안내는 항공기 좌석 앞주머니에 비치된 기내 잡지에서 볼 수 있다. 오디오 프로그램은 기존의 되감기, 일시 정지 기능은 물론 다음 곡으로 건너뛰기, 전 곡으로 돌아가기 등의 다양한 기능이 탑재되어 있다.

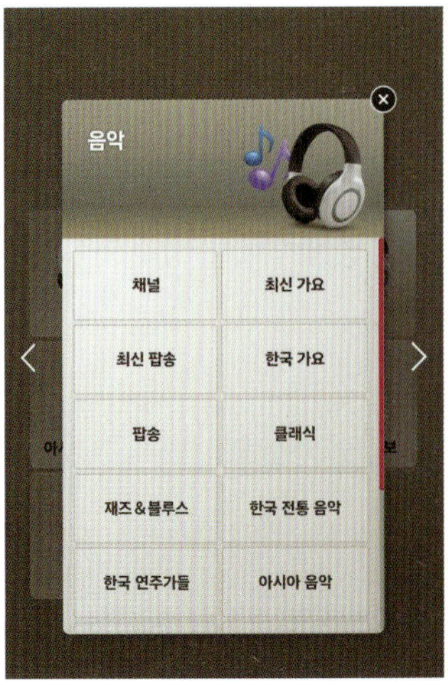


원하는 음악을 자유롭게 들을 수 있도록 구성된 기내 음악 목록

### (3) 단편물 상영

각 항공사에서는 영화와 음악 외에 인기 프로그램, 뉴스 등의 단편물도 상영한다. 국적 항공사인 대한항공은 최신 예능 등 인기 프로그램뿐만 아니라 국제 단편 영화제 수상작과 어린이를 위한 단편 만화 등 다양한 단편물을 상영하고 있다.

### (4) 기내식 정보 영상

대한항공의 경우 제공하는 기내식에 대한 메뉴와 구성, 식품 정보를 영상으로 제공한다. 특정 식품에 대한 알레르기를 안내하는 것은 물론이고 한식을 접하는 외국인들에게 취식 방법과 영양 성분을 보기 쉽게 설명한다. 이처럼 항공사들은 기내식 서비스를 보다 섬세하고 정확하게 안내하며 고객 만족에 만전을 기하고 있다.

외국인 승객을 위한 기내식 한식 메뉴 설명 및 안내

### (5) 보딩 뮤직(Boarding Music)

승객이 접할 수 있는 기내 음악의 하나로 보딩 뮤직이 있다. 처음에 기내에 탑승할 때 흘러나오는 음악을 보딩 뮤직이라고 한다. 보딩 뮤직은 여행을 시작하는 승객들에게 환영의 인사와 함께 편안한 느낌을 갖고 기내 환경에 적응할 수 있도록 돕는 역할을 하며, 승객 하기 시에도 그 상황에 맞는 음악을 선곡하여 제공한다.

## 2) Air Show

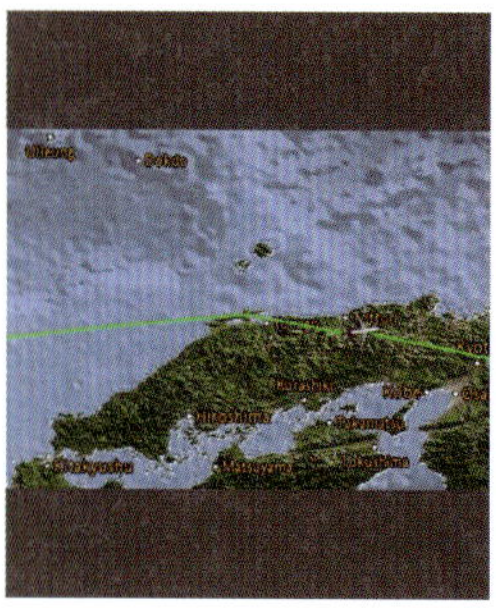
© Myung Hye Ree

에어쇼를 통해 확인할 수 있는 비행 정보

Air Show란 비행 중 승객이 즐겁고 쾌적한 여행을 하도록 탑승한 항공기 비행에 관련된 다양한 정보를 비디오 시스템을 통해 실시간으로 승객에게 제공하는 것을 말한다. 즉 항공기의 운행에 따라 변하는 비행 고도와 비행 속도를 비롯하여 바깥 온도와 맞바람의 세기, 남은 비행 거리와 비행시간, 도착 예정 시간, 목적지 현재 시간, 출발지 현재 시간 등의 자세한 비행 정보를 좌석에서 얻을 수 있다.

## 3) 기내 독서물

장거리 여행의 지루함을 해소하기 위해 기내에는 자사 기내지, 기내 독서물(Reading Material) 등을 구비하고 도착지 정보와 필요한 수속 서류를 배치하여 승객의 여행 편의를 도모한다. 또한 항공사의 서비스 품질 향상을 위해 항공 여행 시 불편사항이나 의견을 접수할 수 있는 고객 제안서를 비치하고 있다. 최근에는 편의를 위해 고객 제안서를 개인용 모니터 내 항목에 삽입하여 운영하고 있는 추세이다.

**고객 제안서(Comment Letter)**
승객이 항공사의 각 서비스 부문에서 경험하고 느낀 것을 칭송, 불만, 건의 형식으로 쓸 수 있는 설문서의 일종이다. 서비스 개선에 중요한 통계 자료로 이용되며 항공사는 제안한 승객 개개인에게 회신을 하기도 한다.

## 4) 기내 게임 서비스

항공사별 차이는 있으나, 어린이를 위해 항공기 자체 서버에 저장된 프로그램을 이용하여 자동차 경주에서 카드 게임까지 다양한 게임을 항공 여행 중에 즐길 수 있다. 싱가포르항공(Singapore Airlines)의 경우에는 '크리스 월

Izlan Somai/Shutterstock.com

항공사 발간 월간지

드'라는 기내 엔터테인먼트 시스템을 통해 다양한 멀티 플레이어 네트워크 게임(Multi Player Network Game)을 승객들에게 제공하고 있다.

### 5) 기내 전화

일반적으로 일등석과 이등석에는 개인 좌석에 기내 전화가 장착되고, 일반석인 경우에는 객실 벽면에 장착되어 서비스된다. 일부 항공사에서는 전 좌석에서 기내 전화 사용이 가능하기도 하며 이는 점차적으로 더욱 늘어나는 추세이다.

© Myung Hye Ree

기내 전화 기능이 장착된 비즈니스 클래스 핸드셋

기내에서 전화를 사용할 때는 요금이 부과되며, 주요 신용카드로 결제가 이루어진다. 수신자 부담 전화와 국제 전화번호 문의는 불가능하며 수신도 불가능하다.

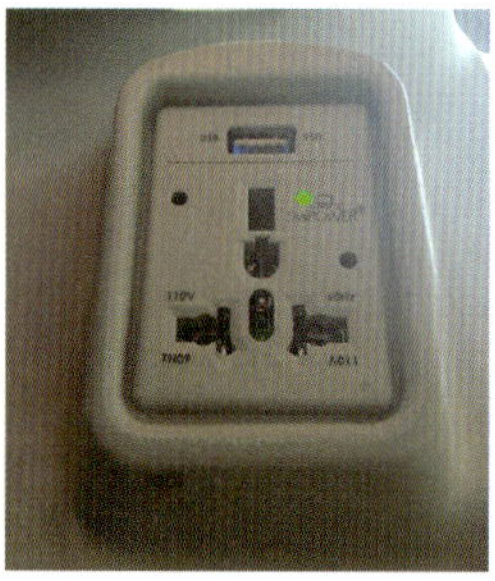

© Myung Hye Ree

앞좌석 중단에 장착된 웨스트젯(WestJet)의 전원 공급 장치

### 6) 좌석 전원 공급 시스템

기내에서도 배터리 걱정 없이 휴대한 노트북을 최고 속도로 사용할 수 있다. 좌석 전원 공급 시스템(In-seat Power Supply System, ISPS)은 대부분의 항공사에서 운영하고 있으며, 전원 공급 장치의 위치는 좌석 하단, 앞좌석 중단 등 항공사마다 상이하다.

### 7) 인터넷 서비스

보잉과 함께 양대 항공기 제조업체인 에어버스도 기내 인터넷 서비스(Internet Service)를 제공한다. 대한항공은 기존에 운영 중이던 B737-8 항공기의 일본, 중국 노선 와이파이 서비스를 중국, 일본, 동남아 노선의 주력 친환경 항공기인 A321NEO 기종에 확대하여 운영하고 있다. 추후 전 노선에 확대할 예정이며, 요금은 거리별로 장거리(미주, 대양주, 유럽, 중동, 아프리카), 중거리(동남아, 중앙아시아), 단거리(일본, 중국, 동북아)로 구분하여 부과된다.

독일의 루프트한자(Lufthansa)는 대서양 일부 노선에 무선 인터넷 서비스를 제공하며, 스칸디나비아항공(Scandinavian Airlines System, SAS)은 미국과 아시아 노선, 일본항공(Japan Airlines)도 기내 인터넷 서비스를 제공하고 있다.

### 8) 기내 이색 오락 프로그램 서비스

항공사 이색 기내 서비스의 하나로 세부 퍼시픽(Cebu Pacific)은 승객과 승무원이 리조트 분위기에서 게임을 함께하는 서비스를 하기도 한다. 객실 승무원이 사회를 보고 승객이 직접 참여할 수 있는 많은 게임들과 미니 농구 게임, 링 던지기 등 다양한 깜짝 이벤트가 준비되어 있다. 각종 이벤트는 승객이 직접 참여하면서 비행시간의 지루함을 잊을 수 있고 여러 가지 상품이 제공되어 승객들에게 많은 호응을 얻고 있다.

제주항공은 펀서비스팀, JJ 특화팀 같은 항공사 특화팀을 운영하며 탑승객을 위한 프로포즈, 게임 이벤트, 캐리커처, 캘리그라피, 마술, 풍선 아트 등을 선보이고 있다. 펀서비스팀은 엔터테인먼트 시스템이 갖춰지지 않은 초창기의 기내 서비스 한계를 극복하기 위해 2008년 객실 승무원 15명으로 구성되었다. 게임을 비롯하여 승무원이 직접 비행 경로를 안내하는 '뷰티풀 코리아 서비스', '제주 사투리 기내 방송' 등을 제공한 것은 대표적인 이색 서비스로 꼽히고 있다.

기내 이색 오락 프로그램 외에, 대한항공과 티웨이항공은 겨울철에 계절이 다른 취항지로 여행하는 승객의 편의를 도모하고자 국제선 탑승객의 겨울 외투를 보관해 주는 '외투 보관 서비스'를 실시하고 있다.

## 5. 기내 의료 지원 서비스

해외 여행객의 증가로 노약자, 어린이 등이 장거리 항공 여행을 하게 되면서 승객의 의학적 사고가 증가하여, 비행 중 승객의 건강 문제는 각 항공사

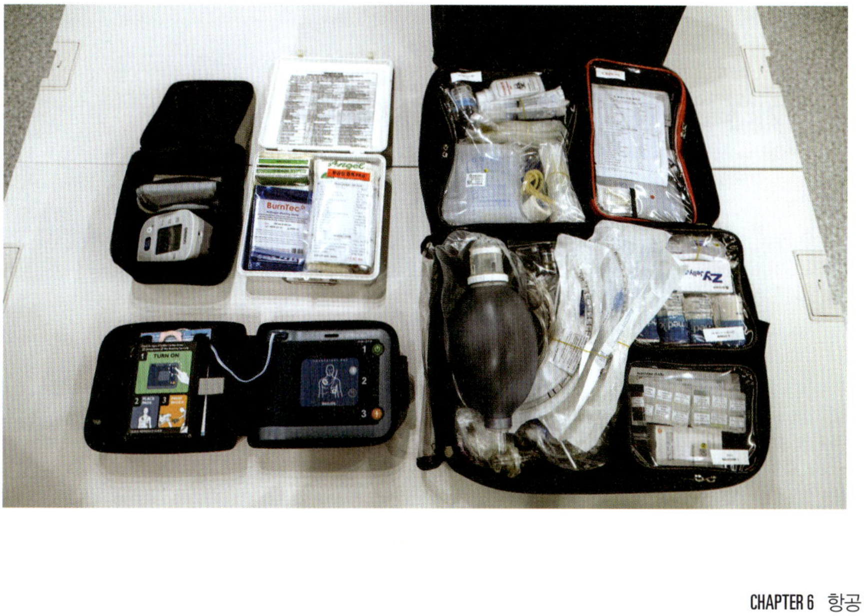


ANTHONY WALLACE/AFP via Getty Images

가 피할 수 없는 과제가 되었다. 따라서 각 항공사는 승객의 건강한 항공 여행을 위해 스트레칭 체조시간, 비행 스트레스 방지 센터 운영, 기내 건강 안내 비디오 상영, 사전 주문 시 건강식 제공, 산소 제공, 기본적인 의약품 배치 등 자체 Health Care Program을 운영하며, 환자 발생이나 승객 부상에 대비하여 간단한 수술 도구를 구비하고 있다.

기내에 상시 비치하는 의약 보관함은 그 종류가 다양하며, 승객 건강 상태의 정도에 따라 승무원이 사용하는 Medical Kit와 First Aid Kit, 의학 전문인이 전문 처치를 위해 사용하는 Emergency Medical Kit(EMK)가 있다. EMK는 반드시 의사에 의해서만 사용이 가능하며, 사용 후 In-flight Medical Report를 회사에 제출해야 한다.

응급환자 발생 시에는 정기적으로 응급처치의 기본적인 이해, 의료장비 기본 지식, 메디컬 레코드, 환자 증세 및 응급환자 기본 조치 등의 응급환자 대처 훈련을 이수한 객실 승무원들이 대응 매뉴얼에 의거하여 이에 대한 대처를 실시한다.

**기내 탑재 의약 품목**

니트로글리세린, 설하정, 일회용 반창고, 아이티안 점안액, 압박 붕대, 4인치 붕대, 암모니아 흡입제, 인공기도 유지제, 화상연고, 시각 신호 코드, 보나링 에이, 부스코판, 소독솜, 타이레놀, 오트리빈 분무제, 정로환, 제놀스틱, 반창고, 가위, 부목, 응급처치 책자, 삼각건 등

## 1) 기내 의약품 보관함(First Aid Kit, FAK)

비행 중 승객의 사고 및 질병 발생 시 사용하기 위해 기내에 탑재하는 의약품으로, 의사의 처방 없이 사용 가능하며 항공법에 의해 기내에 반드시 탑재되도록 규정된다.

## 2) 휴대용 산소통(Portable Oxygen Bottle)

고공을 비행하는 항공기의 경우 객실 고도가 14,000피트가 되면 자동으로

산소마스크가 내려오도록 장착되어 있다. 고도 15,000피트에서의 유효 의식 시간은 일반적으로 약 50분 이내이다.

그러나 인체 특성에 따라 저고도에서도 산소 결핍증을 일으키거나 위급한 환자가 발생하여 호흡에 장애를 일으킬 수 있음에 대비하여 항공기마다 휴대용 산소통을 탑재한다. 승무원 좌석 주변에 비치되고 환자 탑승 시에는 환자용으로 따로 탑재된다.

**휴대용 산소통 사용법**

1. 산소마스크의 튜브 피팅(Fitting)이 산소통의 Outlet에 제대로 고정되어 있는지 확인한다.
2. 산소통의 레버를 반시계 방향으로 돌린다.
3. 산소 흐름이 원활한지 확인한다.
4. 산소마스크를 환자의 코와 입에 갖다 댄다.
5. 산소마스크의 고무 밴드를 이용하여 코와 입에 댄다.
6. 산소 흐름을 계속 확인하며 호흡한다.
7. 산소통이 모두 빌 때까지 사용해서는 안 된다.

### 3) 기내 비상 의약품 보관함(Emergency Medical Kit, EMK)

비행 중 응급환자 발생 시 전문적인 치료를 하기 위한 의약품 및 의료 기구를 보관하는 Kit이다. 탑승자 중 의사나 기장이 Kit 내의 의료 기구를 사용할 자격이 있는 것으로 판단한 의료인만이 사용할 수 있으며, 일반적으로 조종실(Cockpit)과 객실에 1세트씩 2세트가 탑재된다.

### 4) UPK(Universal Precaution Kit)

환자 체액의 직접적인 접촉을 방지하고 비행 중 환자로부터 발생할 수 있는 의료 폐기물을 별도로 수거하기 위해 사용되는 물품이다. 일반적으로 EMK와 동일 장소에 보관한다.

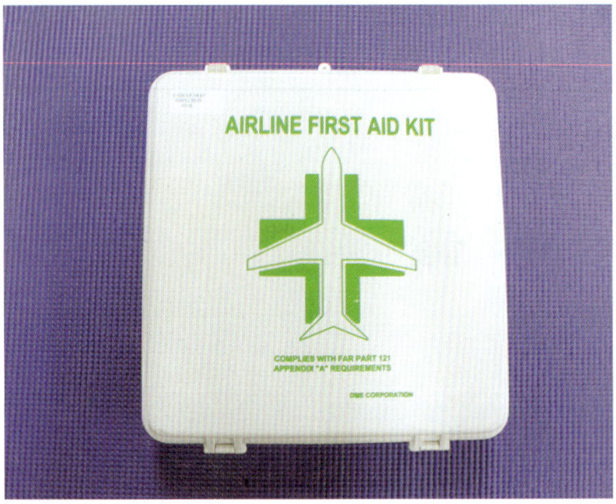


기내 의약품 보관함

기내 의약품 보관함의 내부

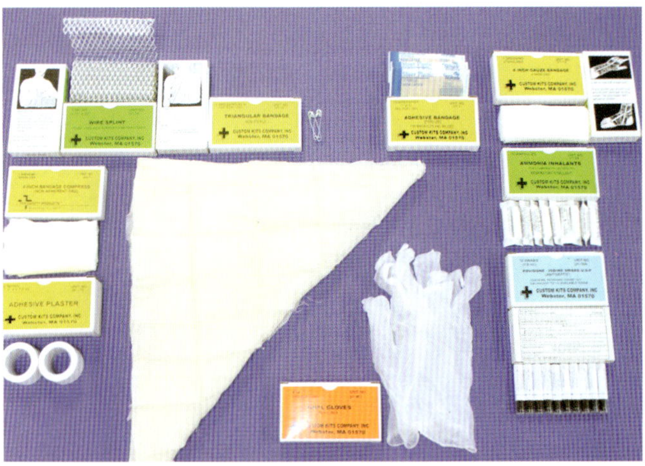

기내 의약품 보관함에 들어 있는 의료 소모품

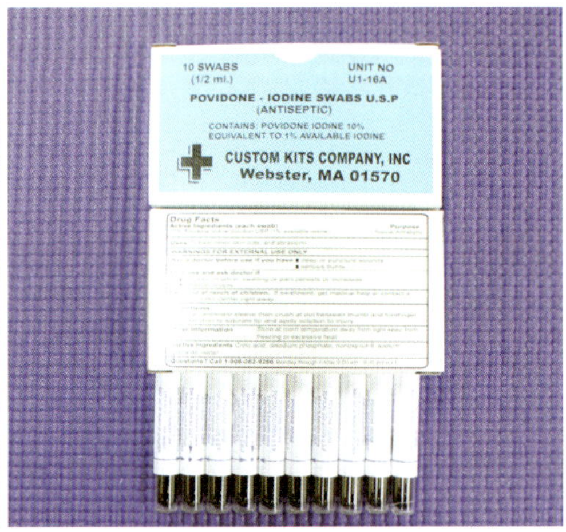


기내 의약품 보관함의 멸균면봉(10% 포비돈 요오드 용액)

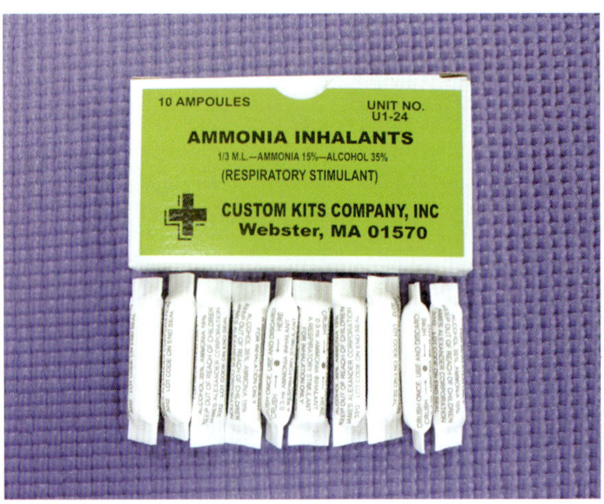


기내 의약품 보관함의 암모니아 흡입제(호흡기 자극제)

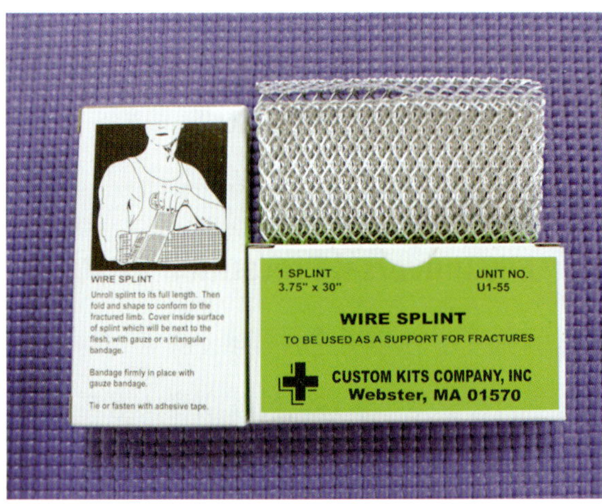




기내 의약품 보관함의 부목(골절 지지용)

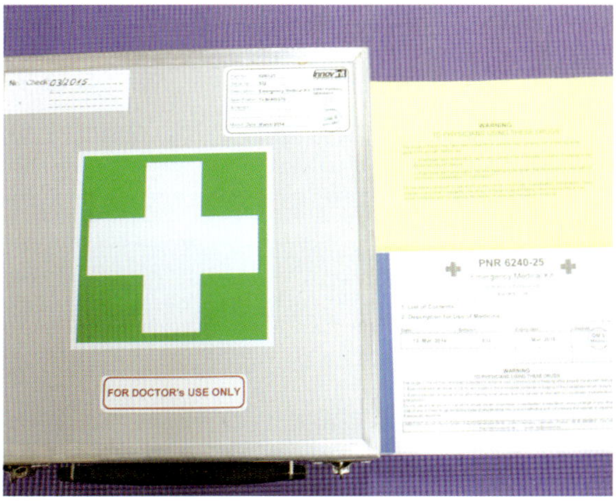


기내 비상 의약품 보관함과 내용물 설명서

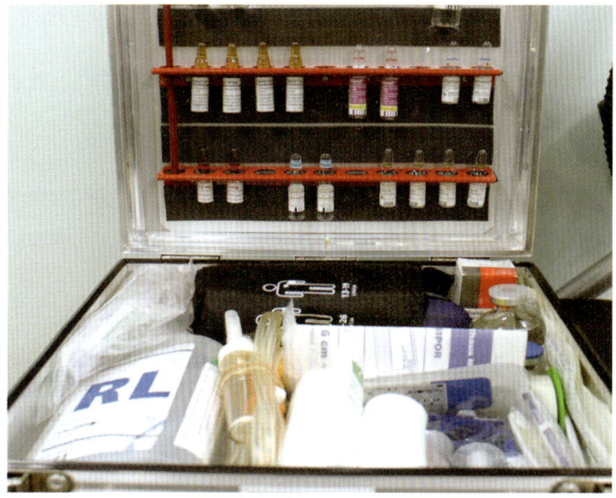


기내 비상 의약품 보관함의 내부

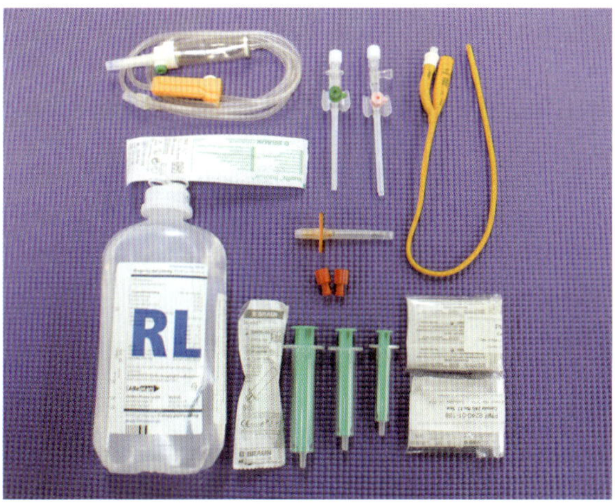


기내 비상 의약품 보관함의 정맥 수액 세트와 주사용 카테터

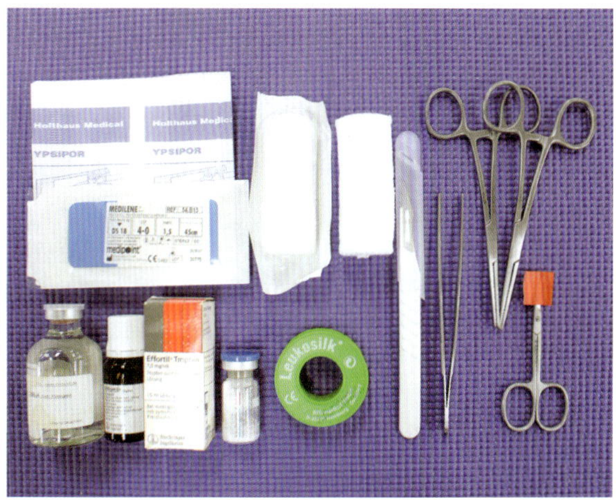


기내 비상 의약품 보관함의 약품, 거즈류 및 접착 테이프



## 5) 건강 안내 비디오

비행기 내에 오랜 시간 앉아 있게 되면 다리가 붓게 된다. 정상인에게는 특별한 문제가 없으나 임산부나 심장질환이 있는 환자, 평소 혈관 장애가 있는 환자는 다리가 부으면서 혈전증(핏덩어리가 떨어져 나가는 현상)이 생길 위험성도 증가한다. 최근 건강에 대한 관심이 높아지면서 항공 여행으로 생길 수 있는 질병을 사전에 예방하고자 각 항공사에서는 건강 관련 비디오를 상영하고 있다.

항공사들은 국제선 중 · 장거리 구간에서 '건강 안내 비디오' 영상을 통해 승객들이 기내에서 적용 또는 활용할 수 있는 서비스를 파악하여 전체 비행 계획을 세우고 건강을 유지할 수 있도록 안내하고 있다. 그 내용으로는 이온 음료를 포함한 생수, 주스 등 음료의 주기적인 섭취, 기내 좌석에서 할 수 있는 간단한 스트레칭, 로션을 발라 수분 증발을 방지하는 등의 행동 요령이 포함된다.

피로를 느끼기 쉬운 중 · 장거리 구간은 영상을 보고 좌석에 착석한 상태에서 가능한 체조를 따라 하도록 하여, 승객들이 원활한 혈액 순환을 통해 피로감을 감소하고 불편함을 최소화하도록 노력하고 있다.

## 6. 특별 지원 서비스

유아를 동반한 승객과 같이 세심한 배려와 관심이 필요한 승객에게 항공사는 특별 지원 서비스(Special Care Service)를 실시한다. 이 서비스는 해당 승객을 적극적으로 보살핌으로써 주위 승객들이 보다 편안하게 여행할 수 있도록 돕는 역할도 한다. 이 서비스는 객실에 국한되지 않고 예약, 발권, 운송 전 분야에서 연계하여 서비스되어야 한다. 따라서 정확한 서비스 내용을 숙지하고 약속된 서비스를 철저하게 제공해야 한다. Special Care의 대상 승객으로는 보호자의 동반 없이 혼자 여행하는 어린이(Unaccompanied Minor, UM), 유아를 동반한 승객, 청각 장애와 같은 신체 장애인, 노약자, 언어 장애 승객, 임산부 등이 있다.

## 1) 비동반 소아(Unaccompanied Minor, UM)

비동반 소아는 만 5세 이상부터 만 12세 미만(국내선은 만 13세 미만) 소아로서 동반자 없이 혼자 여행하는 어린이를 말한다. 지상 직원의 안내로 기내에 탑승하게 되며 승 · 하기 시 담당 객실 승무원이 직접 돌보아야 한다. 비행 중에는 식사나 우유를 제공하고 취식 상태를 확인하며 각 연령에 맞는 서비스를 제공한다. 동반자가 없으므로 그들의 안전이나 건강에 유의해야 하며 주변 승객에게도 그들이 UM임을 알려서 보다 적극적인 케어가 이루어지도록 한다. 객실 사무장은 지상 직원으로부터 이들의 목적지 입국을 위한 서류 및 여권이 들어 있는 Envelope를 인수하여 도착지의 지상 직원에게 UM과 함께 인계한다.

**Envelope**
항공사에서는 여객 운송 과정에서 필요시, 부서 간 운송 관련 서류 등 전달을 위해 전용 봉투를 사용하고 있다.

**유아용 요람(Baby Bassinet)**
항공 여행 중 유아가 누워 쉴 수 있는 요람이다. 기내 벽에 고정할 수 있도록 벽의 홀(hole)에 삽입해 장착하는(Plug In Fitting Type) 방식으로 제조되었다. 허용 중량은 몸무게 11kg 미만, 신장 75cm 미만(통상 6개월 미만 유아)이다. Zone별 좌석 앞에 설치하도록 되어 있으며, 보호자의 요청에 의해 이륙 후 좌석벨트 사인이 꺼진 후 장착하고 착륙 전에는 반드시 탈착해야 한다. 객실 승무원은 항공기 탑승 후 Baby Bassinet이 지정 장소에 잘 탑재되었는지 확인한다.

## 2) 유아 동반 승객

객실 승무원은 유아를 동반한 승객이 탑승 시 적극적으로 짐을 들어 주고 신속히 좌석을 안내한다. 비행 중에 제공되는 유아식과 유아용 요람에 대해 미리 안내하고 필요 여부를 확인한다. 그리고 보호자에게 유아 동반 시 적절한 좌석벨트 착용법, 기저귀 교환 장소, 기내 설비 사용법을 안내하고 비행 중에는 불편한 점이 없는지 수시로 확인한다.

좌석 점유 유아용 베이비 시트

기내에 탑재된 Baby Bassinet

### 3) 장애 승객

몸이 불편한 승객 탑승의 증가 추세에 따라 각 항공사는 보다 다양하고 세심한 서비스 제공을 위해 노력하고 있다. 항공사들은 장애인을 위한 각종 편의 시설을 마련하고 예약 시 희망 좌석을 우선적으로 배정하며 장애 고객 응대 전담 직원을 배치하는 등 장애 고객 서비스 개선을 위해 많은 노력을 기울이고 있다.

객실 승무원은 기내에서 장애 고객을 대할 때 진심으로 마음에서 우러나오는 따뜻한 서비스를 제공하기 위해 노력해야 하며, 장애 고객을 올바르게 이해하고 적절히 응대하는 방법을 익혀야 한다.

#### (1) 보행 장애 승객

혼자 힘으로 이동 가능하나 위급 사태 발생 시 타인의 도움 없이는 이동하기 곤란한 승객을 말하며, 일반적으로 Wheel Chair를 사용한다. 승 · 하기 시에는 물론 비행 중에도 승무원의 협조가 요구된다.

#### (2) 시각 장애 승객

성인 동반자가 있는 경우는 정상 승객으로 간주한다. 맹인 인도견을 동반한 경우, 인도견은 비행 중 맹인의 발아래에 위치해야 하며 재갈을 물려야 한다. 또한 인도견에게는 물을 제외한 어떠한 음식물도 제공해서는 안 된다.

Genna Martin/San Francisco Chronicle via Getty Images

izusek/E+ via Getty Images

동반자가 없는 경우 담당 승무원은 기내 설비의 사용법과 위치를 상세히 설명해야 한다.

### (3) 청각 장애 승객

성인 동반자가 있는 경우는 정상 승객으로 간주한다. 동반자가 없는 경우 담당 승무원은 기내 설비 사용법과 위치 등 필요한 정보를 문자나 그림을 통해 설명한다. 보다 세심한 서비스를 위해 일부 항공사에서는 전 승무원에게 간단한 수어 교육을 하기도 한다.

## 4) 추방자

사무장은 여권과 기타 서류를 별도로 보관하여 도착 시 지상 직원에게 직접 인계한다. 해당 승객은 대부분 불안하고 초조한 상태이므로 가능한 한 마음을 편안하게 해 주고 불필요한 이야기를 해서 자극하지 않도록 한다.

## 5) 임산부

임산부는 공항에서 항공기에 탑승하기 전에 면책 서약서에 서명해야 한다. 임신 8개월 이내의 임산부는 의사가 항공 여행을 금하지 않는 한 정상 승객으로 간주한다. 8개월을 넘은 임산부는 항공기 출발 72시간 이내에 산부인과 의사가 작성한 건강 진단서를 3부 작성해야 하며, 1부는 사무장이 지상 직원으로부터 인수하여 도착지 공항에 전달한다. 서비스는 정상 승객과 동일하게 제공하되, 혹 비행 중 불편한 사항이 없는지 수시로 확인한다.

**면책 서약서 (Declaration Indemnity)**
항공기 탑승 중 또는 탑승 후 환자 승객에게 발생할지 모를 건강상의 결과에 대해 항공사에 그 책임을 묻지 않으며 항공사나 제3자에게 미친 손해에 대해 일체의 책임을 지겠다는 환자의 서약서이다.

## 6) VIP, CIP

Seat Chart, SHR(Special Handling Request) 등으로 사전에 명단을 확인하여 직위로 호칭할 때 유의하도록 한다. 이들에 대한 서비스는 해당 클래스 서비스에 준하여 실시하고 지나친 배려로 주위 승객의 불만이 발생하지 않도록 한다.

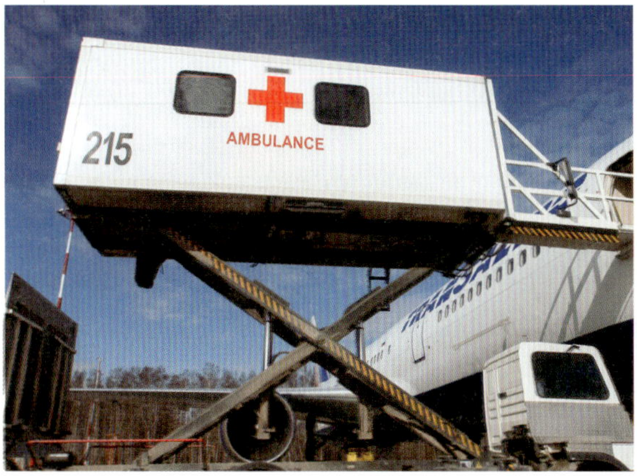

Alexey Smyshlyaev/Shutterstock.com

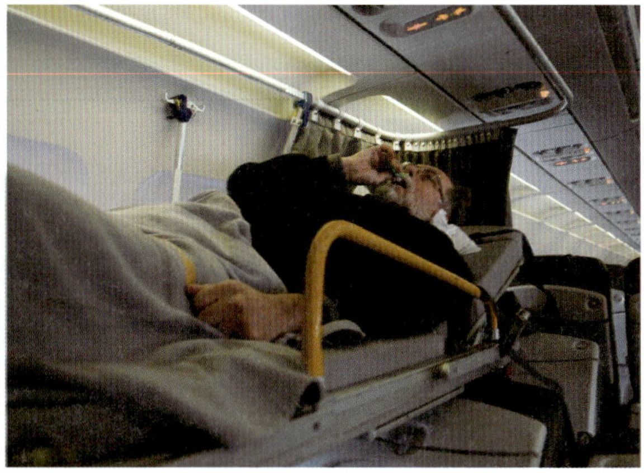
Melbye/ iStock/Getty Images Plus via Getty Images

### 7) 환자

환자 탑승 시 지상 직원으로부터 Declaration Indemnity를 받아 도착지 공항 운송 직원에게 인계한다. 담당 승무원은 비행 중 환자의 건강상태를 계속 점검하고 필요한 처치를 한다. 비행 중 환자가 발생할 경우 응급처치를 하고 승객 중 의사나 간호사가 있는지 파악하여 그들의 협조를 구한다. 사무장은 사태 발생 경위와 처치사항을 기록해 두어야 하며, 의사나 간호사의 진단이나 간호를 받은 경우 진단서 또는 소견서를 받도록 해야 한다.

### 8) 만취 승객

기내의 다른 승객에게 불안을 일으키거나 위해를 가할 요인이 있는 만취 승객(Intoxicated Person) 같은 경우에는 기장 및 지상 직원과 협의해 운송을 거절할 수 있다. 비행 중에는 이런 승객에게 알코올 음료를 제공해서는 안 되며, 타 승객에게 지장이 없게 특히 주의한다.

## 7. 탑승 기념품 서비스(Complementary Service)

각 항공사에서는 항공 여행을 기억할 수 있는 기념품을 제작하여 승객에게 제공하고 있다. 항공사에 따라 약간의 차이는 있으나 어린이를 위한 탑승

항공사에서 제공하는 어린이 탑승 기념품

상위클래스 승객에게 제공하는 여행 편의용품의 구성

기념품에는 어린이 잡지, 퍼즐게임, 인형, 모형 비행기 등이 있고, 상위클래스 승객에게는 편의복, 여행 편의용품 등을 제공한다. 일반석에서도 칫솔, 눈가리개(Slumber Mask) 등 간단한 항공 여행 필수용품을 무료로 서비스한다. 그리고 도착지 입국에 필요한 수속 서류를 제공하여 승객의 편의를 도모하고 있다.

## 8. 항공 객실 서비스 용품

기내 서비스 용품은 승객에게 제공할 목적으로 객실 서비스를 위해 탑재되는 물품으로 일시적으로 사용하는 소모품과 기내에 비치하여 반영구적으로 사용하는 기물로 구별할 수 있다. 또 해외에 배치하여 탑재하는 물품과 모기지에서만 탑재 · 하기하는 물품으로 구분된다. 객실 승무원들은 서비스 용품의 특성과 용도를 잘 이해하고 파악하여 고품질 서비스를 창출하도록 한다.

## 1) 소모품

소모품이란 기내 서비스 용품 중 1회 사용되거나 시간이 지나면 서비스 효과가 없어지는 물품으로, 항공사마다 자사 이미지를 담은 고유의 색상과 디자인으로 제작된다. 기내에 탑재되는 소모품에는 탑승 기념품, 기내식 보조품, 기내식 보조식품, 화장실 용품, 독서물, 인쇄물품, 주류, 음료 등이 있다.

### (1) 탑승 기념품

대부분의 항공사에서는 항공기에 탑승한 상위클래스 승객이나 어린이, 유아 승객에게 탑승을 기념할 수 있는 선물을 제공한다. 상위클래스 승객에게는 각 항공사에서 기획한 고가의 탑승 기념품을 제공하기도 하고, 어린이나 유아 승객에게는 비행 중에 이용할 수 있는 장난감이나 그림책 등이 주를 이룬 탑승 기념품을 제공한다.

### (2) 기내식 보조품

식음료 서비스 시 기내에서 제공되는 서비스 기물 외에 승객들에게 추가적으로 필요한 용품을 말한다. 일회용품이 대부분이며 일회용 컵, 냅킨, 이쑤시개, 젓가락 등이 있다.

### (3) 기내식 보조식품

Catering Center에서 제조한 기내식을 보조하는 식품을 말한다. 소금, 후추, 설탕이나 고추장 같은 각종 소스류, Baby Food류가 여기에 속한다. 식품은 승객들이 취식하는 만큼 서비스 전에 유통기한을 살펴야 한다.

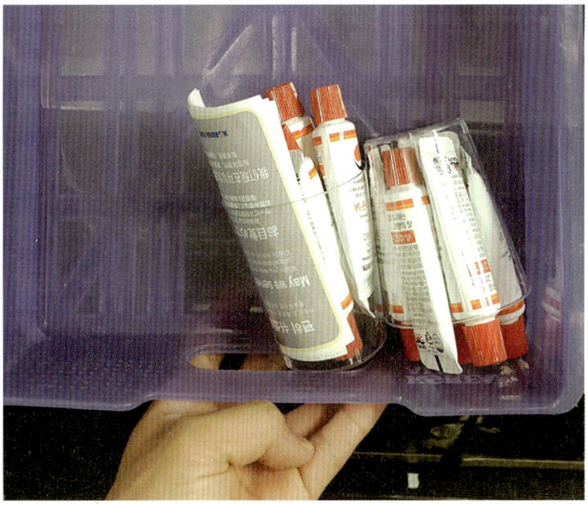



갤리 내 Compartment에 비치된 컵 승객에게 기내식 서비스 시 함께 제공하기 위해 준비된 고추장

### (4) 화장실 용품

화장실 용품은 기내에 탑재되는 소모품 중 가장 큰 비중을 차지하는 용품으로, 객실 승무원은 비행 출발 전에 탑재량을 확인해야 하며, 비행 중에도 수시로 점검하여 승객들이 불편하지 않도록 해야 한다. 화장품, 면도기, Roll Paper, Hand Towel, 크리넥스, 칫솔, 치약, 생리대(Sanitary Napkin) 등이 있다.

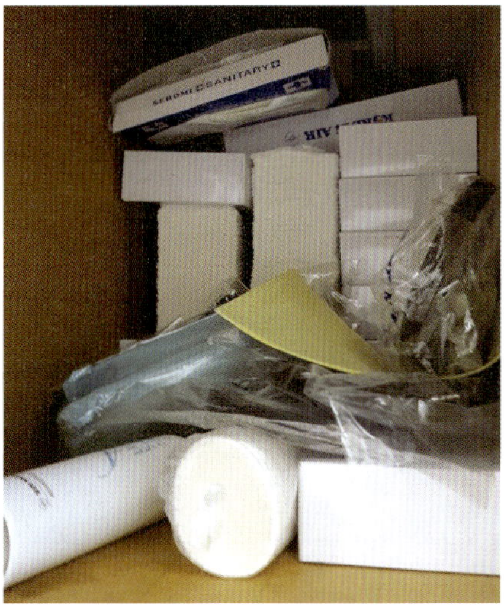



화장실 안에 보관되는 여분의 비품 객실 내 Compartment에 보관되는 화장실 비품

기내 면세품 잡지

## (5) 독서물

기내에 탑재되는 독서물은 항공사에서 발간하는 월간지로 문화와 예술, 여행지, 기내 프로그램 등을 소개하는 잡지와 기내 면세품 판매 책자로 나눌 수 있다.

## (6) 인쇄물품

인쇄물품에는 Menu Card, 좌석 비치품(Safety Card, 구토대, 엽서), 각종 Sticker가 있다.

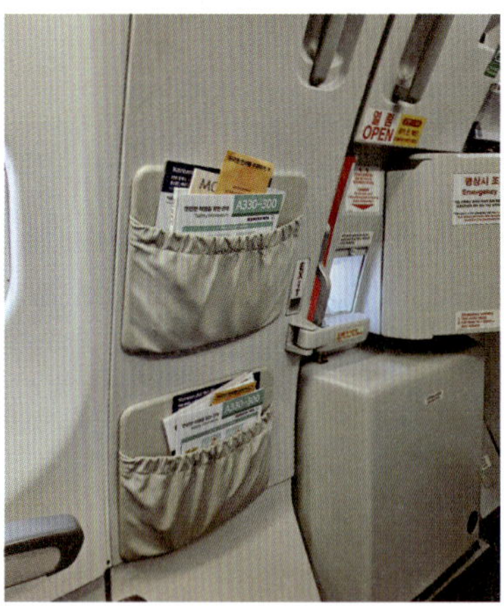


비상구 좌석에 비치된 Safety Card와 면세품 판매관련 책자

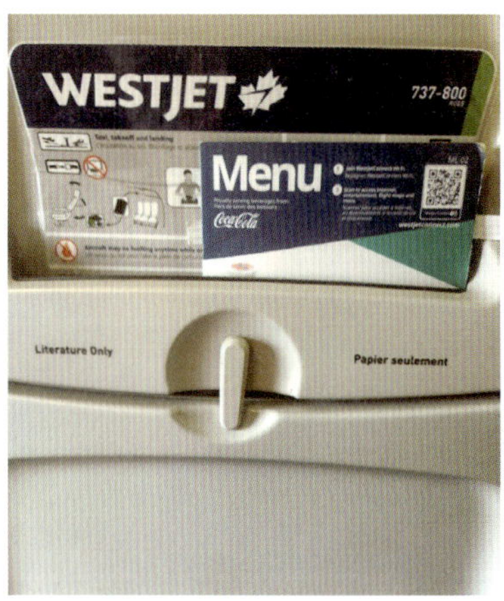


웨스트젯 항공기 내에 비치된 Safety Card와 Menu Card

기내에서 제공되는 음료가 탑재된 Cart의 내부

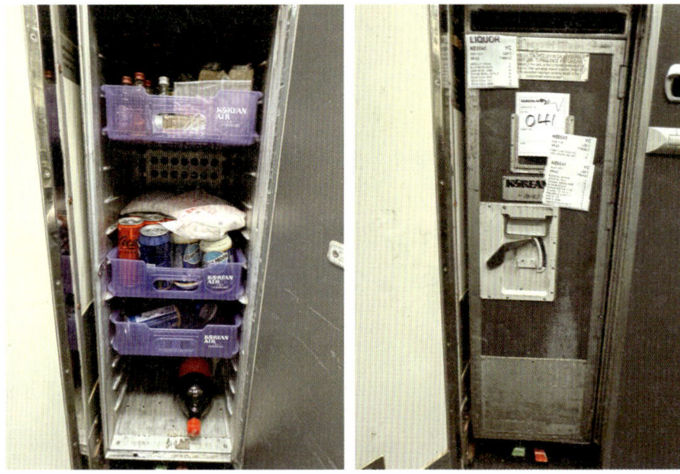


기내에서 제공되는 주류가 탑재된 Cart의 내부와 외부

### (7) 음료

승객 서비스를 위해 기내에 탑재되는 물, 각종 주스, 스프라이트, 콜라, 커피, 차류 등을 말한다. 대부분의 지역에서 표준 탑재(Standard Loading)되고 일부 지역에서만 주문 방식으로 탑재(Order Base Loading)된다.

### (8) 주류

승객 서비스를 위해 기내에 탑재되는 각종 리큐어, 와인, 맥주 종류를 말하며, 대부분의 지역에서 표준 탑재되고 일부 지역에서만 주문 방식으로 탑재된다.

## 2) 서비스 기물

서비스 기물이란 일회용인 소모품과 달리 세척하여 반영구적으로 재사용이 가능한 물품이다. 따라서 객실 승무원들은 회사의 소중한 재산임을 인식하여 취급 시 주의해야 한다.

항공기 기종에 따라 갤리 유형별로 적합한 기물을 사용해야 하며 해외에서 탑재하는 경우에는 기본 운용량을 산정해 재고량을 일정하게 유지해야 한다. 따라서 항공사 케이터링 부서에서는 항공편마다 동일량을 탑재하여

Equipment Balance를 유지한다.

서비스 기물을 사용할 때 지켜야 할 일반적인 유의사항은 다음과 같다. 객실 승무원은 서비스 시작 전에 서비스 기물의 청결도 및 상태를 점검하여 사용하고, 다음 팀에 인계할 서비스 기물은 사용 후 세척하여 정위치에 보관한다. 또한 모든 서비스 기물의 원가를 의식하여 훼손이나 손상을 줄이도록 Glass 종류는 Rack에 보관하고, 기타 서비스 기물은 회수하여 각 보관함(Compartment)에 안전하게 보관하여 하기한다.

서비스 기물은 서울 출발 시 탑재된 Cart 또는 Carry-on Box에 보관하고 바닥에 내려놓지 않도록 한다. 갤리 내에서 사용하는 서비스 기물(Ice Scoop, Wine, Opener, Oven 장갑)은 갤리 밖의 승객 가시권에서 사용하지 않도록 한다.

식음료 서비스에는 클래스별로 정해진 서비스 기물을 사용하며, 상위클래스에서 뜨거운 식음료를 담는 서비스 기물은 Warming하여 사용한다.

### (1) 운반 기물(Carrying Equipment)

승객에게 제공할 서비스 용품을 담아 운반할 수 있는 기물을 말하며, Cart류, Carrier Box, Oven Rack, Holder류, Liquid Container류 등이 해당한다. 운반 기물은 항공기 종류에 따라 종래에 사용해 온 Standard Type과, 제조사 이름으로 불리는 Jamco Type과 Atlas Type으로 구분된다.

가장 대표적인 운반 기물인 Cart에 대해 살펴보자. Cart는 음식물을 담는 Meal Cart와 음료를 담는 음료 Cart, 이어폰 제공, 기타 여러 용도로 사용되는 Serving Cart, 기내 판매를 할 수 있게 탑재되는 기내 판매 Cart로 나눌 수 있다. 음료 Cart와 기내 판매 Cart는 크기에 따라 Full Cart와 그의 절반 크기인 Half Cart로 구분된다. 각각의 용도와 취급 요령은 다음 표를 참조한다.

취급 시 공통으로 유의할 사항은 모든 Cart는 안정감 있게 두 손으로 잡고, Aisle을 지날 때는 승객이 다치지 않도록 주의하며, Meal Cart와 음료 Cart 내부나 Serving Cart 중단 등에서 Item을 꺼내거나 넣을 때는 무릎을 굽히고 자세를 낮추어 허리에 무리가 가지 않도록 해야 한다는 것이다.

그리고 서비스를 진행하는 도중 Aisle이나 Door Side에 Cart를 방치해서

Cart의 종류

| Cart | Class | 용도 | 취급 요령 |
|---|---|---|---|
| Meal Cart | | Meal 탑재<br>기타 서비스 Item 탑재 | Door를 여닫을 때는 Locking 고리를 이용한다. |
| 음료 Cart | | 음료 탑재<br>기타 서비스 Item 탑재 | Cart 정지 시에는 Pedal을 이용하여 고정시킨다.<br>Cart를 다룰 때는 Cart 안의 내용물이 흐트러지지 않도록 조심한다. |
| 기내 판매 Cart | | 기내 판매 | 탑재 내용물을 철저히 확인한다. |
| Serving Cart | Economy Class | 이어폰 | 상, 중, 하단을 펼쳐 고정하고 서비스 중 정지 시에는 반드시 Locking한다. |
| | Prestige Class | Meal & Beverage 서비스/회수 | |
| | First Class | Meal & Beverage 서비스/회수 | |



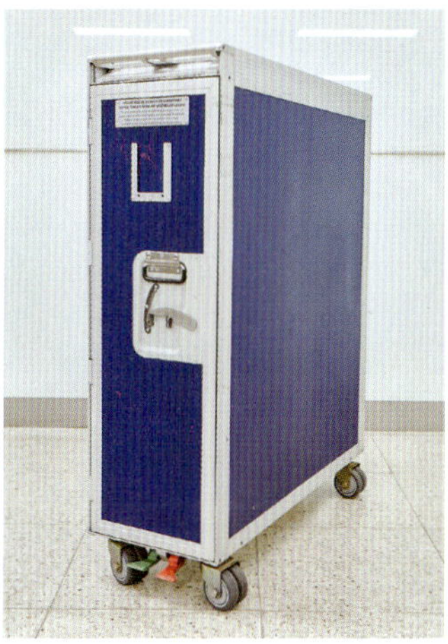

Full Cart

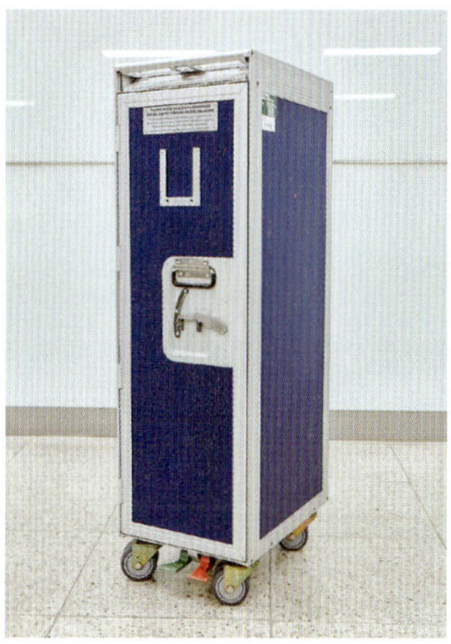

Half Cart

Serving Cart

일반석 기내식 Cart의 외부와 내부 사진

는 안 되며 모든 Cart는 서비스 종료 시마다 항상 원위치에 보관해야 한다.

비행 중 불가피하게 비상구 주변에 Cart를 놓았을 경우에는 비상구를 막지 않도록 비상구와 수직이 되도록 해야 한다. 사용 중 더러워진 Cart는 사용 후 닦아서 보관하며, Cart가 고장 났을 때는 Repair Tag을 부착하여 모기지에서 케이터링 담당자에게 인계하고, Serving Cart의 경우에는 CDLM(Cabin Discrepancy List & Memo)에 기재하여 다음에 기물을 사용할 승무원에게 불편을 끼쳐서는 안 된다.

### (2) Serving Tool

Serving Tool은 기내 서비스 용품 제공 시 필요한 기물로, 종류가 상당히 많고 클래스별, 노선별로 서비스에 따라 탑재 내용이 달라진다. 따라서 객실승무원은 자신이 담당할 노선과 클래스에 해당하는 Serving Tool의 탑재 여부를 매 비행 전에 꼼꼼히 점검해야 한다. 국제선 비행을 위해 탑재되는 클래스별 Serving Tool의 자세한 내용은 다음 표를 참조한다.

Serving Tool의 종류

| 구분 | 종류 | 용도 |
|---|---|---|
| Basket | Towel Basket | Towel |
| | Bread Basket | Bread |
| | Wine Basket | Wine |
| Tongs | Towel Tongs | Cotton Towel |
| | Ice Tongs | Ice |
| | Bread Tongs | Bread |
| | Food Tongs | Bread/Cheese |
| | Salad Tongs | • Fruit/Salad<br>• Cheese |
| | Lemon Tongs | • Cracker/Parsley/Carrot<br>• Lemon |
| Serving Tool | Casserole Tongs | Casserole |
| | Muddler Box | Holder(Sugar, Cream, Tea Bag, Muddler 등) |
| | Ice Bucket | Ice |

| 구분 | 종류 | 용도 |
|---|---|---|
| Serving Tool | Ice Scoop | Ice |
| | 오븐 장갑 | Entree Setting 및 기타 오븐 작업 |
| | Condiment Set & Holder | Salt & Pepper(Tableware) |
| | Hot Cup | • Hot Water/라면<br>• Soup/한식 국/탕 종류 |
| | Sauce Holder | 각종 양식 Sauce |
| | Serving Spoon/Fork | Main Dish/Dessert |
| | Soup Tureen & Ladle | Soup |
| | Salad Bowl | Salad |
| | Gravy Boat & Small Ladle | • Salad Dressing<br>• Entree Sauce |
| | Salt Shaker & Pepper Mill | Salad |
| | Cheese Board | Cheese |
| | Silver Ware Pot | Coffee/Tea |
| | Cream Pitcher | 액상 Cream |
| | Milk Pitcher | Fresh Milk |
| | Lemon Squeezer | Lemon |
| | Wine Stopper | Wine Bottle 마개 |
| | Pot | • Coffee/Tea<br>• 비빔밥용 국/라면 서비스 |
| | 국자 | 한식 국 |
| | 밥주걱 | 한식 백반 |

Towel Basket

Bread Basket

Wine Basket

Towel Tongs

Ice Tongs

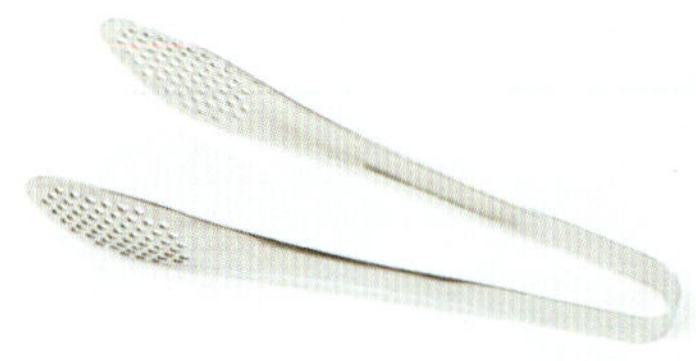
Bread Tongs

Salad Tongs

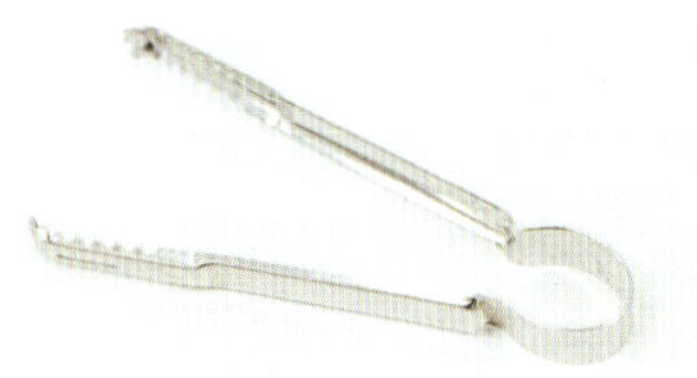
Lemon Tongs

Serving Spoon/Fork

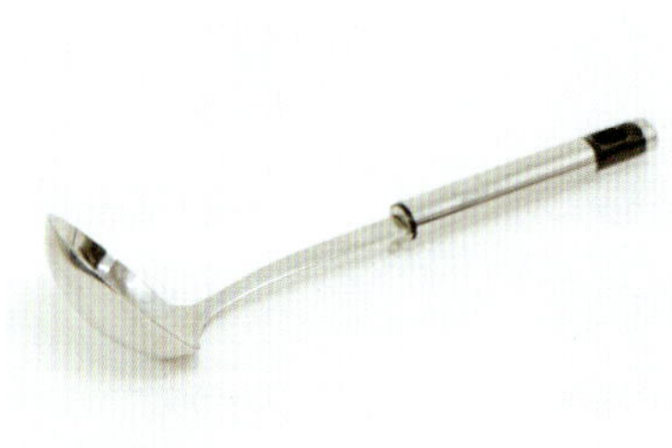
국자

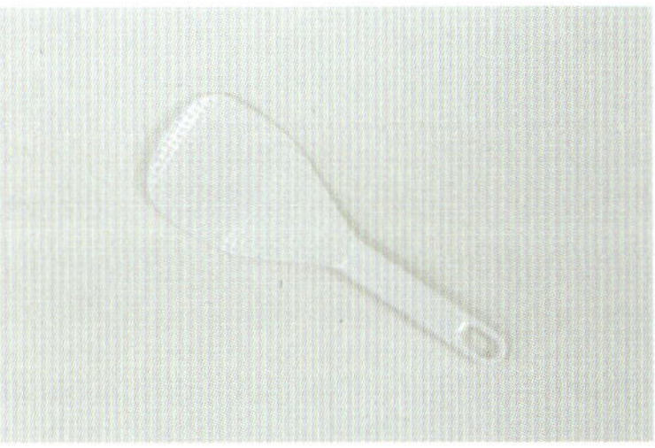
밥주걱

Cheese Board

오븐 장갑

Pot

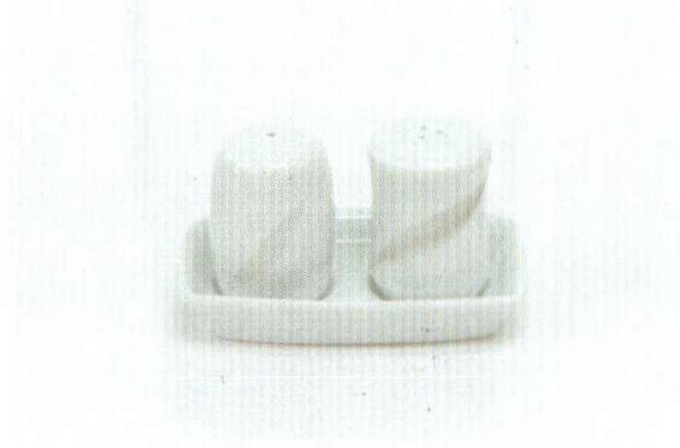
Condiment Set & Holder

Muddler Box

## (3) Tableware

Tableware는 기내에서 승객에게 식사 및 음료 서비스를 제공하기 위해 승객의 테이블 위에 세팅되는 여러 가지 용품을 말하며, Tray, Plate, Chinaware, Glassware, Casserole, Cutlery 등이 있다. Tableware는 클래스별 내용 차이가 가장 크다고 할 수 있다. 항공사들은 클래스별 Tableware를 구분, 제작하여 상위클래스에서 물적 서비스의 차별화를 실현하고 있다. 객실 승무원은 올바른 서비스 용품의 용도와 각각의 취급 요령을 익혀야 한다.

**Tableware**
Meal Tray에 세팅되는 기물을 총칭한다(Chinaware, Plasticware, Cultery, Glassware 등).

**Cutlery**
Tableware의 일종으로 식사용 나이프, 포크, 버터 나이프, 스푼 등이 있다. 스테인리스나 은 등의 재질로 되어 있다.

**Tableware의 종류와 취급법**

| 구분 | 종류 | 용도 | 취급 요령 |
|---|---|---|---|
| Tray | Large Tray | • Basic Tray(EY, PR, 단거리 FR)*<br>• 라면 Tray<br>• 서비스 및 회수 | Tray Mat 사용 기준<br>• 서비스 Item 제공 시: Cotton Tray Mat 사용<br>• 서비스 Item 회수 시: EY용 Tray Mat 사용<br>단, PR 중 · 단거리 노선에서는 Welcome Drink를 제외한 모든 경우에 PR 용 Paper Tray Mat를 사용한다. |
| | Small Tray | • Extra Cutlery Tray(상위클래스)<br>• Basic Tray(EY)<br>• 개별 제공 & 회수(EY)<br>• Tea/Coffee 제공(EY) | Economy Class에서 Large/Small Tray 사용 시 항상 EY Paper Tray Mat를 깔아 사용한다. |
| | 2/3 Tray | • Basic Tray(EY) | |
| | Serving Tray<br>(상위클래스) | • Cotton Towel 서비스 시<br>• 기타 서비스 시 | Serving Tray에는 Serving Tray 전용 Mat를 사용한다. |
| Cutlery | Knife | All Purpose* | 목 부분을 잡는다. Knife는 칼날이 안쪽으로 향하도록 놓는다. |
| | Fork | All Purpose | Fork는 Table의 왼쪽에, Knife는 오른쪽에 놓는다. |
| | Soup Spoon | • Cereal/Soup<br>• 한정식/비빔밥을 제외한 한식 (PR, FR) | |
| | Tea Spoon | • Coffee/Tea/Ice Cream<br>• Yoghurt<br>• Fruit Cocktail | |
| | 한식 숟가락 | • 비빔밥(EY, PR, FR) | |
| | Chopsticks | • 한정식(FR)<br>• 모든 한식/라면 | |

* FR: First Class, PR: Prestige Class, EY: Economy Class, All Purpose: 다용도

Serving Tray(상위클래스)

Small Tray와 Large Tray



### (4) Fabric 및 Cotton류

승객들에게 제공되는 서비스 용품 중 Fabric과 Cotton류에는 Blanket, Pillow, Tablecloth, Napkin, Hand Towel 등이 있다. Fabric과 Cotton류는 특히 청결한 상태 유지에 소홀함이 없어야 한다. 서비스 후 사용되지 않은 Linen과 Cotton Towel은 전량을 해당 스테이션에서 하기해야 하며, 이를 위해 Linen 회수용 Vinyl Bag에 넣은 후 Cart나 Carry-on Box 내 빈 공간에 보관했다가 하기한다.

**Glassware의 종류와 용도**

| 종류 | 용도 | 취급 요령 |
|---|---|---|
| Tumbler Glass | • Water/Juice/Milk<br>• Soft Drink/Beer<br>• On The Rocks<br>• Cocktail with Ice | Glass의 1/3 밑부분을 잡는다.<br>Wine/Brandy Glass는 잘록한(Stem) 부분을 잡는다. |
| Wine Glass | • Wine<br>• Cocktail without Ice<br>• Creme de Menthe Frappe<br>• Champagne(PR)<br>• Champagne Cocktail(PR) | Table에 놓을 때는 넷째와 다섯째 손가락 끝을 Table에 먼저 대어 소리가 나지 않도록 한다. |
| Champagne Glass | • Champagne<br>• Champagne Cocktail | |
| Brandy Glass | Brandy | 승객의 입이 닿는 Glass의 입구(Rim) 부분에 손이 닿지 않게 한다. |
| Liqueur Glass | • Liqueur<br>• Liquor Straight | |

Tumbler Glass

Wine Glass

Brandy Glass

Liqueur Glass

### Fabric의 종류와 용도

| 종류 | 용도 | 취급 요령 |
|---|---|---|
| Table Cloth(상위클래스) | • Table Cloth<br>• 단거리 Basic Tray(FR)<br>• Serving Cart 중 · 하단(FR) | 사용 전 청결 상태를 점검하며 구김이 가지 않도록 다룬다. |
| Linen Napkin | • Bread Basket<br>• Towel Basket<br>• Wine, Champagne, Water 서비스용<br>• Extra Cutlery Tray<br>• Linen Napkin(FR)<br>• Cutlery Set Pack(PR, 단거리 FR) | 박음질 부위가 아래로 가도록 한다. |
| Tray Mat(상위클래스) | • Dessert Table Cloth(FR)<br>• Large Tray에 의한 서비스 시<br>• 라면 서비스 시<br>• 한(정)식 한상차림 서비스 시(FR)<br>• Basic Tray(PR) | 사용 후 Linen Vinyl Bag에 넣어 하기한다. |

Table Cloth

Linen Napkin

Tray Mat

# SUMMARY

- 항공 서비스의 총화인 객실 서비스를 구성하는 두 가지 서비스 요소인 물적, 인적 서비스 모두에 만족을 느껴야만 비로소 승객들은 훌륭한 객실 서비스를 경험했다고 느낀다.

- 객실 서비스를 서비스 패키지의 개념에 비추어 보면 객실 서비스 내용은 보조용품, 명시적 서비스, 묵시적 서비스의 세 가지 구성요소를 복합적으로 포함한다고 볼 수 있다.

- 승객들은 기내식을 단지 식사에 대한 개념으로서가 아니라 즐거움을 경험할 수 있는 기회로 인식한다. 식음료 서비스에 대한 이러한 승객들의 차원 높은 요구에 부응하기 위해 각 항공사는 엄선된 메뉴의 선정에 노력하고 있다.

- 기내식의 특징은 공간이 협소하다는 항공기의 조건 때문에 승객의 운동 부족으로 인한 소화 장애나 고칼로리로 인한 비만 등을 방지하기 위해 소화가 잘되고 흡수되기 쉬운 저칼로리 식품으로 구성된다는 점이다.

- 특별 기내식이란 종교, 기호, 연령 제한, 건강상의 이유로 일반적인 기내식에 제한을 받는 승객의 특수한 요구에 의해 기내에 탑재되는 식사이다. 또한 생일, 결혼, 크리스마스를 위한 특별 메뉴도 여기에 포함된다.

- 기내 음료는 크게 알코올을 함유한 알코올 음료와 그렇지 않은 비알코올 음료로 나뉜다.

- 국제선 항공편에서는 승객의 편의를 위해 주류, 담배, 향수, 화장품, 선물용 제품 등 세계 유명 상품을 면세 가격으로 구입할 수 있도록 면세품 판매를 실시한다.
- 항공사에서는 승객의 즐거운 여행을 위해 각종 엔터테인먼트를 제공하고 있다.
- 각 항공사는 승객의 건강한 항공 여행을 위해 자체 Health Care Program을 운영하며, 환자 발생이나 승객 부상에 대비하여 간단한 수술 도구를 비치하고 있다.
- Special Care의 대상 승객으로는 보호자의 동반 없이 혼자 여행하는 어린이(Unaccompanied Minor, UM), 유아를 동반한 승객, 청각 장애와 같은 신체 장애인, 노약자, 언어 장애 승객, 임산부 등이 있다.
- 각 항공사에서는 항공 여행을 기억할 수 있는 기념품을 제작하여 승객에게 제공하고 있다.
- 기내 서비스 용품은 승객에게 제공할 목적으로 객실 서비스를 위해 탑재되는 물품으로 일시적으로 사용하는 소모품과 기내에 비치하여 반영구적으로 사용하는 기물로 구별할 수 있다.

# WORK SHEET

## SELF STUDY

1 물적 서비스란 무엇인지 정의하고 기내에서 제공되는 물적 서비스의 예를 세 가지 써 봅니다.

2 대한항공에서 제공하는 장거리 노선 기내식을 한 가지 선정해 살펴보고 그 구성이 어떠한지 정리해 봅니다.

3 항공사에서 제공하는 특별 기내식 중 비건 메뉴에는 무엇이 있는지 검색을 통해 알아봅니다.

예 **대한항공의 엄격한 서양 채식**
달걀과 유제품을 사용하지 않는다. 과일과 샐러드(드레싱 포함), 빵과 버터(비건용)와 함께 밥과 야채, 콩고기와 같은 미트볼로 구성된다.

•

•

4 특별 기내식을 다음 예를 포함해 네 가지로 구분하고 각 종류를 정리해 봅니다.

예 **종교상 이유에 의한 특별 기내식**
- HNML(Hindu Meal)은 쇠고기를 먹지 않는 힌두교도를 위한 식사로 대부분이 인도인이다.
- MOML(Moslem Meal)은 돼지고기를 먹지 않는 이슬람교도의 식사이다.

•

•

•

5 기내에서 제공하는 음료를 두 가지로 구분하고 각각 종류를 정리해 봅니다.

- 

- 

6 기내 면세품의 판매 방식에는 어떤 것이 있는지 정리해 봅니다.

7 기내 오락 서비스 중 세 가지를 선택하고 세부적인 내용을 정리해 봅니다.

예 **기내 영화와 음악**
기내에서는 최근 개인용 모니터를 통해 다양한 영화와 음악이 제공된다. 모니터에서 다양하게 구성된 영화 목록과 음악을 승객 취향에 맞게 선택하고 볼 수 있다. 모니터와 음악 채널 사용법은 좌석 앞주머니에 비치된 기내 잡지를 통해 알 수 있다.

- 

- 

- 

8 기내 의료 지원 서비스 다섯 가지를 정리해 봅니다.

- 
- 
- 
- 
- 

9 Special Care 대상 승객 중 두 가지 유형을 선택하고 지원하는 부분을 정리해 봅니다.

- 
- 

10 항공 객실 서비스 용품 중 소모품이 무엇인지 정의하고 예를 들어 봅니다.

11 서비스 기물 중 운반용 기물을 크기와 용도에 따라 구분해 봅니다.

## SELF FEEDBACK

이번 장을 통해 새롭게 알게 된 부분을 써 볼까요?

## GROUP ACTIVITY

그룹으로 나누어 특별 기내식의 종류와 실제 승객들의 후기가 어떠한지, 기내식과 관련하여 잘 운영되고 있는 점과 아쉬운 점이 무엇인지 조사해 봅니다.

# PART 3

# 항공 객실 서비스의 디자인

CHAPTER

# 7 항공 객실 승무원의 승무 기준

항공사 승무원은 조종실에서 항공기 조종 및 기기 조작을 하는 운항 승무원과 기내 객실 서비스를 담당하는 객실 승무원으로 구분할 수 있다. 객실 승무원에게 요구되는 기본 자질은 기내 환경에 적합한 건강한 신체 조건과 단정한 태도, 외국어 의사소통 능력, 원만한 대인관계, 자기관리 능력이다.

객실 승무원은 비행 중 안전 요원과 서비스 요원의 의무를 가지며, 기내 안전 및 보안 사항에 대한 점검과 수행, 객실 서비스에 대한 임무를 지닌다. 또한 승무 직급 및 직책별 임무를 부여받는다.

항공 객실 승무원 조직으로는 크게 객실 승원부, 객실 승무기획부, 객실 훈련원이 있으며, 객실 승무원들은 객실 승무 본부에 소속되어 한 단위 아래로 객실 승원부에 소속되고 근무조의 구성은 하나의 Team으로 운영하며 Team은 Group으로 형성하여 체계적으로 운영 · 관리하고 있다.

7장에서는 항공 객실 승무직의 자격과 관리에 대해 알아보고 직급과 직책별 업무를 살펴본다. 승무원 지휘 체계를 이해하고 객실 승무직 조직의 구성에 대해 알아본다.

### 학습목표

1. 항공 객실 승무직의 자격 및 관리 내용 이해
2. 객실 승무원의 직급 및 직책별 임무 이해
3. 승무원의 지휘 체계 이해

# 1. 항공 객실 승무원의 자격

## 1) 객실 승무원

항공사의 승무원은 크게 운항 승무원(Cockpit Crew)과 객실 승무원(Cabin Crew)으로 나눌 수 있다. 운항 승무원은 조종실에서 항공기를 조종하고 항공기 내 각종 기기를 조작하는 기장(Captain), 부기장(Co-pilot), 항공 기관사(Flight Engineer), 항법사(Navigator)로 구성된다. 그리고 객실 승무원은 항공기의 기내 객실 서비스를 담당하는 전문인으로 남, 여 객실 승무원이 근무 연한이나 직급에 따라 맡은 임무를 수행한다.

객실 승무원은 승객을 목적지까지 안전하고 편안하게 모시는 일을 주로 하므로 일반적인 서비스 전문인으로서의 자질은 물론 비상시 필요한 조치를 할 수 있는 지식과 능력을 갖추어야 한다. 승객의 욕구를 충족하기 위해 승무원이 지녀야 할 객실 서비스 기본 자세로는 미소와 인사성(Smile), 민첩한 행동(Speed), 숙련된 동작(Smartness), 성실성, 친절, 따뜻한 마음(Sincerity)이 강조된다.

최초의 승무원은 독일의 루프트한자(Lufthansa)의 남 승무원(Steward)이었다. 그러나 승객들에게 보다 섬세한 보살핌을 제공할 서비스 전문인이 필요하다는 인식하에 여 승무원(Stewardess)을 각 항공사에서 채용하게 되었는데, 그때는 승객들에게 심리적인 안정감을 제공하기 위해 간호사 자격증

Bettmann/Bettmann via Getty Images

American Stock Archive/Archive Photos via Getty Images

을 소지한 여성을 선호했다고 한다. 최근 항공사 승무원의 성별 분포를 보면 여 승무원이 월등히 많은 것으로 나타난다.

우리나라의 첫 여 승무원은 해방 직후인 1948년에 당시 국내를 취항하던 미국의 노스웨스트항공(Northwest Airlines)에 채용된 여 승무원이었다고 한다.

이러한 객실 승무원의 호칭은 매우 다양하다. 국내 항공사에서는 보통 객실 승무원 또는 스튜어드(Steward), 스튜어디스(Stewardess)라고 부르며 해외 항공사에서는 Cabin−Crew, Cabin−Attendant, Flight−Attendant라고 부른다.

## 2) 객실 승무원의 기본 자질

국제화 시대에 다양한 탑승객의 욕구를 충족할 수 있는 전문적인 서비스 요원인 객실 승무원이 되기 위해서는 여러 자질이 요구된다. 전문성을 요하는 복잡한 서비스 내용, 항공기 기내라는 근무 환경, 다양한 문화권의 고객, 전 세계적인 자사 취항지의 체재 필요성, 이 모든 상황을 적응하며 적절히 소화할 수 있는 객실 승무원에게 필요한 자질을 살펴보자.

첫째, 기내 환경 근무에 적합한 신체 조건을 갖추고 단정한 용모와 상냥한 말씨, 부드러운 매너를 항상 유지할 수 있어야 한다. 항공기의 대형화 추세에 따라 항공사에서는 승무원의 기내 근무 시 설비 활용의 평이성을 고려하여 건강한 신체 조건이 중요한 채용 기준이며, 고객을 접하는 시점이 근무시간의 대부분을 차지하는 만큼 승무원에게 대화법이나 고객 응대 매너는 필수적인 기본 요소라 할 수 있다.

둘째, 2개 언어 이상의 외국어 의사소통 능력은 물론 국제적 문화 상식과 감각을 지녀야 한다. 특히 국제선을 운영하는 항공사의 경우, 여러 국적의 고객을 대상으로 응대해야 한다. 세계가 하나의 지구촌으로 일컬어지는 글로벌 시대의 승무원에게 외국어 능력과 국제적 감각은 필수라 하겠다.

셋째, 원만한 인간 관계 형성을 위한 노력은 물론 철저한 자기관리 능력을 지녀야 한다. 매 비행편별로 배정되는 승무원들은 새로운 구성원과 팀워크를 이루어 근무하게 된다. 혼자 업무를 완성할 수 없다는 부분은 객실 승

Sorbis/Shutterstock.com

Mehmet Ali Ozcan/Anadolu Agency via Getty Images

무직의 특성이라 할 수 있다. 따라서 회사 생활은 물론 일상생활에서도 타인을 배려하고 조직 안에서 융화할 수 있는 대인 관계 능력을 향상시켜야 한다. 그리고 객실 승무원은 유니폼을 입고 있는 동안은 물론이고 출퇴근 시나 해외 체재 시 신분이 쉽게 노출되고 직무의 특수성으로 인해 항상 사람들의 관심 대상이 되므로 세심한 자기관리가 필요하다.

마지막으로 객실 승무원은 투철한 직업 의식을 바탕으로 전문적인 업무 지식 습득에 최선을 다할 수 있어야 한다.

### 3) 객실 승무원의 자격 요건

객실 승무원은 객실 업무 수행을 위해 신입 전문 훈련 및 직급과 경력에 따라 필요한 소정의 교육 과정을 이수하고 심사에 합격해야 하며, 외국어 능력 및 서비스 전문 지식과 해당 자격증을 보유해야 한다.

객실 승무원은 항공기의 안전 운항과 비상시 필요한 조치를 취할 수 있는 지식과 능력을 갖추기 위해 안전 교육 · 훈련을 정기적으로 이수하고 안전 자격증을 취득하고, 연간 1회 이상의 정기 건강검진 등을 통해 항공기 탑승 근무에 적합한 신체 및 건강 조건을 항상 유지해야 한다.

발병, 부상 등 신체 건강상의 사유로 근무에 적합하지 않은 경우에 승무원 자격이 일시 정지되거나 상실되기도 하며, 일시 정지된 경우에는 회복 후 근무 복귀 시 항공사 보건 의료원의 점검을 받아야 한다.

## 2. 항공 객실 승무원의 임무와 책임

비행 중 객실 승무원이 수행하는 임무는 크게 둘로 나누어 생각할 수 있다. 첫째, 안전 요원으로서의 임무이다. 객실 승무원은 항공기의 안전 운항을 위해 운항 중 승객 안전과 비상 탈출에 관한 임무를 수행하며 안전하고 쾌적한 비행 환경을 조성, 유지할 책임이 있다.

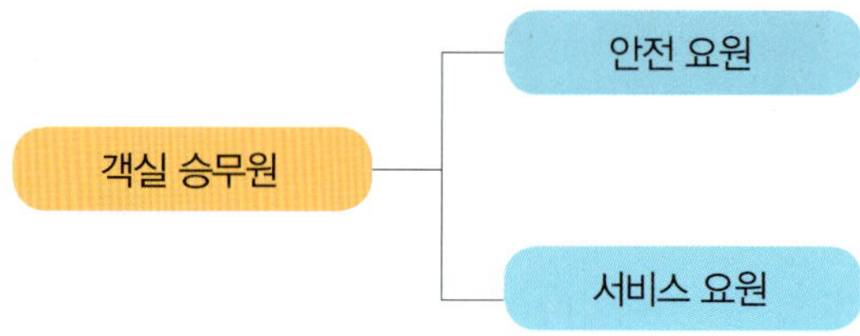


항공 객실 승무원의 임무 구성

둘째, 서비스 요원으로서의 임무이다. 투철한 서비스 마인드를 가지고 제반 규정과 서비스 절차에 입각하여 승객의 요구에 부응하는 최상의 서비스를 제공하도록 맡은바 최선을 다해야 한다.

직급에 관계없이 모든 객실 승무원이 수행해야 하는 일반적인 임무를 살펴보면 먼저 브리핑 참석 임무를 들 수 있다. 객실 승무원은 직접적인 비행에 임하기 전에 지정된 시간과 장소에서 실시되는 브리핑에 참석하여 해당 비행에 필요한 사항을 확인한다. 성공적인 비행을 위해 승무원 개개인의 사전 준비가 절대적으로 필요하다는 점에서 브리핑은 필수 불가결한 자리이다. 해당 브리핑에 필요한 비행 정보나 함께 탑승하는 승무원 명단, 담당 업무 등은 담당 승무원에 한해 비행 전 열람이 가능하다.

둘째로 서비스 용품 및 비상장비에 대한 점검 및 보고 임무가 있다. 항공기 내에는 여러 종류의 서비스 용품과 비상시 대처를 위한 비상장비와 의료장비가 비치되거나 탑재된다. 일단 항공기가 출발지를 떠나면 목적지 도착까지 외부로부터의 물품 전달이 불가하다. 이 같은 항공 운송업의 특성을 고려하여 이러한 용품과 일체의 장비는 승객 탑승 전에 상태 및 수량 점검이 확실하게 마무리되어야 하며, 부족한 비품이나 이상을 나타내는 장비는 늦어도 항공기 출발 전까지는 교체되고 충당되어야 한다. 담당 구역의 내용

Mehmet Ali Ozcan/Anadolu Agency via Getty Images

Mehmet Ali Ozcan/Anadolu Agency via Getty Images

점검 시 이상이 발견되면 즉시 보고 체계에 따라 보고가 이루어져야 한다.

객실 승무원의 셋째 임무는 기내 안전 및 보안사항에 대한 점검, 수행, 보고 임무이다. 항공기를 이용한 테러, 악천후에 의한 항공기 추락 같은 대형 사고 외에도 기내 화재, 기내 난동, 기내 감압 등과 같은 안전 관련 사고의 위험이 도처에 도사리고 있다. 이를 미연에 방지하고 사고 확률을 줄이기 위해서는 일상적인 비행 업무 시 안전 의식을 바탕으로 사전에 대비할 수 있어야 한다. 또한 점검 내용에 이상이 있거나 기내 사고 발생 시는 보고 체계에 따라 그 결과를 기장에게 보고할 의무를 지닌다. 기내 안전을 위해 객실 승무원이 수행하는 업무 중 승객에게 보이는 업무, 예를 들면 항공기 출발 직후 실시하게 되는 안전 모의실연과 항공기 이 · 착륙 전에 실시하는 안전 관련 지시(Safety Instruction)가 그것이다.

마지막으로 객실 서비스 임무를 들 수 있다. 각국 항공사마다 서비스 내용과 순서에는 약간의 차이가 있으나, 항공기 전체를 구역화하여 업무 배정을 맡은 승무원이 해당 구역에서 근무하도록 하는 서비스 담당제는 공통으로 취하고 있다. 이외에 항공기에 탑재되는 승객의 휴대 수하물을 확인하고, 운항 및 객실 승무원 탑승 명단, 화물 탑재 목록 등의 서류를 파악하며, 기내 방송을 해야 한다.

앞서 언급한 바와 같이 객실 승무원은 다양한 임무를 수행해야 한다. 이를 위해 IATA(International Air Transportation Association)에서는 안전

**안전 모의실연 (Safety Demonstration)**
객실 승무원이 항공기 이륙 전에 비행 안전 및 비상시에 대비하여 승객에게 비디오 화면이나 실연(實演)으로 보여 주는 안전 시범을 말한다. 그 내용은 금연, 좌석벨트 사용법, 비상 탈출구 위치, 구명조끼 위치 및 사용법, 산소마스크 위치 및 사용법 등으로 구성된다.

**기내 방송 (In-flight Announcements)**
기내에서 승객에게 비행 중 서비스에 관한 내용, 시설 이용 방법, 여행에 필요한 각종 정보를 안내하는 한편 비행 안전사항에 대해서는 승객을 효율적으로 통제함으로써 쾌적하고 안전한 여행을 보장하기 위해 실시하는 방송을 말한다.

**K 항공사의 기종별 객실 승무원 탑승 기준**

| Aircraft Type | Mode Version | HL Number | Seat Configuration | | | | Minimum Staffing | Int FLT Staffing | Dom FLT Staffing |
|---|---|---|---|---|---|---|---|---|---|
| | | | F | C | Y | TTL | | | |
| B747-400 | 744P | 7407/12/72/82/83/84/85/86/87/74 88/89/90/91/92/98 | 16 | 58 | 310 | 384 | 9 | 18 | 9 |
| | 744S | 7402/04/60/61/65/73/93/94/95 | 12 | 58 | 306 | 376 | 9 | 17 | 9 |
| | 744H-81 | 7481 | - | 48 | 370 | 418 | 10 | 16 | 10 |
| B747-300 | 743R | 7469 | - | 34 | 421 | 455 | 10 | 16 | 11 |
| B777-300 | 773P | 7532/30/31/74/75/98/7714/15 | 12 | 28 | 336 | 376 | 9 | 16 | 9 |
| B777-200 | 772P | 7526/30/31/74/75/98/7714/15 | 12 | 28 | 261 | 301 | 7 | 13 | 7 |
| A330-300 | 333P | 7524/25/40/53/54/84/85/86/87 | 12 | 28 | 256 | 296 | 6 | 13 | 6 |
| | 333P | 7550/51 | 12 | 28 | 256 | 296 | 6 | 13 | 6 |
| A330-200 | 332P | 7538/39/52 | 6 | 18 | 234 | 258 | 6 | 11 | 8 |
| A300-600 | AB6P | 7240/90/91/97 | - | 24 | 242 | 266 | 6 | 9 | 6 |
| | AB6Y | 7241/42/43/44/45/99 | - | 24 | 242 | 276 | 6 | 9 | 6 |
| | AB6Y | 7239/95 | - | 24 | 242 | 276 | 6 | 9 | 6 |
| B737-800 | 738A | 7555/56/57/58/59/63/64/67 | - | 8 | 156 | 164 | 4 | 7 | 4 |
| | 738B | 7560/61/62/65/66/68 | - | 8 | 141 | 149 | 4 | 7 | 4 |
| B737-900 | 739A | 7569/99/7704/05/06/07/08 | - | 8 | 180 | 188 | 4 | 7 | 4 |

대책상 승객의 인원수에 따라 최소한의 승무원 탑승 인원을 규정하고 있다. 이러한 편성은 비상 사태에 대비하여 객실 승무원 1인이 승객 몇 명을 책임지도록 설정하여, 만일의 비상사태 발생 시 승객들이 안전하고도 신속하게 탈출할 수 있도록 하기 위함이다. 이 같은 규정은 객실 승무원의 임무 중 승객 안전이 최우선 임무라는 것을 알게 해 주는 사항 중의 하나이다. 이에 각 항공사는 기종별로 최소 승무 탑승 인원의 수를 정해 놓고 있다.

**Insight Journey**

8. 에어서울이 기내 안전과 승무원들의 기내 서비스를 함께 강화하기 위해 제작한 신규 기내 안전 영상에 대해 알아보자. (도움말은 부록 참조)

# 3. 항공 객실 승무원의 직급 체계 및 직책별 임무

## 1) 객실 승무원의 직급 체계

항공사의 승무원들도 일반 직장인들과 마찬가지로 근무 연한, 업무 성적, 회사에 대한 기여도 등에 의해 승급을 하게 된다. 항공사마다 인사 제도가 상이하므로 직급 체계와 호칭도 다르다. 본서에서는 국내 K 항공사의 예를 들어 본다.

국내 항공사는 물론 각국의 항공사들은 자국 승무원뿐 아니라 노선 취항국의 현지 외국인 승무원을 채용하고 있다. 이는 취항 노선의 자국민이 아닌 승객을 배려하는 차원에서 객실 서비스의 충실화를 도모하기 위함이다. 자국 승무원과 현지 외국인 승무원은 직위나 직위별 체류 연한이 서로 다르고 비행 스케줄 편성을 비롯한 모든 행정적 지원 체계가 별도로 운영된다.

**K 항공사 객실 승무원의 직급 체계**

| 직급 | K 항공사 직급 | 근무 연한 |
|---|---|---|
| CP(Chief Purser) | 수석 사무장 | – |
| SP(Senior Purser) | 선임 사무장 | 3년 |
| PS(Purser) | 사무장 | 3년 |
| AP(Assistant Purser) | 부사무장 | 3년 |
| SD(Steward), SS(Stewardess) | 남 승무원, 여 승무원 | 3~5년 |
| | (인턴) 남 승무원, 여 승무원 | 2년 |

자국 승무원인 경우, 신입 사원으로 입사하여 입사 교육을 수료하고 신입 승무원 전문 교육 · 훈련과 수습 비행을 마치면, 인턴 승무원이 된다. 일정 기간 인턴 승무직을 수행하고 난 후에는 평가와 심사를 거쳐 정규직 승무원이 되고, 정규직 승무원 전환 후 일정 기간 동안 비행 근무를 하면 자격 심사를 거쳐 관리인 격인 부사무장으로 승격한다. 부사무장 승격 이후에는 순차적으로 사무장, 선임 사무장, 그리고 객실 승무원 직급 중 최고인 수석 사

무장이 될 수 있다. 각 직급으로의 승격을 위해서는 철저한 근태 관리 및 항공사에서 요구하는 각종 자격이 필수 요건이다.

앞서 언급한 바와 같이 직급 체계는 자국 승무원과 현지 외국인 승무원이 다르게 구성되며, 근무 특성을 살려 직급별 호칭은 별도로 정하는데 비행 근무 중에는 이 호칭을 사용하게 된다.

## 2) 객실 승무원의 승무 직책별 임무

객실 승무원은 개인의 근무 연한과 업무 능력에 맞는 개인별 직급을 지닌다. 하지만 이와는 별개로 해당 비행에 부여된 승무 직책을 소화해 내야 한다. 일반적으로 선임 사무장 이상의 직급과 남, 여 승무원 직급의 승무원은 비행 승무 시 주어지는 직책별 임무에 변동이 없다. 그러나 사무장과 부사무장 직급의 승무원은 국제선 비행 승무 시 승무 직책의 변동이 예상되므로 스케줄 조회 시 동승하는 승무원 명단을 확인하여 본인의 직급 순위를 살펴야 한다.

객실 승무원의 근무 시 승무 직책은 다음과 같다. 해당 비행편의 객실 서비스 업무를 총괄하는 객실 사무장, 객실 사무장의 업무를 보좌하는 객실 부사무장, 그리고 해당 업무 구역에서 서비스를 담당하는 다수의 일반 승무원이 있으며, 일반 승무원의 탑승 인원은 항공기의 기종과 시리즈에 따라 다르다. 객실 사무장의 업무량이 국제선에 비해 상대적으로 적은 국내선의 경우는 객실 사무장과 일반 승무원이 근무하게 된다.

### (1) 객실 사무장

객실 사무장(Duty Purser)은 해당 비행 구성팀의 책임자이자 관리자이다. 따라서 구성 승무원의 업무 성숙도를 파악하여 그 수준에 맞게 직무 편성을 하는 것은 물론, 나아가 구성원 개개인의 업무 성숙도를 향상시키기 위해 해당 비행편 승무원의 직무까지도 변경할 수 있다. 이를 위해서는 객관적으로 검증된 능력 외에 비행 경험에 따른 통찰력, 판단력, 순발력, 리더십 등이 갖춰져야 한다.

객실 사무장에게 주어진 관리자로서의 임무는 구성 승무원의 욕구를 파악하여 팀의 업무 만족도를 높이는 것이다. 일반적으로 구성원의 욕구는 개인에 따라 다양하기 때문에 그 성숙도나 취향에 맞는 관리가 이루어져야 하는데, 활력 있게 일할 수 있는 동기를 부여하는 환경 조성은 필수이다.

객실 업무의 지도 · 관리 책임을 맡는 해당 비행편의 책임자로서의 임무를 구체적으로 살펴보면 다음과 같다.

### 객실 브리핑을 주관하고 승무원의 업무를 배정한다.

객실 사무장은 비행 근무에 임하기 전에 객실 승무원이 갖는 객실 브리핑을 주관한다. 따라서 항상 항공 여객 운송 전반에 관한 정보와 현장에서 습득한 객실 서비스 관련 지식을 바탕으로 고객 지향적인 관점에서 서비스 방침을 정하고 이를 바탕으로 브리핑을 진행해 나간다.

**객실 브리핑(Cabin Briefing)**
객실 승무원이 비행 근무를 하기 전에 비행 근무에 필요한 사항을 점검하고, 회사로부터 해당 비행편에 필요한 지시를 전달받기 위해 가지는 간단한 모임을 말한다(합동 브리핑에는 운항 및 객실 승무원이 함께 참석한다).

승무원 업무는 승객 수, 비행시간, 객실 승무원의 자격과 경력 등을 고려하여 최고의 업무 효율이 가능하도록 배정한다. 그리고 차상위 업무의 수행 능력을 배양하기 위해 승무원 간에 적절한 업무 순환이 이루어지도록 한다. 회사 방침에 따라 탄력적으로 승무원 감축을 운영하는 비행편인 경우는 승객 분포, 승무 경력, 적정 서비스 수준을 고려하여 업무 배정을 실시한다.

항공사들은 승무원의 업무 능력을 객관화하기 위해 자격제를 실시하고 있다. 일등석이나 이등석 같은 상위클래스를 담당하는 승무원은 서양식 이론과 접객 매너 등 전문 교육을 이수해야 하고, 기내 방송을 담당하는 승무원 역시 방송 자격을 취득하여 일정 자격 이상이 되어야만 해당 업무를 수행할 수 있다.

### 비행 중 기내 설비 및 장비의 기능을 점검, 확인한다.

일반적으로 항공기 출발 전 지상에서 항공 정비사가 기내 설비와 장비에 대한 점검을 마치게 된다. 이는 객실 서비스뿐 아니라 안전과도 직결되는 사안인 만큼 철저하게 실시된다. 그럼에도 비행 중에 일어날 수 있는 이례적인 상황에 대비하기 위해 수시로 체크해야 하며, 객실에서 자체 해결 가능한 경우에는 필요한 조치를 할 수 있는 업무 능력도 배양해야 한다. 또한 기내 설비에 관한 문제 발생 시에는 CDLM에 반드시 기재하고 도착 후 항공 정비사에게 알리도록 한다.

**CDLM**
**(Cabin Discrepancy List & Memo)**
객실 내 설비에 대한 기록을 남기는 일지로 객실 사무장은 비행 중 문제가 발생한 곳의 위치와 그 내용을 간략히 기입한다. 항공기 도착 후 항공 정비사는 일반적인 점검에 앞서 CDLM을 확인한다.

### 효율적인 객실 서비스 진행을 위해 관리, 감독을 한다.

기내에서 이루어지는 물적 서비스로는 기내식과 음료 제공, 면세품 판매, 영화 상영 등 여러 가지가 있다. 정해진 비행시간에 다수의 승객에게 균등하게 서비스를 제공하는 것은 쉬운 일이 아니다. 이에 서비스 표준화를 실시하고자 항공사는 자사의 서비스 규정에 세부 지침을 마련하고 승무원들이 이에 따라 수행하도록 한다. 객실 사무장은 이를 바탕으로 객실 서비스의 흐름이 원활하게 진행되도록 구성원들을 지도하고 서비스 템포를 조절하며 승객의 서비스 만족도를 확인해야 한다.

**Ship Pouch**
항공기 출입항 관련 서류를 담는 가방으로 승객 명단, 화물 목록, 승객 입국 관련 서류 및 각종 서류가 담긴다.

© Lee & Myung/CENGAGE

### 항공기 출입국 서류 및 Ship Pouch를 관리한다.

국제성을 띤 항공 수송 산업의 특성상 항공기는 항공사의 자국과 취항국의 경계를 넘나들게 된다. 이때 자국은 물론 취항국에서 항공기 출입국에 대한 허가를 받게 된다. 이에 관련된 서류가 기내에 탑재되는데 객실 사무장은 관련 제반 서류를 작성하고 관리하여 목적지 도착 후 항공사의 지상 직원에게 인계하거나 취항국의 해당 공무원에게 직접 전달해야 한다.

### 적절한 기내 방송이 이루어지도록 관리, 감독을 한다.

항공기 출발과 도착에 관한 안내를 비롯하여 안전한 항공 여행과 쾌적한 객실 서비스에 관한 내용을 알리는 여러 종류의 기내 방송이 있다. 항공사 승무원은 기내 방송을 PA(Public Address)라 칭한다. 먼저, 객실 사무장은 기내 방송의 특성과 그 효과를 이해해야 한다. 다수의 승객에게 전달하는 정보인 만큼 정확한 내용 전달이 중요하다는 것을 인지하고 이를 위해 기내 방송에 관련된 전달 기기의 상태, 담당 승무원의 방송 능력 등을 파악해야 한다.

**보고(Report)**
객실 서비스 시 발생한 구두, 유선, 서면 등을 통해 소속 그룹에 보고하는 것을 말한다. Irregular 상황에 대한 보고는 적시에 효율적으로 이루어져야 한다. 그러나 Cabin Service의 개선과 같은 제안사항은 각 항공사의 보고서 형식에 맞게 작성해야 한다. 설사 자신의 의견이 반영되지 않는 경우가 있다 하더라도 객실 매니저로서 사명의식과 주인정신을 가지고 지속적으로 제안하는 것이 바람직하다.

### 현장에서 객실 승무원의 교육을 실시하고 현장의 문제점이나 서비스의 개선사항에 대해 회사에 보고(Report)한다.

환대 산업에서 서비스 현장의 소리에 귀를 기울이는 것은 매우 중요하다. 객실 사무장은 대고객 서비스를 하는 환대 산업의 Supervisor 역할을 한다고 할 수 있다. 비행 중 적절한 시점에 구성 승무원에 대한 현장 교육을 실시하고, 현장에서 발생하는 문제점을 파악하고, 서비스의 개선사항을 상부에 보고하며, 조직 구성원에게도 이를 권장하여 자사의 서비스 경쟁력을 키워 나가야 한다.

#### 해외 체재 시 승무원을 관리하고 해외 지사와의 업무 연계 체계를 유지한다.

객실 승무원은 국제선 승무 시 귀국편 비행까지 해외에 체류하게 된다. 이때 해당 비행편의 구성원에 대한 모든 책임은 객실 사무장에게 있다. 투숙 호텔에 도착하면 체재 시 객실 승무원이 준수해야 할 사항에 관한 간단한 브리핑을 실시하고 해외 지사와 정보 교류는 물론 업무 연계 체계를 유지한다.

#### 안전 비행을 위한 여러 가지 제반 조치를 취한다.

객실 사무장은 안전 비행을 위해 항공기 조종을 담당하는 운항 승무원과의 커뮤니케이션 체제에 유의해야 한다. 비행 전 운항 브리핑 시점에는 운항 승무원과 비행 전반에 관한 정보를 교류하고, 비행 중에는 수시로 안전 운항에 관한 정보를 듣고 기내 상황에 대해 통보해야 한다. 이외에도 객실 승무원의 업무 할당, 일반 객실 서비스 수행 등의 임무가 있다.

### (2) 객실 부사무장

객실 부사무장은 객실 사무장의 업무를 보좌하며 객실 사무장의 임무 수행이 불가능한 경우 위임받은 업무를 대행한다. 따라서 이러한 경우 객실 사무장의 임무를 수행할 수 있도록 항상 미리 준비하는 자세가 요구된다.

먼저 일반적인 임무를 알아보자. 객실 부사무장은 객실 브리핑 시 필요한 자료를 준비하고 항공기 및 객실 승무원의 입출국 절차 점검을 실시하며, 수습 승무원이 동승한 경우에는 이들에 대한 현장 훈련 지도 및 평가 임무도 갖는다. 항공기 출발과 목적지 도착 전 갤리에 탑재되는 면세품, 보세품 등의 모든 서비스 관련 용품의 탑재와 하기 상태를 확인하고 객실 사무장에게 보고한다.

객실 서비스에 관련된 객실 부사무장의 임무를 살펴보면, 우선 일반석 서비스 업무를 총괄한다. 실제로 객실 사무장은 상위클래스의 서비스 업무에 가담하여 해당 구역에 위치하므로 일반석 서비스에 관여하기는 역부족이다. 따라서 상위클래스와 일반석으로 나누어 각자 분담하여 서비스 총괄 업무를 수행한다. 그러나 객실 업무에 관련된 총책임은 객실 사무장에게 있다.

### (3) 일반 승무원

일반적으로 모든 항공사는 객실을 전방에서 후방으로 A, B, C, D 순으로 구역을 나누고 이를 Service Zone이라 말하며 승무원의 업무 효율을 위해 각각의 일반 승무원에게 Service Duty를 부여한다.

**Duty Code**
객실 승무원은 서비스 구역별로 코드화된 해당 비행편의 업무를 배정받게 된다. 이 코드는 서비스 담당 구역뿐만 아니라 업무 배정에 따른 책임까지 포함한다.

객실 승무원은 각자에게 배정된 Duty Code에 맞는 객실 서비스 업무를 담당하며 비행 안전 업무를 수행할 임무를 지닌다. 항공사는 승무원의 포지션에 따른 각각의 업무 내용을 객실 승무원 업무 규정집에 상세하게 기록하고 있다. 일반 승무원의 업무 포지션은 비행마다 변하므로 비행에 임하기 전에 해당 포지션의 업무 내용을 반드시 확인하고 파악해야 한다.

이들의 임무는 행하는 시점을 기준으로 할 때 모든 승무원이 같은 시점에 동시에 행해야 하는 업무와 그렇지 않은 업무가 있다. 전자는 주로 비행 안전에 관한 점검이나 보고 시 행해진다. 항공기 탑승 직후 해당 승무원 좌석 주변의 비상장비와 안전장비 점검, 항공기 탑승구 개폐 시 행하는 슬라이드 모드 변경 및 안전 점검이 그것이다. 이외에 대부분의 업무는 서비스 순서에 따라 적당한 템포로 지정된 업무를 하면 된다.

**Irregular**
일반적으로 발생하지 않는 비정상 상황을 의미한다.

비행 중 Irregular 상황 발생 시, 사무장에게 보고해야 하며 담당 구역에서 근무하는 승무원 중에 수습 승무원이 있을 경우 이들을 지도하는 임무도 행한다. 일반 승무원의 구체적인 임무를 국제선 일반석에 배정된 주니어 승무원의 예를 들어 살펴보고자 한다. 수행 업무의 내용이 많은 관계로 서비스 시점에 따라 분류하여 도표로 정리해 본다.

### (4) 수습 승무원(OJT)

**OJT(On the Job Training)**
객실 승무원은 신입 훈련과정을 마치고 3~4개월 정도 수습기간을 갖는다. 이 기간을 거쳐야만 정식 승무원이 될 수 있다.

객실 승무원에게 요구되는 임무는 신규 채용된 신입 승무원이 항공사에서 실시하는 신입 교육이나 연수, 훈련에서 충분히 소화하고 익히기에는 무리

**K 항공사 국제선 Economy Class Junior의 업무 내용**

| 항공기 탑승 전 | 승객 탑승 전 | 승객 탑승 시~이륙 전 |
|---|---|---|
| 필수 휴대품 확인<br>• 여권(비자)<br>• I.D Card<br>• 승무원 등록증<br>• Memo Pad<br>• 객실 승무원 업무 교본<br>• 방송문(자격자)<br>업무/공지사항 확인<br>비행 정보 확인<br>• 브리핑 시트(BRFG Sheet) 정보 숙지<br>• 도착지 정보 숙지<br>• 기타 관련 사항<br>비행 준비 서류 확인<br>• Liquor Inventory List<br>• Dry Item Inventory List<br>객실 브리핑 참석 | 개인 짐 정리<br>운항 브리핑 참석<br>비상/보안장비 점검<br>기내 청소 상태 점검<br>• Seat<br>• Aisle<br>• Seat Pocket<br>• Overhead Bin<br>• Coatroom<br>• Lavatory<br>탑재 확인 및 준비<br>• 기내 식음료 및 서비스 용품<br>• 여행 편의용품<br>• 화장실 용품<br>갤리 정리정돈<br>통로 정리정돈<br>Senior 업무 지원 | 담당 Zone에서 대기(Stand-by)<br>• Welcome 인사<br>• 좌석 안내<br>휴대 수하물 정리<br>승객 관리(Pax Handling)<br>비상구 좌석 승객 응대<br>안전 점검(Safety CHK)<br>• 승객 휴대 수하물 정위치 여부<br>• Overhead Bin 닫힘 상태<br>• SVG Cart 정위치 보관 상태<br>• 승객 착석 및 좌석벨트 착용 상태<br>• Seat Back/Tray Table/개인용 모니터의 원위치 상태<br>• 화장실/코트룸 닫힘 상태<br>• Door Slide Mode 변경<br>Welcome 인사<br>Demo 시 Stand-by<br>안전 업무 수행<br>• 객실 및 갤리 내 유동물 고정 등<br>Ready Position 및 30 SEC Review |

| 비행 중 | 착륙 준비 | 착륙 후 |
|---|---|---|
| 갤리 브리핑<br>식전음료서비스<br>기내식, 음료 서비스<br>기내식 회수 및 객실 정리<br>화장실 점검<br>• 화장실 용품/비품 리필<br>• 최소 30MIN 간격 점검<br>기내 판매 시 승객 응대<br>입국서류 배포 및 협조<br>간식 제공<br>특수 승객 응대<br>비동반 소아 승객 돌봄<br>갤리 내 Self Bar 정돈<br>객실 순회 | 서류 작성 재확인<br>• 승객 입국 서류<br>• LIQ Inventory List 작성 및 제출<br>• Dry Item Inventory List 작성 및 제출<br>회수 용품 회수 및 보관<br>보관품 반환<br>객실(Cabin) 정리 정돈<br>• Door Side Clear<br>특수 승객 응대<br>안전 업무 수행 및 착륙 준비<br>• Approaching Signal 후<br>승객 휴대 수하물 보관 상태 점검 | Safety CHK(Slide Mode 변경)<br>Farewell 인사<br>특수승객 하기 협조<br>화장실 용품 회수<br>유실물 확인<br>• 좌석<br>• 통로<br>• 선반<br>• 화장실, 코트룸<br>디브리핑 참석<br>• 특이사항 객실 사무장에게 보고 |

가 따른다. 앞서 언급했듯이 객실 승무직은 대고객 서비스를 수행하는 철저한 현장직이므로 일정 기간 실제 비행 근무를 하면서 그들의 임무를 익히는 과정이 필수적으로 요구된다고 할 수 있다. 이에 항공사들은 신입 훈련을 마친 신입 승무원을 일정 기간 동안 수습 승무원으로 비행에 투입하여 현장에서 선배 승무원으로부터 서비스 태도나 업무에 관련된 지식을 지도받고 서비스에 적합한 용모와 복장을 갖추었는지 등에 대해 매 비행 시 평가를 받도록 한다.

수습 승무원은 특정 구역에 업무 배정을 받지 않고 현장에서 근무하는 경우와 일반 승무원과 동일하게 업무 배정을 받고 비행에 임하는 경우가 있다. 항공사마다 수습 기간이나 근무 형태는 다르지만 일반적으로 일정 기간 동안 일반 승무원의 협조자 및 관찰자 역할을 하며 일을 익힌 후 업무 배정을 받아 해당 구역을 담당하고 책임지는 형태를 취한다.

항공사들은 이들에게 일반 승무원과 동일한 업무를 수행하며 승무원으로서의 자질과 기술을 배우게 하고 수습 기간 중의 교육 · 훈련에 대한 보고서를 작성하여 제출하게 한다.

**RS(Regional Stewardess)**
각 항공사가 취항지의 현지 인력을 자사의 객실 승무원으로 고용하는 것을 말한다.

### (5) 외국인 현지 여 승무원(RS)

일반 승무원과 마찬가지로 비행 근무 시 할당된 객실 서비스 업무를 담당하며, 추가로 현지 외국인 승객을 위한 기내 통역을 담당한다. 그리고 비행 중 실시되는 기내 안내 방송을 해당 현지어로 실시한다. 기내 면세품 판매 업무는 이들에게 배정되지 않는다. 우리나라에 취항하는 항공사의 현지 여 승무원으로 입사하게 되면, KLM 네덜란드 항공(Royal Dutch Airlines)과 같

**신입 승무원의 첫 비행 이야기**

잠을 설치며 생각보다 떨렸던 첫 비행. 승객에게 실수하지 않아야겠다는 다짐으로 비행에 임했습니다. 힘들수록 티 내지 않고 더 많이 웃으려고 노력했습니다. 아직은 미숙하지만 앞으로 더 열심히 하면 나중에는 저도 신입 후배 승무원에게 도움을 줄 수 있는 선배가 되어 있을 것이라 생각합니다. 10년 뒤 오늘을 떠올려 보았을 때 꿈을 이룬 행복하고 멋진 날이라고 기억할 것입니다. 승객의 안전을 책임지기 위해 열심히 훈련받고 노력했던 저는 객실 승무원으로서 특별하고 안전한 비행을 위해 나아갈 것입니다.

⊙ 해당 내용은 신입 객실 승무원에 대한 영상을 재가공한 것임.

이 서울에 주로 머물면서 서울과 네덜란드 구간에서만 근무하는 경우와 캐세이 퍼시픽과 같이 본국(Hong Kong)에 체류하면서 모든 비행 노선에 투입되고 본국 여 승무원과 동일한 업무를 수행하는 경우가 있다.

### 3) 승무원의 지휘 체계

여객기의 승무원은 운항 승무원과 객실 승무원으로 크게 나뉜다. 그중 운항 승무원은 조종실에서 비행기를 조종하며 기기를 조작하므로 Cockpit Crew 혹은 Flight Crew라고 하고, 객실 승무원은 객실에서 승객에 관한 일체의 서비스를 담당하므로 Cabin Crew라고 하는 것이다.

이들은 담당 업무가 구분되지만 안전하고 쾌적한 비행을 위해 운항 중 수시로 비행편에 관한 정보를 공유하고 비상시에는 지휘 체계에 따라 신속하게 조처 방안을 강구하고 이를 실행에 옮겨야 한다. 이를 위해 객실 승무원은 운항 승무원의 업무도 기본적으로 이해해야 한다.

우선 운항 승무원에는 기장, 부기장, 항법사 등이 있으며 한 대의 항공기에서 운항 승무원은 일반적으로 기장, 부기장, 항공 기관사의 3인으로 구성된다. 하지만 최근 제작되고 있는 신기종에서는 조종실 내부의 장비 대부분이 컴퓨터화되어 비행 중 항공 기관사가 해야 할 역할을 모두 해내므로, 기장과 부기장만으로 구성된 Two Pilot System으로 주로 운영되고 있다. 또한 비행시간이 긴 노선에서는 중간 교대가 가능하도록 두 개의 팀이 한 비행편에서 근무한다.

기장은 조종사로서 조종간을 잡고 비행기를 조종하는 한편 기내의 최고 책임자이기도 하다. 따라서 객실 승무원을 포함한 전 승무원에 대한 지휘와 감독의 권한을 부여받는다. 또한 출발에 앞서 비행 계획을 결정하고 비상사태 시에는 조종 및 그 지시에 대해 지휘, 감독한다.

기장은 항공법에 정해진 정기 운송용 조종사 자격과 민간 외교관으로서의 인격과 교양, 상식을 겸비해야 하며, 기내에서 범죄가 벌어지지 않도록 사법권에 준하는 권력을 행사할 수도 있다.

First Officer라고도 하는 부조종사는 기장을 보좌하여 비행기의 조종에 임하며 그와 동시에 지상 관제 시설과의 무선 연락에 의한 항공기의 안전

운항도 책임진다.

항공 기관사는 비행 중 엔진을 비롯하여 항공기 관련 각 시스템 기기의 정상적인 작동의 유지, 적절한 연료 사용에 의한 운항의 유지 등을 주된 임무로 하며, 출발 전 제반 기기의 점검, 연료의 탑재 · 관리 등을 맡는다. 이전에는 항공 기관사의 임무가 지상 정비의 연장이라고 간주하여 고도의 기술과 지식 및 경험을 필요로 했다. 하지만 항공기의 기종 추세가 제트기로 변하면서 엔진을 비롯한 각종 기기의 조작이 용이해지고 지상의 지원 시스템이 완벽해진 것 등의 이유로 주된 임무가 정비에서 운항의 안전을 담당하는 방향으로 변화했고 부조종사나 기장으로 승급하기 위한 과정으로 인식되고 있다.

해당 비행편의 총 지휘 체계는 다음 그림과 같이 기장, 객실 사무장(객실 팀장), 객실 부사무장(객실부 팀장), 일반 승무원 순이다. 일반적으로 항공기 운항 및 안전 운항에 대한 책임은 기장에게 있으며, 객실 서비스, 면세품 판매 등 항공기 운항과 무관한 사항에 대한 책임은 사무장(객실 팀장)에게 있다.

객실 승무원에 대한 지휘 책임은 운항 브리핑에 참석한 시점부터 항공기 하기 후 해산하는 시점까지는 기장에게 있고, 해외 체재 시에는 객실 사무

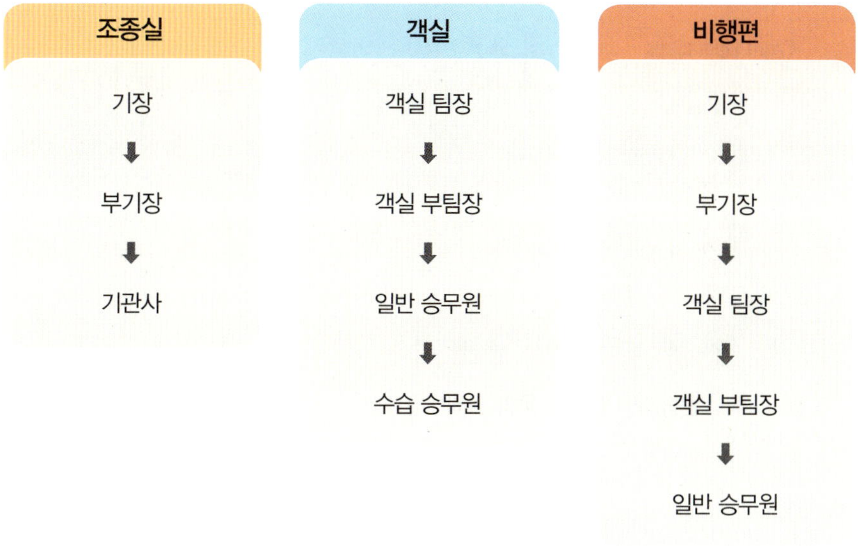


운항 승무원과 객실 승무원의 지휘 체계

장(객실 팀장)에게 있다. 객실 승무원은 해외 체재 시 모든 상황을 처리할 때 반드시 정해진 지휘 체계에 따라야 한다. 업무 수행 시 발생하는 모든 일에 대해 Irregular 지휘 계통의 정당한 명령을 따르지 않거나 지시사항을 이유 없이 지키지 않은 객실 승무원의 행동은 징계 사유가 된다.

## 4. 항공 객실 승무원의 소속 조직

항공사는 기업의 전략 기획, 재정 관리, 인사, 자산 총괄 기획을 담당하는 일반 부서와 운항, 정비, 영업, 고객 서비스를 담당하는 현장 부서로 운영된다. 항공사의 일반적인 운영 조직은 다음 그림과 같으며, 이 그림을 보고 객실 승무원의 조직 내 포지션을 확인한다.

객실 승무원의 조직은 항공사마다 그 명칭과 형태가 약간 다르지만 고객 서비스를 담당하는 부서의 객실 승무 혹은 객실 승원본부에 속하는 것은 대체로 같다.

객실 승무원들은 크게 보아 객실 승무본부에, 한 단위 아래로는 객실 승원부에 소속되며 승무원들의 근무조를 팀(Team), 그리고 그보다 큰 단위인

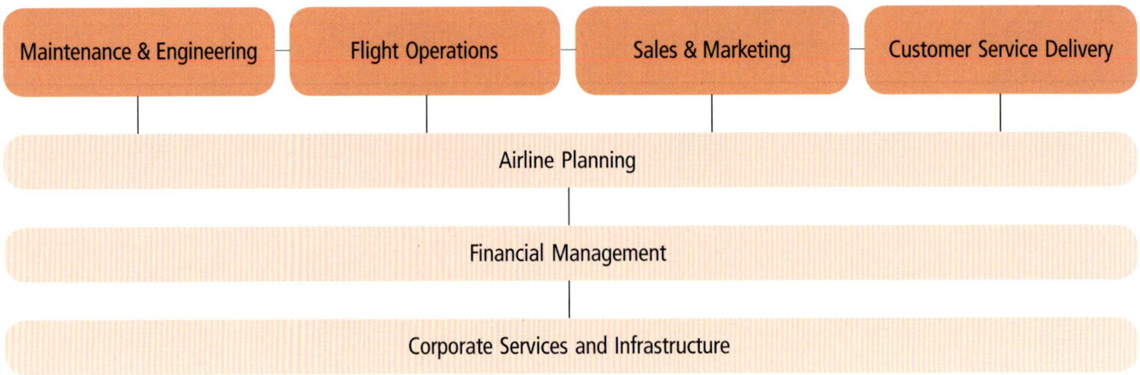


**전형적인 항공사 운영 조직**

그룹(Group)으로 구성하여 체계적으로 운영 · 관리하고 있다.

본서에서는 국내 K 항공사 객실 승무본부의 조직을 소개한다. K 항공사는 객실 승무본부 아래에 객실 승원부와 객실 승무기획부, 객실 훈련원이 있다. 각 부서의 항공사 내 역할을 알아본다.

## 1) 객실 승원부

객실 승원부서는 현장 객실 서비스를 담당하는 객실 승무원이 한 사람도 빠짐없이 전원 소속되는 부서이다. 상부기관으로 국제, 국내 승원팀을 총괄, 운영하는 승원 운영그룹이 있고 그 아래에 국제 승원팀과 국내 승원팀이 있다.

국제 승원팀은 각 국제그룹으로 나뉘며, 현지 승무원팀도 이에 속한다. 그룹의 개수는 항공사의 규모 및 팀 운영 방식에 따라 상이하다. 국내 승원팀은 항공사별 운영 전략에 따라 지역별로 거점이 상이하다.

객실 승무원의 효율적 관리를 위해 각 항공사는 팀제 운영 방식을 채택하고 있으며, 회사의 업무 지시, 객실 승무원의 근태 및 인사 관리, 회사와 객실 승무원 간의 상호 연계를 위해 팀 관리자를 두고 있다. 전체 팀 수는 영업 기획과 팀 기준 비행시간에 따라 전체 가용 승무원 범위 내에서 탄력적으로 조정하며, 팀 편성 시에는 전 객실 승무원을 팀에 배속시키는 것을 원칙으로 한다.

**팀 관리자(Team Coordinator)**
객실 승무원은 일정한 장소에서 정규 시간 동안 일하는 형태가 아니라 특이한 근무 형태를 취한다. 이러한 객실 승무원을 구성원으로 둔 객실 승원부에서는 부서 내의 운영 효율을 도모하기 위해 각 팀에 Team Coordinator를 두고 있다. 이들은 팀에 배속된 객실 승무원들을 관리하며 승무원 상호간의 분쟁 조정 및 업무 이해를 돕고 회사와 승무원 간의 연결책이 되는 임무를 지닌다.

우선 상위클래스 서비스, 기내 안전 및 보안 업무, 기내 방송을 수행할 수 있는 적정 자격 인원을 고려하여 팀의 효율과 융화를 극대화할 수 있는 구성원으로 편성한다. 팀 교체는 1년을 주기로 전원 교체함을 원칙으로 하지만 승격, 장기 병가, 징계, 퇴직, 사직, 신입 승무원 신규 배속, 팀 관리자 임명과 해체에 따른 조정과 후속 조치 등의 경우에는 팀원을 일부 교체하기도 한다.

## 2) 객실 승무기획부

객실 승무기획부는 객실 승무원의 일반적인 승무를 총괄적으로 기획하는 부서로 객실 승무지원팀, 객실 서비스 계획팀, 객실 안전표준팀으로 구성된다.

객실 승무지원팀에서는 비행 편조 계획을 수립하고 객실 승무원 개개인의 월별 비행 스케줄을 작성, 배포 및 사후 관리를 하며 비행시간, 휴가, 여권, 비자 관련 업무 등 객실 승무원의 승무를 지원하는 다양한 업무를 담당한다. 객실 서비스 계획팀은 객실 서비스 계획 수립은 물론 고객의 제언이나 승무원의 현장 아이디어를 적용한 서비스의 개선, 서비스 규정집 발간

**K 항공사 객실 승무기획부의 팀 구성과 업무 분장**

| 객실 승무기획부 | | |
|---|---|---|
| 객실 서비스 계획팀 | 객실 승무지원팀 | 객실 안전표준팀 |
| • 객실 서비스 및 기내 판매 계획, 개발 업무<br>• 기내 설비, 영화 및 일반 관리, 전산 개발<br>• 기내 용품, 식자재, 기판품 구매 운영 | • 객실 승무원 업무 계획<br>• 인력 운영 계획, 승무 기준 및 서비스 기준 수립<br>• 객실 승무원 급여, 자격 및 근태 관리<br>• 각종 지급품, 제 증명 출입증 관련 업무<br>• 편조 계획 수립<br>• 객실 승무원 월별 스케줄 배포 및 사후 관리<br>• 비행 실적 분석 및 제반 통계 업무<br>• 편조 스케줄에 따른 승무원 수급 계획 수립 | • 안전 운항 관련 자료 배포<br>• 안전 관련 규정집 발간<br>• 안전 관련 제반 통계 업무<br>• 기내 안전 관련 보고(Report) 관리 |

등을 주 업무로 한다. 객실 안전표준팀은 비행 안전과 보안 관련 업무를 담당하며 승무원들에게 관련 정보를 제공함은 물론 항공계의 국제 안전 표준 기준을 모니터링하여 반영한다.

### 3) 객실 훈련원

객실 훈련원(Training Center)에서는 객실 서비스 현장 경험이 있는 유능한 강사들이 훈련의 필요성을 결정하여 총괄적인 교육 계획 및 현장 집행기관이 실행할 수 있는 훈련 계획을 개발하고, 이를 기준으로 훈련에 필요한 자료, 개요, 교과목, 교재 및 시청각 교재 등을 준비하고 취합하여 훈련 대상자에게 과정별 교육을 실시한다. 교육 후에는 훈련 결과의 성과와 효율을 평가하여 다음 과정에 반영한다.

객실 훈련원은 서비스 훈련그룹과 안전 훈련그룹으로 구성된다. 서비스 훈련그룹은 신입 교육, 일반 승무원의 방송이나 상위클래스 승급을 위한 보

© Myung Hye Ree

서울 김포공항 격납고

K 항공사 객실 훈련원의 그룹 구성과 교육과정

| 객실 훈련원 | |
|---|---|
| 안전 훈련그룹 | 서비스 훈련그룹 |
| • 일반 안전 교육<br>• 항공 보안 교육<br>• 응급처치법<br>• 비상 안전 교육 | • 방송 교육<br>• 외국어 교육<br>• 신입 사원 교육<br>• 업무 향상 교육<br>• 상위클래스 교육<br>• 강사 양성 교육 |

수 교육 등 여러 과정을 개설하며, 입과 통보를 받은 승무원은 반드시 이 교육을 이수해야 한다. 안전 훈련그룹에서는 안전 정례 훈련 과정을 담당한다. 객실 승무원은 연간 1회 반드시 본 과정을 이수하도록 되어 있다.

# SUMMARY

- 항공사의 승무원은 크게 운항 승무원과 객실 승무원으로 나눌 수 있다.

- 객실 승무원은 객실 업무 수행을 위해 신입 전문 훈련 및 직급과 경력에 따라 필요한 소정의 교육 과정을 이수하고 심사에 합격해야 하며 외국어 능력 및 서비스 전문 지식과 해당 자격증을 갖추어야 한다.

- 비행 중 객실 승무원이 수행하는 임무로는 안전 요원으로서의 임무, 서비스 요원으로서의 임무, 기내 안전 및 보안사항에 대한 점검, 수행, 보고 임무, 객실 서비스 임무가 있다.

- 객실 승무원은 개인의 근무 연한과 업무 능력에 맞는 개인별 직급을 지닌다.

- 항공기 운항 및 안전 운항에 대한 책임은 기장에게 있으며, 객실 서비스, 면세품 판매 등 항공기 운항과 무관한 사항에 대한 책임은 사무장(객실 팀장)에게 있다.

- 항공사는 기업의 전략 기획, 재정 관리, 인사, 자산 총괄 기획을 담당하는 일반 부서와 운항, 정비, 영업, 고객 서비스를 담당하는 현장 부서로 운영된다.

# WORK SHEET

## SELF STUDY

1 객실 승무원의 기본 자질 중에서 자신이 가장 자신 있는 것과 노력할 것이 무엇인지 생각해 보고 향상시키기 위한 실천 방법을 써 봅니다.

2 항공 객실 승무원의 임무 두 가지를 나열하고 그중 일반적인 임무를 정리해 봅니다.

3 객실 승무원의 직급별 임무 중에서 일반 승무원의 임무를 정리해 봅니다.

## SELF FEEDBACK

이번 장을 통해 새롭게 알게 된 부분을 써 볼까요?

## GROUP ACTIVITY

그룹으로 나누어 객실 승무원의 자질과 관련되어 이슈가 된 내용이 있는지 알아보고, 그 원인과 해결 방안을 모색해 봅니다.

CHAPTER

# 8 항공 객실 승무원의 근무 규정

객실 승무원의 근무 특성으로는 업무가 배포되는 스케줄에 따르며 주 근무처가 변동되고 해외 체류가 잦다는 점 등을 들 수 있다. 항공사에서는 이와 같은 근무 특성을 바탕으로 객실 승무원이 준수해야 하는 규정을 정하고 실천하도록 권고하고 있다.

근무 형태는 승무, 편승, 대기 근무로 구분할 수 있으며 근무시간은 월간, 연간 제한시간을 두고 배정한다. 근무 변경의 경우 회사에서 정한 기한 내에 신청하여 이루어지며 휴식시간은 비행 근무시간에 따라 산정된다.

8장에서는 객실 승무직의 직무 특성을 이해하고 할당되는 스케줄 내용을 파악한다. 국가별 도시와 공항 코드를 알아보고 시차에 대해 살펴본다. 항공 객실 승무원으로서 준수해야 하는 사항에 대해 용모 및 제복 관련, 승무 시, 편승 시, 해외 체재 시 준수사항으로 구분하여 알아본다.

**학습목표**

1. 항공 객실 승무직의 직무 특성 및 업무 형태 이해
2. 비행 스케줄 내용 이해
3. 국가별 도시와 공항 코드 이해
4. 승무원 근무 준수사항 이해

## 1. 항공 객실 승무직의 특성

항공 여행을 원하는 고객이 자신의 여행 조건에 적합한 항공사를 선택하고 항공사가 책정한 요금을 지불하는 동시에 승객과 항공사 간에 운송 계약이 이루어진다. 객실 승무원의 주된 근무 내용이라 할 수 있는 항공 객실 서비스란 항공사가 고객과의 운송 계약을 이행하기 위해 여객 운송에 필요한 장비, 즉 항공기를 이용하여 고객이 원하는 최종 목적지까지 운송하는 영업 행위의 일부이다. 항공사 서비스는 안전성, 정시성, 안락성, 고속성, 편리성, 수요 충족의 총 여섯 가지로 집약될 수 있으며, 그중 객실 서비스가 맡고 있는 역할은 주로 안전성, 안락성과 관련된다고 할 수 있다.

객실 승무원의 근무는 타 직종과 다른 몇 가지의 특성을 지닌다. 첫째, 먼저 개개인의 근무 할당이 월간 배포되는 스케줄에 따른다. 일반직 직원의 정시 출퇴근과는 달리 변형된 Shift 근무가 일상적이다. 불규칙적인 근무시간으로 인해 근무 후의 휴식시간까지도 불규칙적으로 갖게 된다.

둘째는 주 근무처의 변동성이다. 객실 승무원의 주 근무처는 항공기의 객실이라 할 수 있다. 항공기는 항공사의 기종 배치 현황과 해당 일의 기종 스케줄에 따라 변동되고 객실 승무원은 자사의 보유 항공기를 근무 당일에 배치받게 된다.

셋째 특성으로는 잦은 해외 체류를 들 수 있다. 승무 비행 후 다음 비행에 임하기 전까지 해외에서 체류를 하게 되는데 국제선 비행을 전담하는 객실 승무원의 경우 이러한 단기성 해외 체류가 매우 많다.

이러한 객실 승무원의 근무 특성을 바탕으로 각 항공사는 객실 승무원이 근무 시 지켜야 할 규정을 정해 두고 이를 실천하도록 권고하고 있다. 본서에서는 국내 K 항공사의 근무 규정을 살펴본다.

## 2. 항공 객실 승무원의 근무 형태

객실 승무원의 근무는 일반직의 근무와 상이한 점이 많고 근무 형태도 다양하다. 항공사 직원으로서 종사하는 모든 업무가 객실 승무원의 근무이며,

Denis Kabelev/Shutterstock.com

photosounds/Shutterstock.com

이 근무는 업무 형태에 따라 객실 승무원의 주 업무라 생각되는 항공기 탑승 승무, 일반 지상 근무, 대기 근무로 구분하며, 브리핑과 교육 · 훈련도 승무에 포함한다.

항공기 탑승 승무의 하나인 비행 근무는 객실 승무원이 비행 임무를 위해 회사가 정한 장소에 출근한 시각부터 해당 비행 임무가 종료된 시각까지의 모든 업무를 말한다. 비행 근무 산정 기준은 해당 편 브리핑 시작 시각부터 도착지 공항 Ramp In 후 30분까지로 한다. 공항 대기시간, 기내 휴게시간은 비행 근무시간에 포함하나 호텔에서의 휴식시간은 제외한다. 그리고 최종 목적지 공항 도착 시 근무 형태가 Ferry Flight 또는 편승일 경우 도착 후 30분의 시간은 산정 기준에서 제외한다.

**Ferry Flight**
유상물을 탑재하지 않고 실시하는 비행을 말하며 항공기 도입, 정비, 편도, 전세 운항 등이 이에 속한다.

## 1) 승무

항공기 탑승 승무(on-duty Flight)는 객실 승무원이 부여된 임무를 갖고 항공기에 탑승하여 일반적인 객실 서비스 업무를 수행하는 것을 말한다. 승무의 개인별 스케줄은 월 단위로 배포되며 객실 승무원은 이 개인 스케줄에 따라 승무를 하게 된다.

근무시간은 최초 항공기가 이륙하기 위해 움직이기 시작한 시각부터 비행 완료 후 정지한 시각까지의 총시간으로 하며 승무가 양 월에 걸친 경우에는 해당 편 출발 공항의 현지 일자를 기준으로 산정한다.

객실 승무원은 업무 절차 및 제반 지침에 의거하여 승무에 임하게 된다. 이에 관한 내용은 본서의 Part 3에서 구체적으로 살펴본다.

## 2) 편승

편승(Extra Flight)이란 승무원이 다음 승무를 위해 또는 승무를 마치고 돌아가기 위해 할당된 업무 없이 공항과 공항 간을 자사 또는 타 항공사에 탑승하여 이동하는 것을 말한다. off-duty Flight라고도 하며, Ferry Flight를 포함한다.

시간 산정은 편승시간 산정 기준에 의하며 일반적으로 항공기 탑승 전까지 편승 승무원은 on-duty 승무원과 동일한 근무 절차를 밟아야 한다. 비행기 탑승 후에는 on-duty 승무원과의 구별을 위해 제복이 아닌 사복을 착용해야 한다. 편승 승무원의 근무에 대해 살펴보자.

편승 승무원은 편승 근무를 위해 해당 편 on-duty 승무원과 동일한 요령으로 Show-up해야 한다. 사무장이 포함된 편승팀은 객실 브리핑을 사무장이 주관하고, 그렇지 않은 경우에는 해당 편의 사무장이 주관하는 객실 브리핑에 참석한다. 운항 브리핑은 사무장이 포함된 편승팀인 경우에는 부사무장이 운항 승무원과의 운항 브리핑에 대표로 참석한 후 브리핑의 중요사항을 전 편승 승무원에게 전달하고, 그렇지 않은 경우에는 편승팀 전 승무원이 운항 브리핑에 참석한다.

편승 승무원에 대한 지휘 책임은 편승팀의 사무장(선임 승무원)에게 있으며 비상시에는 해당 편 기장의 지휘를 받는다. 일반적으로 출국 시에는 해당 편 승무원에 이어 출국 수속을 받으며 항공기 탑승은 승객 탑승 전에 완료해야 한다. 그리고 목적지 도착 후 해당 편 승무원보다 먼저 하기하여 취항국의 입국 절차를 받는다.

편승시간은 편승한 비행편의 승무시간으로 산정하며 월간, 연간 승무 제한시간에 가산하지 않는다. 그리고 모기지 귀환 시나 업무상 필요 시를 제외하고는 연속해서 16시간을 넘지 않는다.

### 3) 대기 근무

**부정기 항공편(Charter Flight)**
공표된 스케줄에 따라 특정 구간을 정기적으로 운항하는 정기편 항공 운송과 달리 운항 구간, 운항 시기, 운항 스케줄 등이 부정기적인 항공 운송 형태이다.

대기 근무(Stand-by)는 정기, 부정기 항공편에 갑작스러운 결원이 생기거나 스케줄, 기종 변경 등의 이유로 객실 승무원 충원이 필요할 때, 승무 인력을 즉시 공급하기 위해 실시한다. 대기 근무를 하는 객실 승무원은 회사가 지정하는 시간에 지정된 장소에서 대기해야 한다. 국내 항공사들은 이러한 대기 근무 형태를 실시하지만, 몇몇 외국 항공사는 Crew Building 안이나 Crew Building 근거리에 객실 승무원 사택을 두고 있어 승무원이 공항에서 대기하는 근무 형태는 찾아볼 수 없다.

대기 근무에는 공항 내 지정된 장소에서 대기하는 공항 대기와 거주지에서 대기하는 자택 대기가 있다. 대기 근무의 형태와 근무 수칙은 다음과 같다.

#### (1) 공항 대기

**Show-up 대장**
공항 대기시간별로 구분해 기재한 대기자 명단으로 확인 후 본인 이름에 서명한다.

먼저 공항 대기 승무원은 완전한 승무 복장을 갖추고 어떠한 승무(특히 장거리 비행)에도 임할 수 있는 태세가 완비되어 있어야 하며, 회사의 허가 없이 지정된 근무 장소를 이탈해서는 안 된다. 공항 대기 근무는 대기 A, B, C조로 구분하여 Shift제로 실시되며, 근무시간은 다음과 같이 규정되어 있다. 출퇴근 시 대기 승무원은 Show-up 대장에 서명해야 한다.

**K 항공사 공항 대기 근무의 기본**

| 구분 | 대기조 | 근무시간 |
|---|---|---|
| 국내선 공항 대기 | 대기 A조 (SA)<br>대기 B조 (SB)<br>대기 C조 (SC) | 06:00~11:00<br>11:00~16:00<br>16:00~국내선 최종편 STD* |
| 국제선 공항 대기 | 대기 A조 (IA)<br>대기 B조 (IB)<br>대기 C조 (IC) | 07:00~10:00<br>10:00~15:00<br>15:00~20:00 |

* STD는 출발 예정 시간(Schedule Time Departure)의 줄임말이다.

### (2) 자택 대기

#### RF(Ready Flight)

비행 당일 정비, 기상 이변(Irregular) 등으로 Duty Hour 제한을 초과하거나 과도한 근무가 발생하거나 또는 공항 대기 인원이 부족할 경우 승무원을 교체하여 객실 승무원의 휴식 보장과 객실 서비스 향상을 도모하는 데 그 목적이 있다. 따라서 RF 대기 승무원은 당일 장거리 비행 준비를 하고 정해진 시간(RF 시간은 당일 09:00~17:00)까지 회사와 연락할 수 있는 방법을 유지한 상태에서 자택에서 대기해야 하며, 출발 당일 4시간 전에 회사로부터 스케줄을 통보받으면 장거리 비행 근무 준비를 하고 회사가 지정하는 장소로 출근해야 한다.

#### Contactable(CT)

병가, 공무 중 상해 등에 의한 연이은 스케줄 변경을 방지하고 승무원의 사생활을 보장하여 원활한 승무 인력을 운용하는 데 그 목적이 있다. CT 승무원은 일정 기간(1~2주) 동안 정해진 스케줄 없이 자택에서 대기하다가 해당 비행 전일에 회사로부터 근무를 할당받아 수행한다.

## 3. 항공 객실 승무원의 근무 할당

객실 승무원의 개인별 비행 근무시간은 규정에 의해 일간, 월간, 연간 일정 제한시간을 두고 이를 초과하지 않도록 배정되며, 비행시간 및 노선 배정의 평준화 등이 이루어지도록 공평하게 짜인다.

승무원 편성 시 효율적인 객실 서비스 업무를 수행하기 위해 기종별로 직위에 따라 적절한 인원을 안배하여 조를 편성 · 운용하게 된다. 기종별 탑승 인원 책정 및 편성 시에는 각 비행편의 안전을 위한 최소한의 적정 인원 여부, 원활한 비행 업무 조성 및 비행시간에 따른 서비스 내용, 국제선 및 국내선 노선 편성, 승무원 인원 수급 변동 계획과 같은 사항이 고려된다. 객실 승무원의 근무 할당 원칙을 살펴보면 다음 표와 같다.

항공사 객실 승무원의 근무 할당 허용 한도

| 구분 | 승무시간 (Time Table상의 비행시간) | 근무 시간 | 착륙 횟수 | 총 승무시간 | |
|---|---|---|---|---|---|
| | | | | 1개월 | 1년 |
| 국내 | 8시간 | 13시간 | 6회 | 100시간 | 1,100시간 |
| 국제 | 16시간 | 20시간 | 4회 | | |
| 국내 국제 연결편 | 10시간 | 16시간 | 6회 | | |

연속되는 24시간 중 동일 구간을 비행하는 경우, 비행 소요 예정시간이 8시간을 초과할 때는 승무 중 교대 휴식(Crew Rest)을 취하도록 하거나 1개조 이상의 승무원이 탑승하여 교대 근무를 하도록 조치한다. 그리고 휴식시간 없이 연속되는 24시간 중 승무 및 근무시간, 착륙 횟수가 다음 기준을 초과하지 않도록 한다.

객실 승무원의 하루(연속 24시간) 최대 총 비행 근무시간은 20시간으로 한다. 그러나 회사에서 별도 편수의 승무시간에 대해 하루(연속 24시간) 최대 16시간을 초과하지 않도록 편조한다. 단, 악천후, 정비, 항공교통관제, 천재지변, 비상사태, 긴급사태 등으로 항공기가 출발시점에 계획된 시간 내에 목적지에 도착할 수 없거나, 회사가 통제할 수 없는 상황으로 인해 비행 근무시간을 초과한 경우는 예외로 한다. 개인별 승무시간은 원칙적으로 월 100시간, 연 1,100시간으로 제한된다. 단, 긴급 착륙, 재해 회피 등 부득이한 사유로 승무원 교대가 불가능할 경우 제한된 승무시간이 초과하더라도 다음 예정된 승무를 완료해야 한다.

객실 승무원의 항공기 탑승 인원은 효율적인 서비스 업무 수행, 클래스별 서비스 수준 유지, 비행 안전을 고려하여 결정하며, 일반적으로 승객의 비행 안전 확보를 위해 탑승해야 하는 최소한의 객실 승무원 수는 승객 좌석 50석당 1명으로 한다. 그러나 기종별, 노선별 객실 승무원 탑승 인원 및 편성 기준은 항공사마다 다르다.

## 1) 개인별 스케줄

객실 승무원은 정해진 개인별 스케줄(Monthly Individual Schedule)에 의거하여 근무한다. 개인 스케줄에는 승무, 편승, 공항 대기, 지상 근무, 휴일, 휴가, 자택 대기, 교육 등의 근무 형태가 기재되며, 객실 업무를 총괄하는 부서에서 월 단위로 배포한다. 근무 일정은 운항 스케줄이나 회사의 업무 사정으로 변경될 수 있으므로, 객실 승무원은 개인 스케줄을 수시로 확인할 책임이 있다.

개인 스케줄에 할당된 근무를 사전에 승인 없이 불이행하면 징계 대상이 되며 승무원 상호 간에 임의로 대직할 수 없다. 대직할 경우, 대직 절차는 반드시 회사에서 정한 별도의 규정에 따라야 한다.

개인별 스케줄에는 해당 승무원의 이름, 고유번호, 직급, 직책, 전화번호, 팀 번호, 방송 자격, 여권 유효일자, 신체 검사일 등의 개인 정보와 스케줄 일정(Schedule Itinerary), 항공편의 출발시간과 도착시간, 휴무(Day off), 휴가, 교육 등 비행 외의 정보가 기재된다.

**Monthly Individual Schedule 용어 해설**

- DO: Day off(휴무)
- RF: Ready for Flight(자택 대기)
- CT: Contact for Flight(장거리 투입 대기)
- SA/SB/SC: Airport Stand–by(김포공항 대기)
- IA/IB/IC: Airport Stand–by(인천공항 대기)
- TFR: FR/CL Service Training(FR/CL 입과교육)
- TPR: PR/CL Service Training(PR/CL 입과교육)
- YVC: Year Vacation(연휴)
- MVC: Monthly Vacation(월휴)
- TVL: Travel(편승)

### 2) 승무원 여정표

해당 비행편의 승무원 여정표를 Daily Cabin Crew Schedule by Flight라고 한다. 이 양식에는 당일 해당 비행편에 동승하는 승무원의 명단과, 출발 및 도착시간을 비롯한 다양한 정보가 자세하게 기재된다. 객실 승무원은 비행 준비 시 당일 비행편의 해당 양식을 확인하고 객실 브리핑에 참석해야 한다.

**Daily Cabin Crew Schedule By Flight 용어 해설**

- HL: 기번
- AC: 기종
- F/T: Flight Time(비행시간)
- L/T: Lay over Time(체류시간)
- D/T: Duty Time(근무시간)
- STD: Standard Time of Departure(출발시간)
- STA: Standard Time of Arrival(도착시간)
- QUAL: Qualification(자격)

승무원 여정표에는 해당 편 비행에 임하는 승무원 명단과 각 승무원의 고유번호, 비행시간, 직급, 팀 번호, 체류(lay-over)시간 등의 개인 정보가 수록된다. 또한 해당 편에 투입되는 항공기의 기종 및 기명, 편수는 물론 출발/도착시간, 예상 비행시간, 체류시간, 도착일자, 스케줄, 운영기간, 운항 지역, 해당 스케줄 연속 편명 등 해당 항공편에 대한 자세한 정보도 담긴다.

### 3) 시간표

각 항공사는 여객의 선호와 요구에 가장 적합한 운항시간을 갖추어 자사의 이용률을 높이려 한다. 이에 자사의 항공편 운항 시간표(Time Table)를 제작하여 승객에게 편의를 제공한다. 그리고 IATA(국제항공운송단체)에서는 글로벌 항공 정보 제공업체 OAG(Official Airline Guide)를 운영하여 세계 각국 항공사의 운항시간과 항공 여행에 관한 다양한 정보를 각 항공사에서 활용하도록 하고 있다.

각 항공사에서는 해당 홈페이지나 애플리케이션을 통해 자사의 비행 스케줄을 비롯하여 여행 시 필요한 정보, 승객이 알아 두어야 할 제반 규정, 서비스 상품에 대한 개요, 노선별 비행시간 등을 제공하는데, 이 모든 정보는 국내선과 국제선의 2가지로 구분되어 있다. 구간별로 편명, 운항요일, 출발시간, 도착시간, 항공기 기종, 서비스 클래스, 취항지 GMT 등의 운항 관련 정보와 승객 및 수하물 관련 안내, 항공권 구입, 탑승 수속시간, 항공사 서비스 관련 정보 등 각종 사항을 안내한다. 최근에는 챗봇에 주요 내용을 입력하면 관련된 모든 내용을 안내받을 수도 있다.

## (1) GMT, UTC와 시차

GMT는 Greenwich Mean Time의 약자로 영국 그리니치 지역의 시간을 세계의 표준시로 정하고 전 세계를 24개의 권역별 시간대로 나눈 것이다. 권역별로 한 시간씩 시차를 두며 동반구는 '+'로, 서반구는 '−'로 표시한다. 반면 UTC는 Universal Time Coordinated의 약자로 협정 세계시인데, 1958년 국제 원자시로 제정되어 국제적인 표준시간의 기준으로 쓰이는 추세이다. 날짜 변경선을 따라 동반구는 서반구보다 1일이 빠르다.

**사례_ 국가 간 시차, 비행시간의 GMT 계산법**

**예 시차, 현지시간 계산**

• Seoul +9 • Bangkok +7 • New York −5

서울과 뉴욕은 14시간 차이가 있는데, 서울이 뉴욕보다 동쪽에 있으므로 14시간이 더 빠르다. 서울이 3월 3일 오전 10시이면 뉴욕은 3월 2일 오후 8시이다.

**예 비행시간 계산**

두 도시의 시간을 한쪽 도시의 시간으로 고쳐 간단하게 계산할 수 있다. 한국에서 3월 3일 10:00에 출발한 KE025편 비행기는 뉴욕 시간으로 3월 3일 09:20에 도착한다. 뉴욕 도착 당시의 서울 시간은 3월 3일 23:20이다. 따라서 서울과 뉴욕 간 비행시간은 13시간 20분이 된다.

### (2) 도시별 공항 코드(Terminals & City Code)

각국의 국내선 취항 도시와 공항 코드는 다음과 같다.

한국

| 도시명 | 공항 코드 | 도시명 | 공항 코드 |
|---|---|---|---|
| 인천 | ICN | 부산 | PUS |
| 제주 | CJU | 대구 | TAE |
| 광주 | KWJ | 포항 | KPO |
| 울산 | USN | 양양 | YNY |
| 김포 | GMP | 군산 | KUV |
| 무안 | MWX | 여수 | RSU |
| 진주 | HIN | 원주 | WJJ |
| 청주 | CJJ | | |

일본

| 도시명 | 공항 코드 | 도시명 | 공항 코드 |
|---|---|---|---|
| Tokyo | NRT | Sapporo | CTS |
| Osaka | KIX | Okayama | OKJ |
| Nagoya | NGO | Kagoshima | KOJ |
| Fukuoka | FUK | Niigata | KIJ |

구주, 중동

| 도시명 | 공항 코드 | 도시명 | 공항 코드 |
|---|---|---|---|
| Paris | CDG | Madrid | MAD |
| London | LHR | Moscow | SVO |
| Rome | FCO | Cairo | CAI |
| Frankfurt | FRA | Bahrain | BAH |
| Zurich | ZRH | Telaviv | TLV |
| Amsterdam | SPL | Jeddah | JED |

미주

| 도시명 | 공항 코드 | 도시명 | 공항 코드 |
|---|---|---|---|
| Los Angeles | LAX | Anchorage | ANC |
| New York | JFK | Boston | BOS |
| Hawaii | HNL | Atlanta | ATL |
| Chicago | ORD | Denver | DEN |
| San Francisco | SFO | Vancouver | YVR |
| Washington D.C. | IAD | Toronto | YYZ |
| Dallas | DFW | Sao Paulo | SAO |

중동, 아시아 국가

| 도시명 | 공항 코드 | 도시명 | 공항 코드 |
|---|---|---|---|
| Beijing | PEK | Denparsar | DPS |
| Shanghai | SHA | Kuala Lumpur | KUL |
| Tianjin | TSN | Phuket | HKT |
| Harbin | HRB | Macau | MFM |
| Qingdao | TAO | Hochimin | SGN |
| Shenyang | SHE | Auckland | AKL |
| Vladivostok | VVO | Brisbane | BNE |
| Ulaanbaatar | ULN | Christchurch | CHC |
| Mumbai | BOM | Sydney | SYD |
| Hong Kong | HKG | Fiji | NAN |
| Bangkok | BKK | Saipan | SPN |
| Singapore | SIN | Guam | GUM |
| Jakarta | CGK | | |

### (3) 각국의 항공사 코드(Airline Code)

| 항공사명 | 항공사 코드 | 항공사명 | 항공사 코드 |
|---|---|---|---|
| Aeroflot Soviet Airlines | SU | Air Canada | AC |
| Air China | CA | Air France | AF |
| Air India | AI | Alitalia | AZ |
| All Nippon Airways | NH | American Airlines | AA |
| Asiana Airlines | OZ | Air New Zealand | NZ |
| British Airways | BA | Continental | CO |
| Cathay Pacific | CX | China Airlines | CI |
| China Eastern Airlines | MU | China Northern Airlines | CJ |
| China Southern Airlines | CZ | Continental | CO |
| Delta Airlines | DL | Garuda Indonesia | GA |
| Japan Air System | JD | Japan Airlines | JL |
| KLM Royal Dutch Airlines | KL | Korean Air | KE |
| Krasnoyarsk Airlines | 7B | Lufthansa Airlines | LH |
| Malaysia Airline System | MH | Mongolian airlines | OM |
| Northwest Airlines | NW | Philippine Airlines | PR |
| Qantas Airways | QF | Scandinavian Airlines System | SK |
| Singapore Airlines | SQ | Trans World Airlines | TW |
| Saudi Arabian Airlines | SV | Thai Airways International | TG |
| United Airlines | UA | Uzbekistan Airways | HY |
| Vladivostok Air | XF | Vietnam Air | VN |

# 4. 항공 객실 승무원의 근무 변경과 휴식

## 1) 객실 승무원의 근무 변경

객실 승무원은 개인 스케줄을 작성하기 전에 회사에서 정한 일정 기한까지 휴가 및 요청 비행(Request Flight)을 신청할 수 있다. 회사에서는 타당성 여부를 검사한 후 다음 달 스케줄에 반영한다. 그러나 스케줄이 배포된 후에는 원칙적으로 변경할 수 없다. 다만 가족의 사망, 천재지변, 본인의 질환으로 근무가 불가능한 경우에는 회사에 보고하여 변경할 수 있다. 위와 같은 상황에서는 이를 증빙할 수 있는 서류로 진단서와 사유서를 제출해야 한다.

질환이나 부득이한 사유로 근무가 불가능하거나 근무 변경을 원하는 경우에는 해당 편 출발(또는 해당 근무시간) 24시간 이전에 소정의 절차를 거쳐 허가를 받아야 한다. 질환의 경우에는 공공기관의 진단서나 보건 관리자의 소견서를 첨부해야 한다. 응급을 요하여 상기 절차를 거칠 시간적 여유가 없을 경우에는 우선 전화 등으로 회사로 연락하여 조치를 받고 사후에 소정의 절차를 거쳐 허가를 얻어야 한다.

비행 근무시간 기준을 초과했을 경우 모기지에서는 승무원 교체를 원칙으로 한다. 단, 기상 이변 등으로 인해 다수의 편수가 근무시간 기준을 초과할 것으로 예상되는 경우에는 우선순위를 결정하여 교체함을 원칙으로 하고, 대기 승무원 부족으로 인해 승무원 교체가 이루어지지 못한 비행편에 대해서는 예외로 한다.

**모기지(Base, 母基地)**
객실 승무원이 거주하는 지역을 말하며, 내국인 승무원의 경우에는 별도의 규정이 없는 한 서울을 의미한다.

## 2) 객실 승무원의 휴식

### (1) 지상 휴식

일정 시간의 탑승 근무를 마친 객실 승무원은 휴식시간을 보장받게 되며 이 휴식시간은 비행 근무시간에 따라 산정된다.

국제선의 경우 객실 승무원이 비행을 마치고 모기지에 돌아왔을 때 휴식시간은 모기지를 떠난 후 총 승무시간(편승 포함)의 2배 이상이 부여된다. 단, 모기지 이외 지역에서 연속 36시간 이상 휴식을 취한 경우에는 휴식시간 이전의 승무시간을 제외하고 휴식시간을 산정한다.

운항 스케줄상 해외 지역에서 5시간 이상 지상에 머무는 시간이 발생하거나 이러한 상황이 예상되는 경우에는 호텔로 이동하는 것을 원칙으로 한다. 그러나 현지 여건에 따라 공항 내 승무원 라운지(Crew Lounge)에서 휴식을 취하기도 한다. 단, 항공기 정비, 기상 악화 등으로 인한 기상 이변 시는 예외로 한다. 객실 승무원은 휴식 중이라 하더라도 다음 근무의 고객 서비스 및 비행 안전, 승무원으로서의 품위 유지, 신변 안전을 위해 회사의 제반 규

**K 항공사 객실 승무원의 비행 근무시간에 따른 지상 휴식시간 기준**

| 계획된 비행 근무시간 | 탑승 인원 | 지상 휴식시간 | 인가된 휴식시간 | 휴식 감축을 위한 경우 차기 휴식시간 |
|---|---|---|---|---|
| 14시간 이하 | 최소 탑승 인원 | 8 | 8 | 10 |
| 14~16시간 | 최소 탑승 인원+1명 | 12 | 10 | 14 |
| 16~18시간 | 최소 탑승 인원+2명 | 12 | 10 | 14 |
| 18~20시간 | 최소 탑승 인원+3명 | 12 | 10 | 14 |

정을 준수해야 한다.

**교대 휴식(Crew Rest)**
객실 승무원 교대 없이 운항하는 두 구간의 비행 소요 예정시간의 합이 10시간 이상인 비행편에서 객실 승무원이 비행 중 휴식을 취하는 것을 말한다.

### (2) 교대 휴식

장거리 비행에서의 업무 생산성 제고를 위해 비행 소요 예정시간(Scheduled Flight Time)이 8시간 이상인 비행편에는 교대 휴식이 부여된다. 단, 비행시간이 8시간 이상 10시간 미만인 경우에는 교대 휴식 좌석이 확보되거나 벙크가 장착된 비행편에 한해 교대 휴식이 부여되고, 사무장은 휴식 조로 2개 조를 편성 · 운영한다.

객실 승무원은 교대 휴식 중에 승무원 신분이 노출되지 않도록 유의해야 하며 근무조 승무원은 교대 휴식 조 승무원의 담당 구역에 공백이 생기지 않도록 만전을 기해야 한다. 교대 휴식 중 개인적인 여가 활동을 해서는 안

Peter Kneffel/picture alliance via Getty Images

Peter Kneffel/picture alliance via Getty Images

되며, 다음 Duty를 위해 충분한 휴식을 취해야 하고 교대 휴식 후에는 자신의 용모를 점검하고 근무에 임해야 한다.

## 5. 항공 객실 승무원의 일반 준수사항

### 1) 용모 및 제복에 관련된 준수사항

각 항공사는 자사의 이미지를 반영하는 고유 디자인의 유니폼을 제작하며 객실 승무원은 회사가 지정하는 유니폼을 입게 된다. 유니폼이 각 항공사의 이미지를 대표한다 해도 과언이 아닐 정도로 항공사들은 그 선정과 제작에 심혈을 기울이며 자사의 이미지 관리 및 홍보 차원에서 유니폼과 승무원의 헤어 스타일, 메이크업, 액세서리 착용에 대한 규정을 두고 있다.

항공사들이 일반적으로 제시하는 유니폼 착용 시 준수사항은 다음과 같다. 개인적으로 그 형태나 규격을 임의로 변경할 수 없으며 매매, 교환, 기부는 물론 제3자에게 양도할 수 없게 하여 유니폼이 타 용도로 사용되는 것을 방지한다.

부착물은 근무를 목적으로 하거나 근무의 연속선상에 있는 경우를 제외하고는 착용이 금지되며, 항상 청결하고 단정한 차림으로 착용한다. 회사에서 규정하는 부착물(명찰, Wing, 견장, 기타 회사에서 지정한 부착물)은 완

Sorbis/Shutterstock.com

### 항공사들은 왜 유니폼 디자인에 '진심'일까

항공사 승무원의 유니폼은 온라인에서 화제가 되거나 선풍적 인기를 끄는 등 항공사 브랜드를 홍보하고 각인하는 효과가 있다. 이에 항공사들은 세련된 이미지와 실용성까지 갖춘 유니폼의 디자인과 선정에 신중을 기하며 초미의 관심을 보이고 있다. 항공사의 특성상 승무원 유니폼은 그 나라의 인상을 결정하는 가늠자 기능도 하기 때문이다.

국내 항공사들의 유니폼 변화를 보면, 먼저 대한항공은 창립 이후 2024년까지 유니폼이 열한 차례 바뀌고 여 승무원 유니폼에 바지 정장을 국내 최초로 도입했다. 제주항공도 티셔츠 형태의 유니폼을 정장으로 바꾸고, 넥타이와 스카프 같은 악세서리의 종류를 다양화했다. 진에어는 한국 전통 공예 예술인 '조각보'를 현대적으로 재해석하여 유니폼에 반영했으며 티웨이항공은 기업 아이덴티티 색상의 유니폼을 선보였다.

Iparraguirre Recio/Moment via Getty Images

Orhan Akkanat/Anadolu Agency via Getty Images

전한 상태로 패용하고 일체의 개인적인 부착물은 허용하지 않는다.

객실 승무원의 유니폼이 항공사의 이미지를 대표하므로 신입 사원 채용 시 자사의 유니폼을 착용하게 한 후 자사의 이미지와 잘 어울리는 사람을 선별하는 항공사도 증가하는 추세이다.

## 2) 승무 시 준수사항

객실 승무원은 항상 밝은 미소와 바른 자세로 행동하고 품위와 교양 있는 태도로 승객에게 응대해야 한다. 승객과 대화할 때는 적정 거리에서 마주 응대하며 적절한 호칭과 존경어를 사용하고 세련되고 성의 있게 대해야 한다.

Abdul Razak Latif/Shutterstock.com

업무 지시에 정통하여 승객의 물음에 정확한 답을 할 수 있어야 하고 품위 있으며 민첩하게 행동해야 한다. 만일 승객이 희망하는 물품이 없을 경우 사유를 설명하고 해당 물품을 대신할 만한 것을 권하며 승객의 호출이 있는 경우에는 우선적으로 담당 승객의 요구사항을 해결한다.

객실 승무원은 꾸준한 자기 계발과 세심한 관심으로 승객의 욕구를 미리 예측할 수 있는 혜안과, 비행 근무 시 서비스의 전체적인 흐름을 주도할 수 있는 능력을 기른다. 이를 위해 항상 자신감 있는 서비스 마인드로 근무에 임하며 승객의 불평, 건의, 항의를 경청하여 받아들이고 해결책을 강구하는 자세를 지닌다.

### 3) 편승 시 준수사항

편승 승무원은 편승 근무의 취지를 충분히 이해하고 편승이 개인적인 항공 여행이 아닌 다음 비행 근무를 위한 근무의 연속임을 상기하여 충분한 휴식을 취하며 목적지로 이동한다.

출입국 절차 및 지상 이동 간에는 유니폼을 착용하며 탑승 직후 사복으로 바꿔 입고 승객 탑승 전에 지정된 좌석에 착석한다. 비행 중 편승 승무원은 자신의 신분을 노출하는 행동이나 타 승객에게 불편을 주는 행동은 삼간다. Duty 승무원의 업무에 지장을 주는 행동이나 상위 클래스의 서비스 용품을 사용하는 것, 서비스 용품을 독점하는 행위, 음주 행위 역시 금하도록 규정되어 있다.

### 4) 해외 체재 시 준수사항

국제선 구간을 담당하는 객실 승무원은 장거리 비행을 통해 자사의 취항지인 현지에서 해외 체재 기회를 갖게 된다. 장거리 비행 중 해외 체재는 긴 시간 동안의 비행에서 벗어나 휴식을 취하며 재충전하는 기회가 된다는 점에서 승무원에게 있어서는 무엇보다도 귀중한 시간이다. 그러나 해외 체재 역시 승무원에게는 근무의 연장이라는 점을 잊지 말고 적당한 휴식시간을 갖도록 한다.

객실 승무원은 회사의 공식적인 서면 승인 없이 해외 체재에 사용하려는 개인 용도로 회사의 재산(기내에 탑재된 서비스 용품을 포함한 모든 물품)을 반출해서는 안 되며, 이를 방지하기 위해 각 항공사는 객실 승무원에게 적정의 현지 체재비를 지급한다.

해외 체재 시 스테이션이 속해 있는 행정구역상의 경계(Boundary)를 이탈하여 이동할 수 없으며 원칙적으로 육로로 3시간 이동이 가능한 범위 내에서 외출할 수 있다. 지정된 숙소 이외의 숙박이나 장시간 외출 시에는 사무장에게 행선지, 연락처, 전화번호, 귀환시간을 보고하고 허가를 얻어야 한다. 계속되는 근무를 위한 체재 시에는 개인 위생 및 컨디션 유지에 힘쓰고 호텔 픽업 12시간 전부터는 충분한 휴식 상태를 유지하여 비행 근무에 지장이 없도록 한다.

호텔 이용 시에는 호텔 측이 요구하는 일반적인 규칙을 준수하며 호텔 재산에 피해를 입히는 일이 발생하지 않도록 주의한다. 특히 객실 내 취사 행위나 도박 행위, 이성과의 문란 행위로 인해 회사와 승무원의 이미지를 훼손하는 일이 없도록 한다.

이 밖에도 객실 승무원이 지켜야 하는 일반 준수사항은 다양하다.

근무 특성상 거주지의 주소와 전화번호를 회사에 등록해야 하며, 변경 시에는 3일 이내에 변경 내용을 통보하고, 근무나 회사의 지시나 공지는 확인하고 그 내용을 숙지하여 이행해야 한다.

KoldoyChris/Moment via Getty Images

주어진 직무를 효율적으로 수행하기 위해 항상 신체적으로 비행 근무에 적합한 상태를 유지하며, 질병의 발생을 조기에 발견할 수 있도록 한다. 이를 위해 항공사들은 객실 승무원을 대상으로 정기적인 신체검사와 기초체력 테스트를 실시한다.

객실 승무원은 허가되지 않는 회사의 물품이나 용구를 개인적인 목적으로 임의로 사용할 수 없으며 승객에 관한 제반 기록을 비밀로 해야 하고 이에 관한 어떤 정보도 외부에 공개해서는 안 된다. 또한 승무원 신분으로서 회사의 사전 승인 없이 일체의 매스컴 활동과 홍보 활동을 할 수 없다.

비행 전 수혈 행위를 금하며, 다만 비상시나 가족의 요청에 의해 수혈한 경우에는 72시간 이내에 비행을 할 수 없다. 그리고 승무 중이거나 대기 근무 중 또는 할당된 비행편 출발 12시간 이내에 알코올 성분이 함유된 음료를 마셔서는 안 된다. K 항공사의 경우 모든 승무원은 해당 비행 전 브리핑 시작 전에 음주 측정 검사를 받는다. 또한 향정신성 물질을 복용하고 비행에 임할 수 없으므로 불가피하게 약물을 복용하고 근무를 수행해야 하는 경우, 항공보건의료원의 허락을 받아야 한다.

# SUMMARY

- 항공사 서비스는 안전성, 정시성, 안락성, 고속성, 편리성, 수요 충족의 총 여섯 가지로 집약될 수 있으며, 그중 객실 서비스가 맡고 있는 역할은 주로 안전성, 안락성과 관련된다고 할 수 있다.

- 승무(on-duty Flight)는 객실 승무원이 부여된 임무를 갖고 항공기에 탑승하여 일반적인 객실 서비스 업무를 수행하는 것을 말한다.

- 편승(Extra Flight)이란 승무원이 다음 승무를 위해 또는 승무를 마치고 돌아가기 위해 할당된 업무 없이 공항과 공항 간을 자사 또는 타 항공사에 탑승하여 이동하는 것을 말한다.

- 대기 근무는 정기, 부정기 항공편(Charter Flight)에 갑작스러운 결원이 생기거나 스케줄, 기종 변경 등의 이유로 객실 승무원 충원이 필요할 때, 승무 인력을 즉시 공급하기 위해 실시한다.

- 대기 근무에는 공항 내 지정된 장소에서 대기하는 공항 대기와 거주지에서 대기하는 자택 대기가 있다.

- 객실 승무원의 개인별 비행 근무시간은 규정에 의해 일간, 월간, 연간 일정 제한시간을 두고 이를 초과하지 않도록 배정되며, 비행시간 및 노선 배정의 평준화 등이 이루어지도록 공평하게 짜인다.

- 해당 비행편의 승무원 여정표를 Daily Cabin Crew Schedule by Flight라고 한다.

- 항공사에서는 해당 홈페이지나 애플리케이션을 통해 자사의 비행 스케줄을 비롯하여 여행 시 필요한 정보, 승객이 알아 두어야 할 제반 규정, 서비스 상품에 대한 개요, 노선별 비행시간 등을 제공하는데, 이 모든 정보는 국내선과 국제선의 2가지로 구분되어 있다.

- 항공사들은 자사의 이미지 관리 및 홍보 차원에서 유니폼과 승무원의 헤어스타일, 메이크업, 액세서리 착용에 대한 규정을 두고 있다.

- 객실 승무원은 항상 밝은 미소와 바른 자세로 행동하고 품위와 교양 있는 태도로 승객에게 응대해야 한다. 승객과 대화할 때는 적정 거리에서 마주 응대하며 적절한 호칭과 존경어를 사용하고 세련되고 성의 있게 대해야 한다.

# WORK SHEET

## SELF STUDY

1 객실 승무원의 근무 특성 중에서 타 직종과 다른 특성이 무엇인지 써 봅니다.

2 대기 근무의 형태 2가지를 구분하여 정리해 봅니다.

- 
- 

3 개인별 스케줄을 통해 알 수 있는 근무 형태가 무엇인지, 그 외 정보로는 어떤 것이 기재되는지 정리해 봅니다.

4 한국에서 현재 날짜와 시간이 오사카, 로스앤젤레스에서는 몇 시인지 계산해 봅니다.

5 객실 승무원의 일반 준수사항을 다음 예를 포함하여 네 가지로 구분하고 정리합니다.

예 **용모 및 제복에 관련된 준수사항**
항공사는 객실 승무원의 용모 · 복장에 대한 규정을 두고 있다. 개인적으로 그 형태나 규격을 임의로 변경, 매매, 교환, 기부, 양도할 수 없다. 근무 목적 외에는 착용하지 않는다. 부착물을 완전한 상태로 패용하고 개인적인 부착물은 허용하지 않는다.

- 
- 
- 

## SELF FEEDBACK

이번 장을 통해 새롭게 알게 된 부분을 써 볼까요?

## GROUP ACTIVITY

그룹으로 나누어 승무원 여정표상의 용어가 실제 어떻게 사용되고 있는지 조사해 봅니다.

예 HL은 기번을 뜻하는데 항공기는 각각 다른 HL 번호를 부여받고 모두 7로 시작하며, 네 자리로 구성된다는 공통점이 있다.

CHAPTER

# 9 항공 객실 승무원의 교육 · 훈련

항공사가 경쟁적 우위를 점하기 위해서는 고객 지향적 직원이 매우 중요한 역할을 해야 하기 때문에 조직 성격을 고객 중심으로 전환하기 위해 다양한 교육 · 훈련 과정을 운영하고 있다.

항공 객실 승무원의 훈련에는 크게 입사교육 및 전문훈련, 보수교육이 있다. 입사교육은 신입 승무원이 받게 되는 교육 · 훈련으로 신입 전문훈련, 안전훈련, 수습 비행훈련 등이 있고 근무 연한에 따라 부분별 훈련 프로그램과 여러 가지 특별교육을 받게 된다. 이와 같은 교육 · 훈련 과정 외에 직급에 따라 보수교육을 이수해야 하는데, 정기 안전훈련, 팀워크 훈련, 방송교육 등이 있다.

9장에서는 항공 객실 승무원의 훈련 과정과 교육 종류 및 교육 · 훈련 체계를 자세히 알아본다.

### 학습목표

1. 항공 객실 승무원의 훈련 과정 및 교육 종류 이해
2. 훈련 및 교육의 내용 이해
3. 항공사 객실 승무원의 교육 · 훈련 체계 이해

# 1. 객실 승무원 교육 · 훈련의 중요성

항공사를 비롯한 서비스 기업에서 직원 교육의 중요성이 강조되는 이유는 기업 간의 치열한 경쟁 때문에 직원의 중요성이 증대되었기 때문이다. 다시 말해 항공사가 경쟁 우위를 점하는 데 운항 스케줄, 운항 기자재, 기내 시설, 예약 시스템도 중요하지만 잘 교육받은 고객 지향적인 항공사 직원 없이는 그것들이 빛을 발하기 힘들기 때문이다. 항공사가 승객 한 명에게 운송 서비스를 생산, 판매, 제공하는 데 많은 종사원이 직 · 간접으로 참여하는데 이들의 사고와 서비스 마인드가 바로 운송 서비스의 품질에 결정적인 영향을 미치는 것이다.

훌륭한 항공사의 직원은 저절로 육성되는 것이 아니라 일상 업무의 수행 과정에서 고객에게 봉사하려는 쉼 없는 노력을 통해 새롭고 능률적으로 다듬어지고 만들어진다. 따라서 항공사는 조직 재활성화를 추구하고 조직 성격을 고객 중심으로 전환시키는 데 유효한 방법인 교육 · 훈련 프로그램의 실행에 힘쓰고, 교육 · 훈련 과정을 통해 직원의 서비스 마인드를 함양함과 동시에 그들의 기능, 즉 인적 자원을 개발하는 일이 항공사의 최우선 과제임을 인식해야 한다.

국내에서는 현재 대한항공, 티웨이항공, 진에어, 에어부산, 이스타항공, 제주항공, 에어서울, 에어프레미아항공이 경쟁하는 가운데 외국 항공사도 다수 취항하여 국제 경쟁에서 우위를 확보하기 위해 치열한 경합을 벌이고 있다. 이러한 경영 환경에서 항공업계 객실 서비스의 성패는 우수한 인력의

Thiago B Trevisan/Shutterstock.com

Photo Atrium/Shutterstock.com

확보는 물론, 확보한 인력의 잠재력을 최대한으로 개발하여 경영 목표에 적합한 객실 승무원으로 양성하고, 양성한 인력의 효율을 얼마나 높일 수 있는가에 의해 결정될 수 있다.

객실 승무원은 직종의 특수성으로 인해 학교 교육만으로는 부족하며 반드시 항공사 입사 후 체계적인 교육 · 훈련 과정을 이수해야만 정식 객실 승무원이 될 수 있다. 이 훈련 과정이 항공사 간의 항공 기내 객실 서비스 경쟁에서 우위를 확보할 수 있는 중요한 시기인 만큼, 각 항공사는 객실 승무원의 교육 · 훈련 과정을 기업의 경영 전략 일환으로 삼고 있다.

민간 여객기에 탑승하는 객실 승무원이 승객의 안전성 · 안락성 확보에서 중요한 역할을 수행하지 못하면 안 되므로, 각 항공사는 전문훈련, 보수교육, 정기교육, 특별교육, 위탁교육 등의 과정을 통해 그 양성 및 훈련에 힘쓰고 있다. 객실 승무원에 대한 교육 · 훈련은 각 항공사에 따라 다르지만 공통으로 주력하는 사항은 객실 승무원으로서의 기초훈련, 정기훈련, 승격훈련이다. 본서에서는 국내 K 항공사와 외국 J 항공사의 교육과정과 내용을 살펴본다.

## 2. 입사교육 및 전문훈련

### 1) 입사교육

복잡하고 어려운 채용 시험을 거친 객실 승무원은 입사하게 되면 먼저 항공사의 연수원에서 합숙훈련을 통해 신입 사원 입사교육을 받는다.

각 항공사의 일반적인 입사교육은 사회인으로서의 바른 자세, 자사의 경영 목표와 조직에 대한 이해, 신입 사원의 마음가짐, 운송 사업의 사명과 자사의 경영 방침 등에 관한 일반교육과 항공 운송 업무 전반에 걸친 기초적인 실무 지식을 그 내용으로 한다. 이 교육과정을 통해 신입 승무원은 애사심과 직장인에게 필요한 프로 마인드를 기르게 된다.

항공사별로 특수한 교육 체계를 갖춘 항공사도 있다. 외국 J 항공사는 객실 승무원 신입 전문훈련으로 입사 전 3개월에서 5개월 동안 자사의 국내 각 지점이나 영업소에 배속되어 예약, 발권 등의 지상 업무를 하게 하여 항

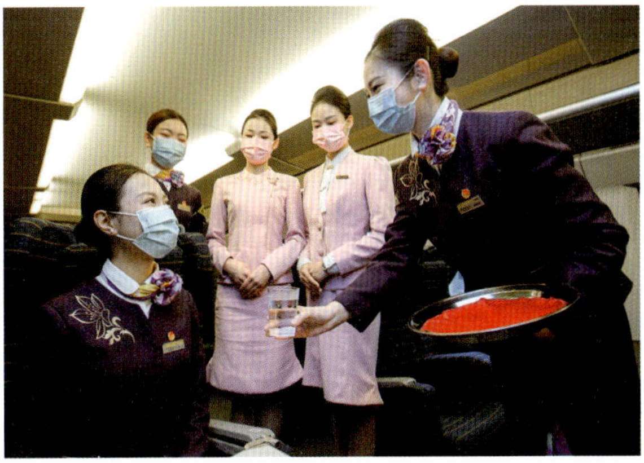
Costfoto/Future Publishing via Getty Images

In Pictures Ltd./Corbis via Getty Images

공사 전반에 걸친 업무의 이해도를 높이는 지상 연수제를 실시한다.

일반적으로 입사교육 후에 신입 승무원이 받게 되는 교육 · 훈련에는 신입 전문훈련, 국제선 전문훈련, 안전훈련 등이 있다. 이외에도 근무 연한에 따라 전문 승무원이 되기 위한 부분별 훈련 프로그램과 여러 가지 특별교육이 다양하게 실시된다.

## 2) 신입 전문훈련

처음 신입 승무원으로 입사하게 되면 일정 기간 동안 승무원이 되기 위한 본격적인 신입 전문훈련을 거쳐 첫 비행 생활을 시작한다. 신입 전문훈련은 승객의 안전을 책임질 수 있는 강인한 정신력과 판단력을 키우는 안전교육과 서비스 마인드 함양 및 실전 서비스를 위한 일반교육으로 구성된다.

우선 객실 승무원으로서 기본적으로 필요한 지식, 기량 및 태도, 그리고 서비스를 위한 필수 요소라 할 수 있는 외국어, 비상시를 대비한 응급처치 요령, 비상 탈출 및 착수 요령 등 각종 훈련을 일정 기간에 걸쳐 받게 된다.

교육 중에는 철저한 훈련과 테스트가 계속되며 상당히 엄격한 방법으로 실시된다. 지각, 결석, 태도 불량, 용모 불량 등의 지적을 받게 되면 개인별로 벌점이 누적되고 이로 인해 훈련 과정을 이수하지 못하면 정식 승무원으로서 국내선 비행을 할 수 없게 된다. 이 과정은 비행 근무를 하기 위한 준비 과정이기도 하지만 본인이 과연 객실 승무원으로 근무할 수 있는지를 스스로 판단해 보는 시간이 되기도 한다.

ANTHONY WALLACE/AFP via Getty Images

ANTHONY WALLACE/AFP via Getty Images

J 항공사의 신입 전문훈련 교육 내용

| 구분 | 비상 | 영어 | 지식 | 기량 | 적성 | 일반 |
|---|---|---|---|---|---|---|
| 과목 | Emergency Test | English | First Aid | In-flight Sales | Beauty Lesson | Opening Ceremony |
| | | | Aircraft | Account | Service Manner | Instructions |
| | | | Route Information | PA Performance | Service Mind | Health Advice |
| | | | Regulation | Baby Care | Interview | PT Test |
| | | | CIQ | Demo Practice | Fitness | Airport Observation |
| | | | Squawk Handling | Liquor Service | 합숙훈련 | Standard Motion |
| | | | Flight Operation | Meal Service | | OJT Briefing |
| | | | Test | Flight Duty(OVS) | | Closing Ceremony |
| | | | | Flight Duty(DOM) | | |
| | | | | Dress Code | | |
| | | | | Test | | |

K 항공사의 신입 전문훈련 교육 내용

| 일반교육 | 안전교육 |
|---|---|
| • 서비스 기본 자세 및 태도<br>• 대화 및 승객 응대법<br>• 매너 및 에티켓<br>• 용모와 복장<br>• 객실 구조<br>• 기내 방송<br>• 객실 업무 관련 항공 운송<br>• 비행 실무 | • 비행 안전 업무<br>• 비상시의 상황별 대응 자세와 행동 절차<br>• 수영 테스트<br>• 비상장비 사용법<br>• 항공 보안<br>• 공중 보건<br>• 응급처치법 |

### 3) 수습 비행훈련

신입 전문훈련 과정을 모두 이수하고 나면 가슴에 수습 훈련 배지를 부착하고 현장 수습 비행훈련(OJT)을 하게 된다. 이 기간에는 사무장이나 선배 승무원으로부터 서비스 태도, 비상장비 사용법에 대한 지식을 확인하고, 바른 용모와 복장 등 수습 비행에 대한 평가를 받고, 일정 수준 이상의 성적을 받으면 정식 인턴 승무원이 된다. 일부 승무원은 재교육을 받기도 한다.

수습 비행훈련 이후 교육 체계는 항공사별로 차이가 확연하다. 외국 J 항공사 승무원은 수습 비행훈련 과정 수료 후에도 6개월간 Line에서 현장교육을 받으며 '6 Month Check'을 받고 정식 인턴 승무원이 된다.

아시아권의 일부 항공사의 경우에는 신입 전문훈련 과정을 마친 다음 일정 기간 국내선 근무 후 국제선 근무를 하게 된다. 국적 항공사를 포함한 그 외 다수의 외국 항공사 교육 체계에서는 이 과정이 생략된다.

### 4) 국제선 전환훈련

국내선 승무원이 일정 기간의 국내선 근무를 마치고 각종 자격을 취득하면 국제선 비행 근무에 대한 교육을 받는다. 이 기간에는 신입 전문훈련에서 받은 안전훈련과 서비스 훈련을 받게 될 뿐만 아니라 국제선 비행 근무에 필요한 어학교육과 서양식 음료에 관한 교육, 출 · 입국과 세관 절차, 세계 여러 나라의 환율과 문화 정보에 관한 교육이 추가된다. 이 과정 또한 테스트를 거치게 되는데 일정 성적이 되지 않으면 국제선 비행을 할 수 없다.

**국제선 전환훈련 교육 예시**

| 구분 | 일반 업무 지식 | 서비스 실무교육 | 인성교육, 평가 |
|---|---|---|---|
| 과목 | 입과식<br>국제선 업무 소개<br>승객 연구<br>비행 안전<br>항공기 현장 견학<br>상품 지식<br>Station Information<br>기내 판매<br>Demonstration<br>기내 회화(영어, 일본어)<br>건강 관리 | Economy Class Service<br>First Class Service 이론<br>First Class Service 실무<br>Galley 실습 | 이론평가<br>실기평가<br>합숙훈련 |

K 항공사의 사무장 전문훈련 교육 내용

| 구분/과목 | 비행 안전 | 기량 | 지식 | 일반 | 적성 |
|---|---|---|---|---|---|
| 사무장 | 비상 처리 절차 | 방송 | 근무 지침<br>Document, IRR FLT 취급 절차<br>평가표 및 Report 작성 요령<br>상품 지식<br>FR/CL, PR/CL Service<br>객실 정비<br>후배 지도 요령<br>팀 사례연구<br>칭송 및 불만 사례<br>업무 지시 소개 | 회사 현황 및 전망 훈시<br>Discussion 및 평가 | 건강 관리 |

### 5) 상위클래스 서비스 전문훈련

승무원으로 입사하여 신입 전문훈련 등 소정의 교육과정을 이수하고 일정 기간 일반석 비행 근무를 하게 되면 일등석과 이등석의 상위클래스에서 근무할 수 있는 전문훈련을 받게 된다. 상위클래스는 승객들에게 응대 서비스를 제공하는 승무원과 주방(Galley)에서 식음료를 준비하는 승무원으로 구성되며, 숙련된 승무원들이 근무하게 된다. 상위클래스는 일반석과 달리 일류 호텔의 레스토랑에서 제공하는 서비스 이상으로 품위 있고 질적으로 우수한 서비스를 제공해야 하므로 별도로 정해진 기간 동안 서비스 전문훈련을 실시한다.

위에서 언급한 전문교육 외에 직급별 승격 전문훈련이 실시된다. 항공사별로 과정 명칭은 다르지만 해당 직급의 업무 수행 능력을 배양할 수 있는 교육내용이 주를 이룬다.

## 3. 보수교육

객실 승무원은 위의 교육 · 훈련 과정 외에도 직급에 따라 임무 수행에 필요한 소정의 보수교육을 이수해야 한다. 이미 승무를 하고 있는 기성 승무원에 대한 기량의 유지 및 향상을 위한 보수교육으로는 정기 안전훈련, 상위클래스 리더교육, 팀워크 훈련, 방송교육, 외국어 교육 등이 있고 상위 직급으로의 이동을 위한 승격훈련이 근무기간 중 계속적으로 실시된다. 그리고 이러한 기량을 위한 실무교육 외에도 수시로 다양한 교육이 합숙 형태로 실시되기도 한다.

### 1) 안전교육

안전교육은 정기적으로 모든 객실 승무원을 대상으로 실시되는데, 이는 항공기에 만일의 비상사태가 발생할 경우 객실 승무원이 즉각 필요한 조치를 취할 수 있는 지식과 능력을 갖추어야 하기 때문이다. 항공사에서는 모든 객실 승무원이 이를 습득, 유지하기 위해 운항 규정에 명시된 객실 승무원 안전훈련 심사 규칙에 따라 소정의 교육을 이수하고 심사에 합격하도록 하고 있다.

훈련 내용은 주로 비상 탈출 시의 행동 절차, 승객 통제 요령, 비상장비 사용법, 응급처치법 등으로 구성되고, 훈련 과정은 테스트의 연속이며 그 과정을 거쳐 안전훈련 수료증을 받게 된다. 이 수료증이 없이는 비행 근무 자체를 할 수 없고 안전훈련은 다른 교육과정보다 철저하고 까다롭게 진행된다.

BAY ISMOYO/AFP via Getty Images

### 2) 팀워크 훈련

팀워크 훈련은 일정 기간 동안 한 팀으로 비행을 같이 하는 경우 팀이 구성된 초기에 상호 협동심을 고양하기 위해 받는 훈련이다. 모든 팀원이 팀워크 교육 프로그램을 받으면서 팀 구성원을 파악하고, 공동 운명체로서의 일체감과 협동심을 높이며, 팀 자체적으로 객실 서비스 향상을 위한 아이디어를 모으기도 한다.

Muhammed Enes Yildirim/Anadolu Agency via Getty Images

### 3) 방송 보수교육

항공사에서는 객실 승무원들이 실시하는 기내 방송의 중요성을 인식하고 방송 능력 테스트를 수시로 실시함으로써 승무원들로 하여금 방송 실력의 함양에 박차를 가하도록 독려하고 있다.

이처럼 객실 승무원들은 입사해서 신입 전문훈련을 시작으로 국제선 전문훈련, 상위클래스 서비스 전문훈련, 방송교육, 안전훈련 등 꾸준한 교육과 훈련 그리고 이에 따른 평가를 계속 받으면서 비행 근무를 한다. 최근에는 객실 승무원의 근무 특성을 고려하여 재택 학습이 가능한 사이버 교육과정을 개설 · 운영하여 인터넷을 통한 학습과 평가를 실행하고 있다.

이러한 객실 승무원의 교육 · 훈련 체계가 어떻게 이루어져 있는지 국내 K 항공사와 외국 E 항공사의 예를 들어 살펴본다.

**E 항공사의 객실 승무원 교육 · 훈련 체계**

| 직급 | 정규교육 | 비정규교육 |
|---|---|---|
| Cabin Manager<br>⬆ | Cabin Manager Training(5 days) | 강사 양성:<br>객실안전강사 양성과정<br>객실서비스강사 양성과정 |
| Cabin Senior<br>⬆ | Cabin Senior Training(11 days) | |
| FC(First Class)<br>FJ(Business Class)<br>⬆ | Premium Cabin Training<br>• FC(7 days)<br>• FJ(7 days) | |
| FA<br>(Economy Class) | Initial Training(6 weeks)<br>• Safety Training(4 weeks)<br>• Service Training(2 weeks) | |
| 전 직급 | • 정기교육<br>Recurrent(every 6 month)<br>• 비정기교육<br>New Aircraft Type Training(3 days)<br>Service Refresher(1 day)<br>Leadership for SCCM(1 day) | |

**K 항공사의 객실 승무원 교육 · 훈련 체계**

| 직급 | 정규교육 | 비정규교육 |
|---|---|---|
| (CP 이후) | 팀장 Workshop | |
| CP | 팀장 Workshop | |
| ⬆ | Working Together 과정 | |
| | ⬆ | |
| SP | 팀장 직무교육(직책 보임 시) | **방송교육:** |
| | | 방송능력 향상교육 |
| | Working Together 과정 | 방송전담 양성교육 |
| | ⬆ | 제2외국어 방송교육 |
| ⬆ | TTMQ(보직자 교육 매년) | |
| | ⬆ | **강사 양성:** |
| | 진급자 교육 | 객실강사 양성과정 |
| | ⬆ | 안전강사 양성과정 |
| PS | 항공기내보안요원훈련(AM) | 방송강사 양성과정 |
| | | 강사 보수과정 |
| ⬆ | FF CODE 교육(전담자 해당) | |
| | ⬆ | 복직 승무원 교육 |
| AP | 상위 리더 전문훈련 | SR 과정 |
| | PR SNR 전문훈련 | |
| | ⬆ | |
| ⬆ | Kalmanship 과정 | |
| | ⬆ | |
| | 상위클래스 전문훈련 | |
| | ⬆ | |
| SS | 신입 전문훈련 | |
| 전 직급 | • 정기안전보수/정기안전+JCRM<br>• 정기서비스보수/서비스플러스 | |

# SUMMARY

- 항공사를 비롯한 서비스 기업에서 직원 교육의 중요성이 강조되는 이유는 기업 간의 치열한 경쟁 때문에 직원의 역할이 증대되었기 때문이다.

- 민간 여객기에 탑승하는 객실 승무원이 승객의 안전성 · 안락성 확보에서 중요한 역할을 수행하지 못하면 안 되므로, 각 항공사는 전문훈련, 보수교육, 정기교육, 특별교육, 위탁교육 등의 과정을 통해 그 양성 및 훈련에 힘쓰고 있다.

- 각 항공사의 일반적인 입사교육은 사회인으로서의 바른 자세, 자사의 경영목표와 조직에 대한 이해, 신입 사원의 마음가짐, 운송 사업의 사명과 자사의 경영 방침 등에 관한 일반교육과 항공 운송 업무 전반에 걸친 기초적인 실무 지식을 그 내용으로 한다.

- 신입 전문훈련은 승객의 안전을 책임질 수 있는 강인한 정신력과 판단력을 키우는 안전교육과 서비스 마인드 함양 및 실전 서비스를 위한 일반 교육으로 구성되어 있다.

- 객실 승무원은 직급에 따라 임무 수행에 필요한 소정의 보수교육을 이수해야 한다.

# WORK SHEET

## SELF STUDY

1 입사교육 및 전문훈련을 다음 예를 포함하여 다섯 가지로 구분하고 각각의 훈련 내용을 정리해 봅니다.

> 예 **입사교육**
> 각 항공사의 일반적인 입사교육에서는 사회인으로서의 바른 자세, 자사의 경영 목표와 조직에 대한 이해, 신입 사원의 마음가짐, 운송 사업의 사명과 자사의 경영 방침 등에 관한 일반 교육과 항공 운송 업무 전반에 관한 기초적 실무 지식을 배운다.

- 
- 
- 
- 

2 보수교육의 종류에는 무엇이 있는지 살펴보고 교육 내용을 정리해 봅니다.

- 
- 
- 

## SELF FEEDBACK

이번 장을 통해 새롭게 알게 된 부분을 써 볼까요?

## GROUP ACTIVITY

그룹으로 나누어 항공사별 교육 · 훈련 내용을 자세히 조사해 봅니다.

PART 4

# 항공 객실 승무원의 운영 · 관리

CHAPTER

# 10 항공 객실 승무원의 승무 개요

객실 승무원의 근무 공간은 Crew Building, Airport, Airplane으로 구분할 수 있다. 근무 공간에 따라 회사에 출근하고 공항으로 이동하여 기내에서 하게 되는 근무가 주가 된다.

국적 항공사와 외국 항공사는 비행 구분을 다르게 한다. 국적 항공사의 경우 비행 노선은 국제선과 국내선으로 나누고, 국제선은 비행시간을 기준으로 장거리, 중거리, 단거리로 구분하며, 노선의 성격에 따라 한일 노선, 미주 노선, 유럽 노선 등으로 구분한다. 외국 항공사는 비행시간을 기준으로 장거리 비행(Long Flight)과 단거리 비행(Short Flight)으로 나눈다.

10장에서는 비행 업무에 대해 공간별, 단계별로 나누어 자세히 살펴보고 객실 관련 부서 업무에 대해 알아본다. 기내 객실 서비스의 탑재 절차를 세부적으로 이해하고 준비 내용에 대해 살펴본다.

### 학습목표

1. 비행 업무의 공간별, 단계별 전반적 이해
2. 객실 관련 부서의 업무 체계 이해
3. 기내 객실 서비스의 탑재 절차와 준비 내용 이해

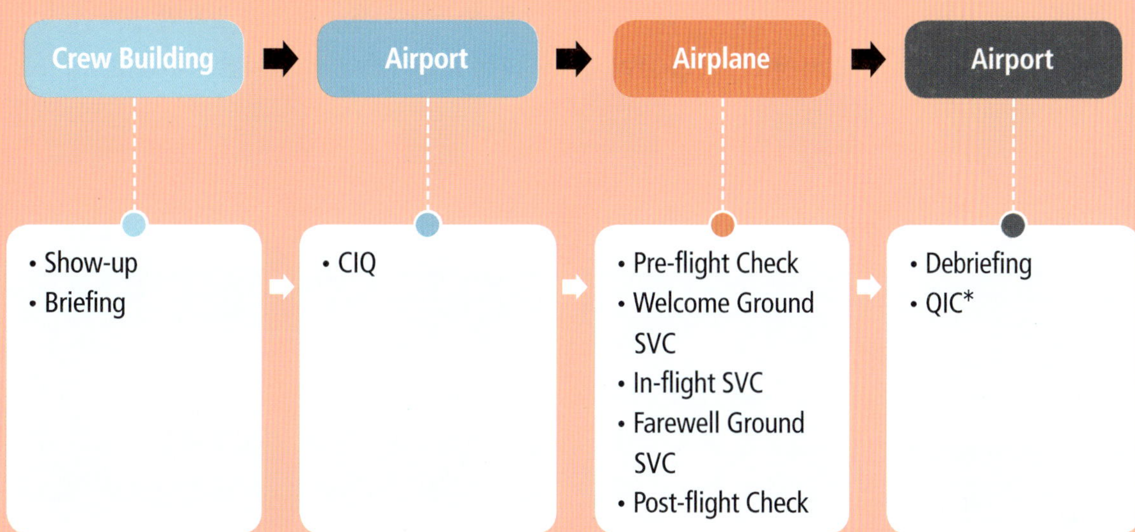


* 입국 절차는 출국 절차의 역순으로 진행된다.

항공 객실 승무원 비행 관련 업무의 근무 공간별 분류

# 1. 항공 객실 승무원의 승무

객실 승무원은 주 근무 공간이 항공기인 현장 서비스 직원이다. 객실 승무원의 일련의 근무 절차는 크게 회사 출근, 항공기 탑승을 위한 공항 이동, 항공기 탑승 근무, 비행 근무 종료 후 공항 이동, 퇴근으로 볼 수 있다. 근무 공간의 이동 순서를 기준으로 살펴보면 Crew Building, Airport, Airplane, Airport, Crew Building이 된다.

객실 승무원의 승무 절차를 시간순으로 살펴보자. 먼저 충분한 시간적 여유를 가지고 Crew Building으로 출근하여 해당 비행에 필요한 여러 가지 준비를 한다. 객실 브리핑에서 비행 여정이 같은 승무원들을 만나고, 개인 소지품과 비행에 필요한 휴대품을 확인한 후 공항으로 이동하게 된다.

국내선 비행 근무의 경우는 간단한 보안 점검으로 공항 수속이 마무리되지만 국제선 비행에 투입된 경우는 이와 다르다. 객실 승무원도 일반 승객과 마찬가지로 출입국 절차를 밟아야 한다. 이때 승무원은 빠른 공항 수속을 위해 상주 직원 심사대를 이용하게 된다.

**Customs(세관)**
물품 및 화폐에 대한 확인, 관리 업무(관세청 소관)

**Immigration(출입국 관리 사무소)**
인적 사항에 대한 확인 및 관리 업무(법무부 소관)

**Quarantine(검역소)**
전염병과 해충의 이동을 막기 위한 검사 및 검역(보건부 소관)

출국 CIQ(Customs · Immigration · Quarantine) 수속을 마치고 항공기에 탑승한 후 승객이 탑승하기 전까지는 서비스 물품과 객실 설비의 수량 및 상태를 확인한다. 승객 탑승 후에는 안전에 관한 안전 모의실연(Safety Demonstration)과 노선에 따라 음료 및 이어폰, 여행 편의용품 제공 등의 Welcome Ground Service를 수행한다. 항공기 이륙 후에는 안전을 최우선으로 하며 기내식, 기내 오락(Entertainment), 면세품 판매 등 당일 비행편

Photo Atrium/Shutterstock.com

에 해당하는 In-flight Service를 실시한다. 당일 비행편의 In-flight Service 내용은 비행 소요시간과 출발지의 현지시각, 노선의 성격에 따라 다소 차이가 있다.

착륙 후 Farewell Ground Service를 끝으로 항공기 내에서의 근무는 종결된다. 목적지 공항에 도착하면 해당 여행 일정(Itinerary)을 마감하는 비행 후 브리핑(Debriefing)을 하고 나서 퇴근한다.

국적 항공사와 외국 항공사는 비행 구분이 다르다. 국적 항공사는 비행 노선을 먼저 국제선과 국내선으로 나누고, 국제선은 비행시간을 기준으로 장거리, 중거리, 단거리로 세분한다. 그다음 노선의 성격에 따라 한일 노선, 미주 노선, 유럽 노선, 중국 노선, 동남 아시아 노선으로 구분하여, 노선별로 차별화된 객실 서비스 내용을 계획하고 구상하여 이에 부합하는 서비스를 실시한다.

외국 항공사에서는 비행시간을 기준으로 장거리 비행(Long Flight)과 단거리 비행(Short Flight)으로 나누어 운영한다. 특이한 사항으로 일부 외국 항공사의 경우 항공기 기종마다 승무 자격제를 시행하여 해당 기종의 각종 안전 테스트를 거쳐 승무 자격증을 보유한 승무원만 그 기종의 비행에 투입되는 예가 있다. 이것은 언제 발생할지 모르는 항공 사고의 대비책으로 항공 안전을 중시하는 항공 산업 전반의 추세를 엿볼 수 있는 현상이다.

앞서 언급한 승무 절차는 국적 항공사와 외국 항공사가 서비스 내용을 제외하고 모두 동일한 것으로 확인되었다. 상기 내용은 국제선 장거리 비행을 기준으로 기술한 것이며, 국적 항공사인 경우 국내선 비행편에서는 공항 수속과 In-flight Service 내용에 있어서 국제선 비행과 차이가 있다.

## 2. 근무 공간별 업무

### 1) 회사(Crew Building)

Crew Building은 승무원들이 출 · 퇴근은 물론 비행에 필요한 최종 준비 및 점검을 하는 장소이다. 항공사마다 명칭은 다르나 이 건물에는 각자 용모와 복장을 살필 수 있는 이미지 메이킹실, 각종 대기실 등이 있고 항공 서비스 관련 정보와 비행 정보를 검색할 수 있는 정보 검색실, 유니폼과 부착물을 지급받는 제복실, 식당 카페 등이 운영되고 있다. 대부분의 경우 공항과 인접한 곳에 위치하여 승무원의 이동 소요시간을 줄여 준다.

객실 승무원들은 일반직 종사자와는 근무 형태가 상이하여 각자의 근무 영역인 사무실과 자기 책상(Desk)이 없다. 승무원들의 근무처는 항공기 내 객실과 담당 서비스 구역이 되는 것이다.

항공기 출발시간을 기준으로 계산하되 충분한 시간적 여유를 가지고 Crew Building으로 출근하여 비행 관련 모든 준비를 마무리하고 Show-up을 한 후, 정해진 시간에 정해진 장소에서 객실 브리핑을 마친 뒤에 근무 시 필요한 휴대품과 해외 체재 시 필요한 개인 소지품, Per Diem을 수령하여 소지하고 공항으로 이동하게 된다.

**Show-up**
객실 승무원이 할당받은 비행 근무를 위해 지정된 시간 내에 출두하여 지정된 양식에 서명하는 것을 말한다.

**Per Diem**
승무원의 해외 체류 시 사용하도록 회사에서 각 승무원에게 지급하는 해외 체재 경비를 말한다.

## 2) 공항(Airport)

객실 승무원은 항공사 직원으로 공항 이용자의 분류에서 보면 상주 직원에 속한다. 특히 공항은 자사의 승객들이 여러 항공사의 항공 운송 서비스를 처음 접하게 되는 장소이므로 이곳에서 자사 서비스의 첫 이미지가 형성된다는 점을 명심해야 한다.

승객들은 항공사의 유니폼을 입은 객실 승무원에게 탑승 수속이나 출국 수속에 관한 질문을 하는 경우가 많다. 항공 서비스의 전문가가 되기 위해서는 일반적인 항공 산업 전반에 관한 내용과 운송 업무 관련 지식을 평소 꾸준히 습득해 가는 자세가 필요하다.

Crew Building에서 출발하는 승무원 셔틀버스(Shuttle Bus)를 타고 공항 출국장에 도착한다. 먼저 자사의 카운터로 가서 위탁 수하물을 부치고 CIQ를 통과하여 출국 수속을 마치게 된다.

## 3) 항공기(Airplane)

공항에서 출국 수속을 마친 객실 승무원은 해당 비행편의 항공기가 위치한 탑승구로 가서 탑승하게 된다. 일반적으로 늦어도 항공기 출발 1시간 전까지는 항공기 탑승구에 도착해야 한다.

Airplane에서의 업무가 객실 승무원의 주된 업무이며 이를 수행하기 위해서는 이전 단계에서 철저한 준비가 필요하다. 흔히 항공기 기내 서비스를 In-flight Service라고 통칭한다. 본서에서는 기내 서비스를 Pre-flight Check, Welcome Ground Service, In-flight Service, Farewell Ground Service, Post-flight Check의 5단계로 나누어 구성해 보았다.

Pre-flight Check은 객실 승무원이 항공기에 탑승한 시점부터 승객이 탑승하기 전까지의 업무 내용을 말하며, 개인 소지품 정리, 운항 브리핑 참석, 객실 및 시스템 점검, 객실 서비스 준비 등이 포함된다.

Welcome Ground Service는 승객 탑승 시점부터 항공기가 이륙하기 전까지를 의미한다. 간단한 음료와 이어폰, 여행 편의용품을 제공하며 안전 운항을 위한 Demonstration도 실시한다. 이륙 후 항공기가 적정한 순항 고도에 이르게 되면 본격적인 In-flight Service가 실시된다. 장거리 구간인 경우 대개 두 차례의 기내 식사와 한 번의 스낵을 제공하고 영화와 같은 영상물을 상영하며, 그 서비스 내용과 방법은 항공사별로 다소 상이하다. 항공기가 목적지 공항에 도착하면 항공 여행의 유종의 미를 거둘 수 있는 Farewell Ground Service를 한다. 승객 하기 후 객실 승무원은 해당 비행의 완전한 마무리를 위해 Post-flight Check 업무를 행하게 된다.

### 4) 공항(Airport)

항공기에서 당일 각자에게 부여된 비행 업무를 마친 객실 승무원은 도착지 공항에서 입국 수속을 거쳐 휴식을 취할 수 있는 장소로 이동한다. 도착지가 모기지일 경우는 공항에서 간단한 디브리핑을 하고 자택으로 퇴근한다. 해외에서 체재하는 경우는 항공사의 지정 숙소인 호텔로 이동하여 다음 비행 근무일까지 개인 휴식시간을 갖게 된다.

**Insight Journey**

9. 객실 승무원은 입국 시 면세 범위가 일반 승객과 다르다. 대한민국에 입국하는 항공 객실 승무원의 면세 허용 범위를 알아보자. (도움말은 부록 참조)

항공사 객실 관련 부서의 업무 체계

## 운송

**FLT H/D 계획 수립**

- SKD 확인
- RSVN Status
- T/S PAX 현황
- SPCL PAX 현황

**Check-In**

- PAX/BAG 수속
- SBY PAX 처리
- CIQ 안내

**Check-In Close**

**Boarding**

- Load Planning
- Cargo 접수

**출항 허가**

- G/D & M/F
- Load Sheet
- SHR

**Deplane**

**T/S Pax 서비스**

- Security Check
- 우대 서비스 제공

**CIQ**

- IMM TRBL
- BAG TRRE
- STPC SVC

## 운항

**운항 브리핑**

- A/C CONN Status
- SKD 결정(정시/지연/조기 운항)
- Crew 점검
- 기상(출발지/노선/도착지)
- 해당 공항 운항 제한사항
- 탑재 연료량 산출
- FLT Plan File

**CIQ 통과**

- Crew 자격
- Crew M/F 제출

**A/C 탑승**

- Check List
- 항공기 내외부 점검
- 연료 탑재량 확인

**Boarding Sign**

**Door Close**

- ATC Clear

**Push Back**

- Taxiway
- ATC Clear

**Take-off**

- Runway
- AGTOW
- VR
- 순항 고도/순항 속도
- Approach/Decision Height

**Landing**

- Parking Spot
- Boarding Bridge

**CIQ Clear**

- 임시 상륙 허가

**Debriefing**

## 객실

**PMO 접수**

- Preliminary Meal Order (기내식 수요 파악)
- Cabin SVC Item 탑재 준비
- SPCL Meal 파악
- 기판품 탑재 준비

**Cabin Item 탑재**

- Meal Tray
- Cart

**기내 청소 상태 확인**

**F.M.O 접수**

- Final Meal Order

**Welcome Greeting**

- 좌석 안내
- 짐 보관
- Safety DEMO
- Hand Towel
- Earphone
- Beverage
- Meal SVC
- In-flight Sales
- In-flight Entertainment
- CIQ Form 배포

**Farewell Greeting**

## 정비 및 조업

**운항 정비**

- 항공기 출발 태세 점검
- GPU(Ground Power Unit)
- Fueling
- A/C Cleaning
- Air Condition
- Stepcar

**Bag Container 작업**

**BAG/CGO Loading**

**Towing**

**BAG/CGO Unloading**

일반석에서 제공되는 이어폰

승객 탑승 전 점검이 완료된 기내

Entree는 기준 시간에 맞춰 데워 제공한다.

승객 하기 후 유실물 등을 확인한다.

# SUMMARY

- 객실 승무원의 일련의 근무 절차는 크게 회사 출근, 탑승을 위한 공항 이동, 항공기 탑승 근무, 비행 근무 종료 후 공항 이동, 퇴근으로 볼 수 있다.
- 국적 항공사는 비행 노선을 먼저 국제선과 국내선으로 나누고 국제선은 비행시간을 기준으로 장거리, 중거리, 단거리로 세분한다. 그다음 노선의 성격에 따라 한일 노선, 미주 노선, 유럽 노선, 중국 노선, 동남 아시아 노선으로 구분한다.
- 외국 항공사에서는 비행시간을 기준으로 장거리 비행(Long Flight)과 단거리 비행(Short Flight)으로 나누어 운영한다.
- Crew Building은 승무원들이 출 · 퇴근은 물론 비행에 필요한 최종 준비 및 점검을 하는 장소이다.
- Airplane에서의 업무가 객실 승무원의 주된 업무이며 이를 수행하기 위해서는 이전 단계에서 철저한 준비가 필요하다.

# WORK SHEET

## SELF STUDY

1 항공 객실 승무원의 근무 공간을 이동 순으로 나열해 봅니다.

2 기내 서비스(In–flight Service)를 다음 예를 포함하여 5단계로 나누고 단계별 세부 내용을 정리해 봅니다.

> 예 **Pre-flight Check**
> 객실 승무원이 항공기에 탑승한 시점부터 승객이 탑승하기 전까지의 업무 내용을 말한다. 그 내용에는 개인 소지품 정리, 운항 브리핑 참석, 객실 및 시스템 점검, 객실 서비스 준비 등이 포함된다.

•

•

•

•

## SELF FEEDBACK

이번 장을 통해 새롭게 알게 된 부분을 써 볼까요?

## GROUP ACTIVITY

그룹으로 나누어 외항사와 국내 항공사의 근무 공간별 업무 차이를 조사해 봅니다.

CHAPTER

# 11 항공 객실 승무원의 국내선 업무 절차

항공 객실 승무원의 국내선 업무 절차는 공간에 따라 회사에서의 업무, 공항에서의 업무, 항공기에서의 업무로 구분할 수 있다. 회사에서는 출근 후 비행 준비에 필요한 전반적인 업무를 수행한다면, 공항에서는 항공기 탑승을 위해 이동하는데 이때 보안 검색 과정을 거치게 된다. 항공기에 탑승한 후에는 객실 점검 및 서비스 준비 업무를 수행하고 승객을 맞이한다. 이륙 후 비행 중에는 영상물 상영, 음료 서비스 등을 수행하고 착륙 후에는 승객 하기를 돕는다. 이후 기내 점검 및 비행 후 브리핑이 완료되면, 국내선 비행 업무는 종료된다.

11장에서는 국내선 업무 절차를 근무 공간별로 알아보고, 기내에서의 업무를 Pre-flight Check, Welcome Ground Service, In-flight Service, Farewell Ground Service, Post-flight Check의 5단계로 나누어 살펴보도록 한다.

### 학습목표

1. 국내선의 업무 절차 이해
2. 객실 브리핑의 내용 이해
3. 국내선 비행 시 기내의 안전 업무 및 서비스 업무 이해

항공 객실 승무원의 국내선 업무 절차 개요

# 1. 회사에서의 업무

객실 승무원은 개인 스케줄에 할당된 비행 업무를 위해 출근하게 된다. 일반적으로 공항에 위치한 승무원 승무원 빌딩(Crew Building)으로 출근하며, 이곳에서 비행에 필요한 최종 준비를 하고 해당 편 승무원들과 대면하는 객실 브리핑을 갖게 된다.

승무원 빌딩에는 용모 · 복장 재점검을 위한 공간이 있으며, 여유시간에 승무원 상호간에 대화를 나눌 수 있는 휴게 장소는 물론 추가 비행 정보를 알아볼 수 있는 정보 공유실도 있다.

승무원 빌딩에 출근한 승무원은 용모와 복장 점검을 마치고 Show-up을 한 후 정보 공유실로 가서 해당 비행편의 업무 할당과 브리핑 정보, 당일 회사 소식 등을 조회한다. 이를 마친 승무원은 객실 브리핑 시간까지 휴게실에서 개인 용무를 보며 대기한다.

## 1) 출근

계절, 기후, 교통 혼잡 등 여러 출근 상황을 고려하여 충분한 시간적 여유를 가지고 출근한다. 유니폼을 입고 출근할 때는 회사 규정에 맞는 메이크업과 헤어 스타일을 갖추어야 하며, 사복 착용 시에도 승무원의 품위 유지를 위해 정장 차림을 해야 한다.

**국내선 객실 승무원의 필수 휴대품**

| Domestic Flight의 경우 | |
|---|---|
| 사무장 | • 사무장 지급 패드(안전 자격증, 사무장 방송문, 업무용 교본, 해당 편 비행 정보 및 탑승 승객 인적 사항 등 일체 내용 수록)<br>• Cleaning Coupon<br>• 일반 승무원 필수 휴대품 포함 |
| 일반 승무원 | • 여권 및 직원 신분증(I.D Card)<br>• 업무 수행에 필요한 지급품(Apron, 기내화 등)<br>• 개인 휴대로 지정된 물품(메모지, 볼펜, 향수 등)<br>• 업무용 지급 패드(안전 자격증, 방송문, 업무용 교본, 해당 편 비행 정보 및 탑승 승객 인적 사항 등 일체 내용 수록) |

## 2) 출근부 서명(Show-up)

승무원은 할당된 비행 근무를 수행하기 전에, 지정된 장소에 비치된 출근부(Show-up List)에 서명하여 자신의 출근 여부를 확인해야 한다. 서명은 브리핑을 실시하기 전에 비행 근무를 위한 제복 착용을 완전하게 갖춘 상태에서 한다.

## 3) 브리핑(Briefing) 준비

유니폼(Uniform)을 입은 후 용모와 복장을 점검하고 해당 노선 관련 정보를 수집한 후, 최신 업무 지시 및 공지사항을 확인한다. 그리고 필수 휴대품의 이상 유무를 확인한다.

## 4) 객실 브리핑(Cabin Briefing)

객실 사무장이 주관하는 객실 브리핑은 근무의 첫 출발점이며 함께 비행할 팀원과의 첫 만남이 이루어지는 시간이다. 또한 이 시간의 활용도에 따라 해당 편 비행의 서비스 품질이 좌우되기도 하므로 그 중요성은 근무 전반에 걸쳐 상당히 높다고 할 수 있다.

전 팀원이 Team Power를 극대화하여 고객 감동 객실 서비스를 창출하기 위해서는 한정된 시간 내에 최대의 효과를 올리기 위한 전략적 사고와 자세를 겸비하여 객실 브리핑을 준비하고 임해야 한다.

**객실 브리핑(Cabin Briefing) 내용**

- 몸풀기(Stretching)
- 승무원 소개
- 비행 정보
- 승객 정보
- 업무 할당(Duty Assignment)
- 최신 업무 지시 전달 및 확인
- 노선 특성에 입각한 서비스 전략 수립
- 비상시 근무 절차(Emergency Procedure) 숙지도 테스트
- 휴대품 준비사항 확인
- 서비스 동기부여
- 용모, 복장 점검
- 방송 담당자 지정 및 우선순위 결정

## 2. 공항에서의 업무

객실 브리핑을 마친 객실 승무원들은 버스를 타고 국내선 공항 청사로 이동하게 된다. 객실 승무원의 항공기 탑승시간과 운항 브리핑 시간이 정해져 있으므로, 반드시 이동 소요시간을 고려해야 한다. 일반적으로 동일 비행편의 승무원은 같은 셔틀버스를 이용하게 된다. 4장에서 살펴본 바와 같이, 항공 서비스는 운송 부서와 객실 부서 간의 서비스가 밀접하게 연계된다. 따라서 객실 승무원은 본인의 비행 근무뿐 아니라 완전한 대고객 서비스 차원에서 공항의 기본 시설과 항공사의 공항 업무에 대한 이해가 요구된다.

항공기의 이 · 착륙에 필요한 공항의 기본 시설을 살펴보면 대체로 활주로(Runway), 유도로(Taxiway), 주기장(Apron), 항공 보안 시설 정도로 구분된다. 활주로는 항공기가 이 · 착륙할 때 가속이나 감속하기 위해 필요한 지상 활주용 도로 표면이고, 유도로는 항공기가 활주로와 주기장 및 정비 지역을 왕복하는 데 이용되는 통로를 말한다. 주기장은 공항에서 여객의 탑승과 하기, 화물의 적재와 하역, 연료 보급과 정비 등을 하기 위해 항공기가 주기하는 장소이고, 항공 보안시설은 안전하고 질서 있는 항공기 운항을 위해 이를 지휘하고 비행 중이나 착륙 과정에서 항공기를 유도해 주는 시설로 관제시설(Air Traffic Control Tower), 항공 보안 무선시설, 항공 등화시설이 있다.

Aerovista Luchtfotografie/Shutterstock.com

항공사의 공항 업무는 승객의 좌석 탑승 수속(Check-in)과 수하물 관련 업무를 주로 하는 여객 운송 업무와 Catering 작업, 기내 청소, 기내 용품과 기물 관리를 담당하는 객실 관련 업무가 있다. 이외에도 항공기 점검, 부품 관리 및 정비 관리 · 점검을 하는 정비 업무, 조업사 관리 및 감독 업무, 화물 운송 및 연료 관련 업무 등이 있다.

## 1) 보안 검색(Security Check)

승무원은 ID Card를 패용하고 보안 검색대를 통과한다. 보안 검색은 항공기 안전 운항에 저해되는 위험 물품의 항공기 내 탑재를 방지하기 위해 실시한다. 휴대 수하물은 X-ray 검색대를 통과하여 검색하고, 신체 휴대물은 게이트형 금속 탐지기를 통해 검색한다. 청원 경찰의 판단에 따라 필요시는 휴대용 금속 탐지기 또는 촉수 검색이 실시될 때도 있다.

## 2) 운항 브리핑

운항 브리핑이란 공항으로 이동 후 운항 승무원과 객실 승무원이 함께 정해진 시각에 모여 기장 주관하에 안전에 관한 협력 체제를 구축하는 시간이다. 운항 브리핑의 주요 내용으로는 비행시간, 운항노선, 기상 상태에 관한 것과 해당 노선 특색에 따른 협력사항 확인 등이 있다.

Andy Soloman/UCG/Universal Images Group via Getty Images

## 3. 항공기에서의 업무

공항에서 보안 검색을 마친 객실 승무원은 해당 비행편의 항공기가 위치한 탑승구로 가서 탑승하게 된다. 항공 객실 안에서 이루어지는 서비스를 흔히 In-flight Service로 통칭한다. 본서에서는 In-flight Service를 Pre-flight Check, Welcome Ground Service, In-flight Service, Farewell Ground Service, Post-flight Check의 5단계로 나누어 구성해 보았다.

Pre-flight Check은 객실 승무원이 항공기에 탑승한 시점부터 승객이 탑승하기 전까지의 업무 내용을 말하며, 개인 소지품 정리, 객실 및 시스템 점검, 객실 서비스 준비 등이 포함된다. Welcome Ground Service는 승객 탑승 시점부터 항공기가 이륙하기 전까지를 의미하며, 안전 운항을 위한 Demonstration을 실시한다. 모니터가 장착된 기종은 영상물을 상영하여 실시하고, 장착되지 않은 기종은 객실 승무원이 담당 구역에서 승객에게 직접 시연한다.

이륙 후 항공기가 적정한 순항 고도에 이르게 되면, 본격적인 In-flight Service가 실시된다. 국내선 구간은 비행시간 관계로 간단한 음료 서비스가 제공되며 그 서비스 내용과 방법은 항공사마다 다소 상이하다. 항공기가 목적지 공항에 도착하면 환송 인사와 함께 승객의 원활한 하기를 돕는 Farewell Ground Service를 한다. 승객 하기 후 객실 승무원은 해당 비행의 완전한 마무리를 위해 잔류 승객의 유무 확인과 유실물 점검을 위한 Post-flight Check 업무를 행하게 된다.

### 1) Pre-flight Check

Pre-flight Check란 객실 승무원이 공항 수속을 마치고 항공기에 도착하여 승객들이 항공기에 탑승하기 전까지 수행하는 여러 점검을 이른다. 운항 브리핑을 끝낸 객실 승무원은 항공기 탑승 후 각자 배정된 Duty에 따라 안전 및 서비스 분야에 대한 비행 전 점검을 실시하고 서비스 준비를 하게 되는데, 승객의 안전한 여행과 객실 승무원의 원활한 업무 수행을 위해 정확하고 신속하게 실시해야 한다.

| Pre-flight Check | ➡ | Welcome Ground Service | ➡ | In-flight Service | ➡ | Farewell Ground Service | ➡ | Post-flight Check |
|---|---|---|---|---|---|---|---|---|
| • 개인 소지품 정리<br>• 비상 · 보안 장비 및 시스템 점검<br>• 서비스 용품 탑재 확인<br>• 서비스 준비 | | • 탑승 인사<br>• 좌석 안내 및 휴대물 보관 안내<br>• 비상구 좌석 안내<br>• 출입문 닫기 및 안전 점검<br>• 탑승 환영 방송<br>• 안전 모의실연<br>• 이륙 준비 | | • 영상물 상영<br>• 음료 서비스<br>• 객실 순회<br>• 착륙 준비 | | • 환송 안내 방송<br>• 안전 점검 및 출입문 열기<br>• 승객 하기 안내 및 환송 인사 | | • 기내 점검<br>• Debriefing (비행 후 브리핑) |

국내선 비행을 위한 항공기에서의 업무 절차 개요

## (1) 개인 소지품 정리

객실 승무원은 항공기 탑승 후 비행용 가방(Flight Bag)과 Hanger 등 승무원의 기내 반입 수하물을 Overhead Bin, Coatroom, 좌석 하단으로서 전방과 통로측 방향에 고정장치가 설치된 공간 등 지정된 위치에 승객의 안전과 편의를 최우선으로 고려하여 안전하게 보관해야 한다. 이때 승객 좌석 주변이나 Door Side 등에 방치하지 않도록 주의한다. 비행 중 업무에 필요한 개인 용품은 승무원 좌석 부근의 승객이 사용하지 않는 좌석 주머니(Seat Pocket) 또는 기내 주방(Galley)의 주변 보관함(Compartment)에 보관한다.

**Coatroom**
승객이나 승무원의 코트와 짐을 보관할 수 있는 설비를 말한다.

Overhead Bin에 보관된 객실 승무원의 비행용 가방

Storage 내에 비치된 비상장비

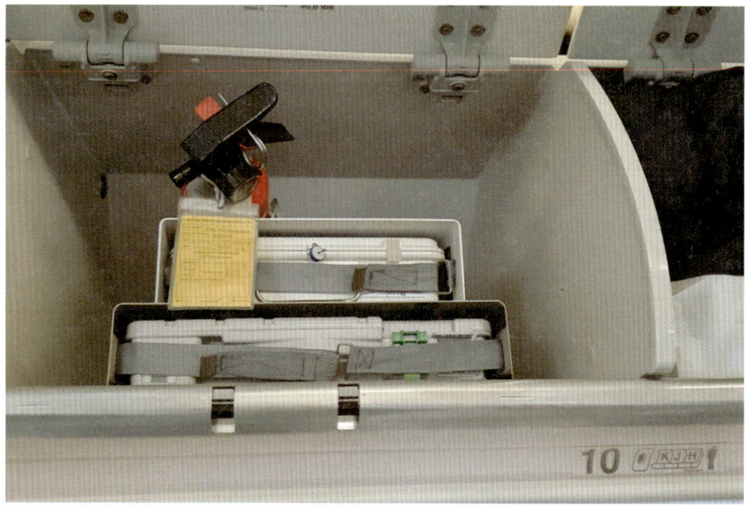


Overhead Bin 내에 비치된 비상장비

Santiago Urquijo/Moment via Getty Images

### (2) 비상 · 보안 장비 및 시스템 점검

객실 승무원은 사고를 미연에 방지하고 비상사태 발생 시 신속하게 대처하기 위해 반드시 비행 전에 근무를 배정받은 각각의 담당 구역에서 Check List에 의거하여 비행 전 비상장비와 보안장비 점검을 실시하고, 그 결과를 사무장에게 보고해야 한다.

그리고 담당 구역별로 지상 조업원이 실시한 기내 청소 상태(Cabin, Galley, Lavatory Area, Passenger Seat, Seat Pocket) 및 각자 담당 구역의 PA(Public Address) 성능을 확인하고 객실 내의 방송 상태를 모니터링한다. 아울러 승객 좌석, 화장실, 기내 주방 내의 설비나 시스템이 정상으로 작동하는지 이상 유무를 점검한다.

### (3) 서비스 용품 탑재 확인

객실 승무원은 해당 노선의 특성, 출발시간에 따른 서비스 내용, 탑승객 인원을 고려하여 서비스에 필요한 기물 및 용품의 수량, 청결 상태 등을 점검한다. 일부 항공사에서는 아침 출발 항공편에서는 탑승객들에게 아침식사 대용으로 빵을 제공하고, 어린이날이나 크리스마스 등 특별히 의미 있는 날에는 이벤트 서비스 용품을 탑재하여 승객들에게 제공하고 있다.

## CHK Point 항공 객실 승무원의 비상 · 보안 점검사항

| 시점별 Check Point | | |
|---|---|---|
| 비행 전 | • Show–up Sign<br>• 비행 필수품 휴대<br>• Duty 확인<br>• 비상장비 위치 및 사용법<br>• 조종실 출입 절차 숙지<br>• 최근 업무 지시 및 공지사항 확인 | • Door 작동 요령 숙지<br>• 비상 처리 절차 숙지<br>• 비상시 임무 분담 숙지<br>• 조종실과 객실 간 연락 방법(비상시, Turbulence 발생 시) |
| 승객 탑승 전 | • 승무원 휴대품 정리<br>• 담당 구역의 비상장비 점검 | |

| 비상 · 보안 장비 | Check Point |
|---|---|
| First Aid Kit | Seal 이상 유무 |
| EMK | Seal 이상 유무 |
| Portable Oxygen Bottle | Gauge Green색의 바늘 확인<br>산소마스크 확인 |
| Fire Extinguisher | Gauge Green색의 바늘 확인<br>직접 장탈 |
| PBE | 진공 포장 여부 |
| Emergency Flash Light | Signal Lamp 점등 여부 |
| Seat Belt(유아용 포함) | 이상 유무 |
| Megaphone | 작동 여부 |
| Smoke Detector | 작동 여부 |
| 방탄담요/방탄조끼 | 탑재 여부 |
| 비상벨 | 작동 여부 |

| | | |
|---|---|---|
| | • Door Slide Mode 확인<br>• Door Side 및 Aisle Clear | |
| 승객 탑승부터 이륙 전까지* | • 승객 휴대 수하물의 정위치 보관 안내<br>• Slide Mode 및 Door Locking 상태 확인<br>• Seat Belt 착용 상태 점검<br>• 승무원 정위치 착석 | • 노약자, 환자, 유아 승객에 대한 Special Care<br>• Overhead Bin Close 및 Locking 상태 확인<br>• 유동물 고정<br>• 30 Second Review 실시 |
| 이륙 후부터 착륙 전까지* | • Turbulence 사고 방지 유의(Seat Belt 상시 착용)<br>• 감압 시 조치사항 숙지<br>• 보안장비 관리<br>• IRRE 발생 시 보고 | • 기내 환자 발생 유의<br>• 흡연 상황 발생 유의<br>• 제한 품목 보관 및 관리<br>• Door Side 및 Aisle Clear |
| 착륙 후* | • 항공기 완전 정지까지 승객 이동 제지<br>• 유실물 점검<br>• Taser 인수인계 및 보관 | • Slide Mode 변경 및 수신호<br>• 사무장의 최종 점검 |

* 점검 시 기재된 순서를 따른다.

**Cart**
기내 물품 운반 용구로 항공기에 따라 크기와 종류가 다양하다. 항공기 운항 거리 및 기내 구조에 따라 Full Size Cart, Half Size Cart로 구분되고, 용도에 따라 Meal Cart, Liquor Cart, Sales Cart, Serving Cart 등으로 구분된다.

**K 항공사 국내선 서비스 용품**

- 기물: Coffee Pot, Muddler Box, Basket, Cart, Tray 등
- 기내 음료: Coffee, Orange Juice, Coke, 생수, 녹차 등
- 서비스 용품: Cocktail Napkin, Cart Mat, Paper Cup, Cup Lid, Muddler, Straw, Cream & Sugar, Service Tag, Tray Mat, Plastic Bag 등

#### (4) 서비스 준비

객실 승무원은 각자 할당받은 Duty에 맞는 서비스 준비 업무를 하게 된다. 일반 승무원은 각종 음료수를 준비할 때 승객 수를 감안하여 Chilling을 확인하고 짧은 비행시간 내에 완벽히 서비스할 수 있도록 기타 서비스 용품을 미리 준비해 둔다.

모든 탑재 확인 및 준비 업무가 끝나면 담당 구역별로 이상 유무를 사무장에게 보고한다. 지상 조업과 객실 내 비행 준비가 완료되었다는 보고를 받으면, 사무장은 기장에게 이를 보고하고 기장과 협의해 지상 직원에게 승객의 탑승 시작시간을 알려 준다. 또한 승객 탑승의 원활한 진행을 위해 객실 승무원을 배치하고 지휘한다.

**BGM(Boarding Music)**
승객 탑승 또는 하기 시 항공기 객실에 장착된 Loud Speaker를 통해 제공되는 기내 음악을 말한다. 기내에는 보통 4개 채널의 음악이 준비되어 있다.

**Air Show**
비행 중 승객들에게 해당 비행에 관련된 각종 정보를 안내하는 시스템을 말한다. 비행 속도, 고도, 현재 위치, 목적지까지의 거리와 남은 시간, 현지시각, 외부 온도 등을 기내 스크린을 통해 알려 준다.

사무장은 패널에서 Pre-recorded Announcement, Light Control System, 온도 조절 장치, Portable Water의 수량 등을 확인하고 승객이 탑승하기 전에 Boarding Music 시스템을 작동시킨다. 단편물 상영이 가능한 기종에서는 비디오 시스템의 작동 여부를 확인하고, Air Show 상영에 필요한 기본 데이터(출발지, 목적지, 비행시간)를 입력한다. 그리고 안전 모의실연(Safety Demonstration) 영상물을 확인한다.

### 2) Welcome Ground Service

Welcome Ground Service란 승객이 항공기에 탑승하여 항공기가 이륙하기 전까지 객실 승무원이 해야 하는 업무를 말한다. 우선 승객과 첫 대면이 이루어지는 시간이므로 좋은 항공사의 이미지를 전달할 수 있도록 승객 탑승 시 밝은 환영 인사와 더불어 정성껏 좌석 안내를 해야 한다.

Sorbis/Shutterstock.com

이 시점의 객실 승무원 업무는 서비스 업무보다는 항공기 운항 전반과 이륙을 위한 안전 업무에 큰 비중이 있으므로 안전 요원으로서의 역할을 충실히 이행해야 한다. 또한 운항 관련 서류 인수나 특별 승객 응대 시 지상 운송 직원과의 업무 협조에도 소홀함이 없어야 한다.

### (1) 탑승 인사

승객 탑승이 시작되면 모든 객실 승무원들은 각자의 Boarding Position에서 친절하고 명랑하게 인사한다. 이때 가능한 한 승객 개개인에게 환영 인사를 하도록 한다. 탑승구에 위치한 승무원은 환영 인사와 더불어 탑승객 본인 확인 및 좌석 방향 안내를 담당하고, 객실 내에 있는 승무원은 각자의 담당 구역에서 좌석 안내와 함께 유연성 있게 이동하며 인사를 실시한다.

### (2) 좌석 안내 및 휴대물 보관 안내

탑승구에 위치한 객실 승무원은 환영 인사와 함께 탑승권을 확인한다. 탑승권에서는 오탑승 방지를 위해 항공편명, 날짜, 목적지 등을 확인하고 좌석의 방향을 정확하게 제시하며 'L' Side와 'R' Side를 구분하여 안내한다.

객실 내에 위치한 승무원은 담당 구역에서 원활한 승객 탑승 진행을 위해

© Myung Hye Ree

승객의 탑승권 확인을 위한 장비(POS)

이동하면서 적극적으로 안내를 실시하고, 특히 노약자, 환자, 어린이, 유아 동반 승객에게 유의한다. 또한 좌석을 안내한 후에는 승객에게 휴대 수하물 정리 및 보관 요령, 전자기기 사용 규정에 대해 안내한다. 좌석 중복과 같은 이례적인 상황이 발생한 때는 사무장에게 즉각적인 보고가 이루어져 신속한 조치가 취해지도록 한다.

기내에 반입한 수하물은 Overhead Bin이나 좌석 밑에 보관하도록 안내하되 승객 안전에 유의한다. Overhead Bin에 보관할 때는 물품을 Bin의 바닥에 놓아 Bin을 열었을 때 떨어지지 않도록 하고, 좌석 밑에 보관할 때는 물품이 통로를 가로막지 않도록 안내한다. 만일 Overhead Bin이나 좌석 밑에 보관할 수 없는 수하물이 불가피하게 반입된 경우, 기내 Storage Compartment나 Coatroom 또는 빈 좌석에 고정한 상태로 보관한다.

### 좌석 중복 승객 처리

- 승객의 이름, 좌석번호를 확인한다.
- 좌석이 중복 배정된 것으로 확인되면 우선 정중히 사과한다.
- 나중에 탑승한 승객에게 Jump Seat에서 기다리도록 권유한다.
- 객실 사무장에게 보고한다.
- 객실 사무장은 지상 직원에게 좌석 재배정을 요청한다.
- 여유 좌석이 있는 경우 나중에 탑승한 승객을 승객이 선호하는 좌석으로

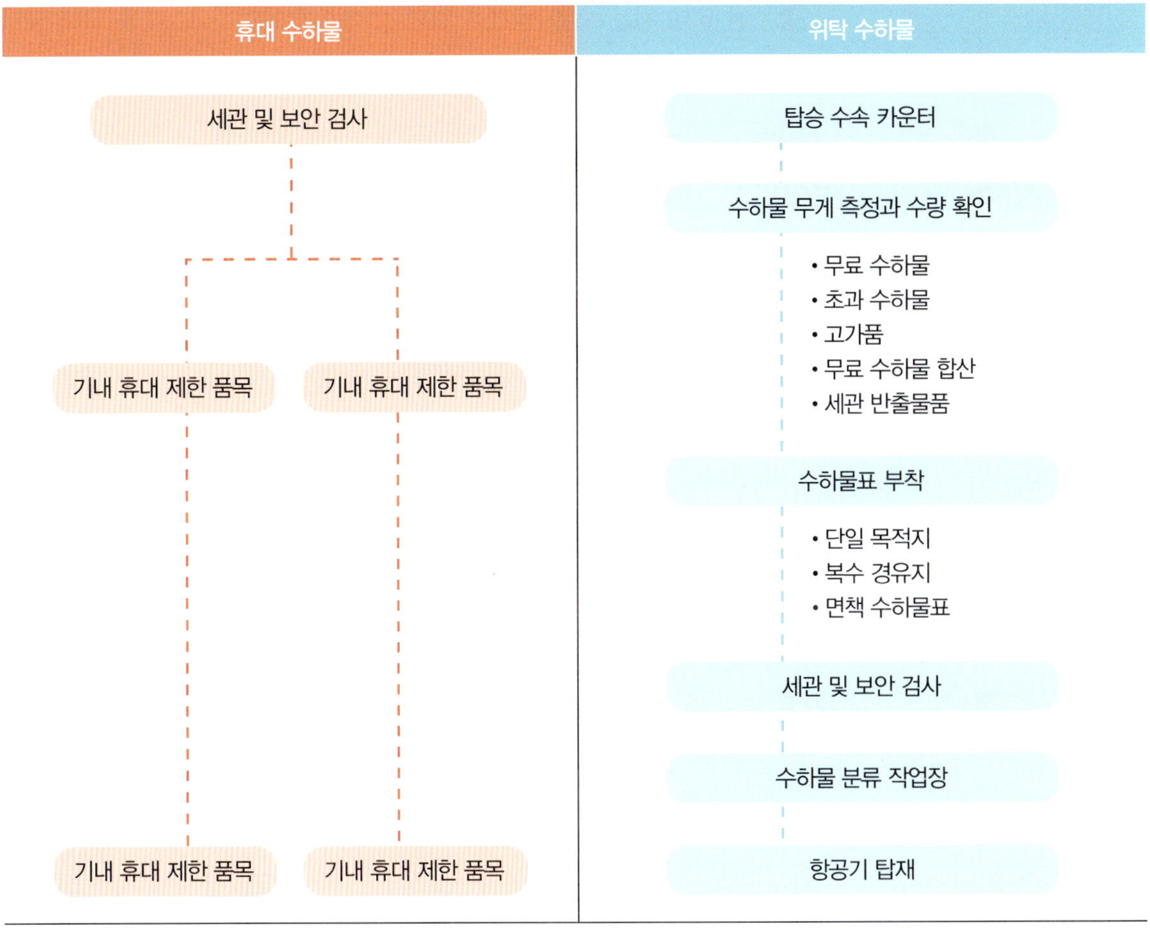


승객 수하물의 분류와 탑재 과정

재배정한다.

• 담당 승무원은 재배정한 좌석으로 승객을 안내한다.

기내 위탁품 처리

- Coat, Jacket, Hanger 등은 보관 시 Tag을 이용하고 보관 장소를 승객에게 알려 준다.
- 부피가 큰 물건은 Coatroom 등 적당한 장소에 보관한다.
- 모든 위탁품은 승객 하기 시 승객에게 되돌려 준다.
- 중요한 고가 물건의 보관을 부탁받은 경우는 동료 승무원에게 알리고 하기 시 반드시 반환되도록 한다.

• 승무원 교대 시는 보관 물건을 일단 승객에게 돌려주고, 다음 교대 승무원에게 다시 맡기도록 안내한다.

초과 휴대 수하물에 대한 처리

• 승객 탑승 중 초과 휴대물 발견 시 승객의 최종 목적지까지 일반 화물로 보내도록 조치한다.
• 현금, 유가증권 등 중요 서류는 승객이 직접 꺼내 소지하도록 한다.
• 깨지기 쉬운 물건은 승객의 서명을 받은 후에 'Fragile Item Tag'을 부착한다.

### (3) 비상구 좌석(Exit Seat) 안내

비상구 좌석에 착석한 승객이 비상시 승무원의 업무를 도울 수 있도록, 승객이 비상시 취해야 할 임무에 대해 다음과 같은 간단한 브리핑을 실시한다. 만약 신체 장애로 임무를 수행하기 어려운 승객이거나 15세 미만의 소아를 동반한 승객과 같이 임무 수행에 부적합한 승객이 배치된 경우, 반드시 사무장에게 보고한 후 좌석 재배치를 해야 한다.

**비상구 좌석(Exit Seat) 착석 승객 임무**

- 비상구 확인 및 개방
- 비상구 외부 상황 파악
- 승무원의 구두 또는 수신호 따르기
- 비상구 주변 장애물 제거
- 슬라이드 팽창 확인 및 안정 유지
- 안전한 비상 통로로 신속히 탈출

ADEK BERRY/AFP via Getty Images

### (4) 출입문 닫기 및 안전 점검(Door Close & Safety Check)

승객 탑승이 거의 종료되면 모든 객실 승무원은 항공기 이륙 준비를 해야 한다. 담당 구역별로 전 승객의 착석과 수하물 보관 정돈 상태 등을 마무리 한다.

객실 사무장은 지상 직원으로부터 Ship Pouch를 인수하여 그 내용을 확인한 후 Weight & Balance 관련 서류가 기장에게 전달되었는지 확인하고, 탑승 종료 상황을 최종적으로 점검한 후 탑승 승객 인원, 특이사항 등을 기장에게 보고한 후 항공기 Door Close를 한다. Door Close 후 사무장의 지시에 따라 전 객실 승무원은 안전 점검(Safety Check)을 실시한다. 안전 점검은 항공 안전과 비상시 신속한 대처를 위한 조치로 Door Close 후 Boarding Bridge 또는 Trap이 항공기와 분리된 직후 사무장의 방송에 따라 동시에 실시된다.

**Ship Pouch**
항공기 출 · 입항에 필요한 각종 제반 서류를 말한다. Special Handing Request, Restricted Item, 귀중품 인계인수서, UM 운송 신청서, 서약서(임산부, 환자), 병약 승객 운송 신청서

© Myung Hye Ree

Automatic 위치로 변경한 Slide Mode

전 승무원은 해당 구역의 안전 운항 관련 사항을 점검하고 해당 Door의 Slide Mode를 변경한다. Slide Mode는 항공기 출발 시에는 Manual에서 Automatic 위치로 변경하고, 항공기 도착 시에는 Automatic에서 Manual로 변경한다. Slide Mode 변경 후, L Side와 R Side 승무원이 상호 점검하고 아래 사항을 점검한 다음 객실 사무장에게 최종 보고한다.

## CHK Point 안전한 항공기 출발을 위한 점검사항

| 항공기 출발 시점의 안전 Check Point |
|---|
| • 승객 착석 및 좌석벨트 착용 상태<br>• Door의 Close 및 Slide Mode의 변경 상태<br>• Overhead Bin 닫힘 상태<br>• 좌석 등받이, Table 및 Arm Rest 원위치<br>• 승객 휴대 수하물 및 기타 유동물 고정<br>• Door Side 및 Aisle 승객의 Baggage 방치 유무<br>• 화장실 내 승객 유무 |

### (5) 탑승 환영 방송(Welcome Announcement)

객실 승무원이 실시하는 기내 방송은 승객에게 비행 중의 서비스 내용, 시설 이용 방법, 여행에 필요한 정보를 안내하는 한편, 비행 안전사항에 대해서는 승객을 효율적으로 통제함으로써 승객의 쾌적하고 안전한 여행을 보장하기 위해 실시된다.

| Procedure | Announcement |
|---|---|
|  | PA Test |
| Pax Boarding | Baggage Securing & Restriction of Electronic Devices (1차) |
|  | Baggage Securing & Restriction of Electronic Devices (2차) |
| Door Close | A/C Door Close |
| Ramp Out | Welcome |
|  | Safety Demo |
| Take–off | Take–off |
| Seat Belt Sign Off | Seat Belt Sign Off(안내) |
| In–flight Service |  |
| Seat Belt Sign On(1차) | Approaching |
| Seat Belt Sign On(2차) | Landing |
| Landing | Farewell |
| Ramp-in |  |
| Door Open | 하기 안내: 필요시 |
| Pax Deplaning |  |

K 항공사 국내선 기내 방송의 구성

객실 승무원은 기내 방송을 비정상 상황 발생 시 효과적인 정보 전달 수단으로 활용할 수 있어야 한다. 상황과 여건에 따라 신속한 상황 판단 능력과 융통성을 발휘하여 정확하고 적절한 방송을 실시함으로써 승객의 불안감이나 항공기 비정상 상황에 대한 궁금증을 해소시키고 승객의 알고자 하는 욕구를 충족시킬 수 있어야 한다. 그리고 방송 능력 향상을 위해 노력해야 한다.

Door Close 후 방송 담당 여 승무원(방송 자격이 있는 여 승무원 중에서 사무장이 지정)은 안내 방송을 통해 탑승객에 대한 감사 인사를 실시한다. Welcome Announcement는 승객의 탑승을 환영하고 당일 비행편에 대한 주요 정보를 간단하게 소개하는 방송이며, 전 승무원이 동시에 승객과 대면하는 유일한 방송이므로 밝고 정중한 어조로 실시한다.

**고품격 서비스를 위한 기내 방송법**

- 방송문을 유창하게 읽을 수 있도록 평소 많은 노력을 기울인다.
- 방송 현장에서는 밝은 미소를 띠고 밝고 경쾌한 톤을 유지한다.
- 적당한 휴지기(Pause)를 두고 어조에 변화를 주어 똑같은 어조가 반복되지 않게 한다.
- 공연히 멋을 부리는 습관이 붙지 않도록 주의한다.
- 외국어는 차분히, 또박또박 발음하여 의미가 잘 전달되도록 한다.
- 여유 있고 친근감 있는 방송이 되도록 매 방송 시 최선을 다한다.
- 방송 내용을 충분히 이해하고 내용에 따라 느낌을 부여한다.

**Insight Journey**

10. 2024년, 제주항공은 한글날을 맞이해 이색 기내 방송을 진행했다. 해당 내용에 대해 자세히 알아보자. (도움말은 부록 참조)

## (6) 안전 모의실연(Safety Demonstration)

탑승 환영 방송에 이어 비행 중 발생할 수 있는 비상사태에 대비하여 비상용 구명장비의 위치와 사용법을 승객에게 실연한다.

안전 모의실연은 항공기에 장착된 비디오 시스템을 이용하여 상영하는 것이 원칙이다. 하지만 미장착 기종에서는 객실 사무장이 해당 내용을 Pre-recorded Announcement나 육성으로 방송하고 일반 승무원들이 담당 구역에서 안전 모의실연을 실시한다. 실연을 담당하는 승무원들은 지정된 위치에서 내용이 확실히 전달되도록 정확하고 절도 있는 동작으로 실시하며, 키워드에 맞춰 동작이 통일되도록 한다.

**안전 모의실연(Safety Demonstration) 내용**

- 비상 탈출구 위치
- 비상등
- 좌석벨트 사용법
- 산소마스크의 위치 및 사용법
- 구명복의 위치 및 사용법
- Safety Instruction Card 안내

항공사 비행편의 안전 모의실연 실시는 국제 항공 안전 규정에 의한 항공사의 의무사항이며, 안전 모의실연이 완료되어야 항공기는 이륙할 수 있다. 실연에 의한 안내일 경우는 항공기 기종별 실연 인원수가 규정되어 있다.

안전 모의실연이 끝난 직후 일반 승무원은 담당 구역별로 승객의 좌석벨트 착용 여부를 일일이 확인해야 한다.

Adam Berry via Getty Images

### (7) 이륙 준비

이륙 전 승무원들은 담당 구역별로 비행 안전에 대비하여 다음 사항을 확인하고 점검해야 하며, 승무원도 지정된 좌석에 착석하고 좌석벨트와 Shoulder Harness를 착용해야 한다.

**CHK Point 안전한 항공기 이륙을 위한 점검사항**

| 이륙 준비 시점의 Check Point |
|---|
| • 승객의 착석 및 좌석벨트, 좌석 등받이, Tray Table, Arm Rest의 원위치 상태<br>• Door Side 및 Aisle Clear 상태<br>• 승객 휴대 수하물 및 유동물 고정<br>• 휴대폰 비행기 모드 전환 안내<br>• 화장실 점검 및 승객의 사용 여부<br>• 기내 주방 내의 탑재물 및 유동물 고정, 안전 상태<br>• 객실 조명 조절(Dim 상태) |

## 3) In-flight Service

In-flight Service란 항공기가 이륙하여 적정 고도에 이르러 좌석벨트 사인이 꺼진 시점부터 목적지 도착을 위해 좌석벨트 사인이 켜지는 시점까지의 객실 승무원의 비행 중 업무를 말한다. 국내선 구간에서는 음료와 기내 오락 서비스를 제공하게 된다.

### (1) 영상물 상영(Inflight Entertainment)

개인용 모니터(AVOD)가 장착된 기종의 경우, 승객은 각종 영화, 단편물, 음악 등을 자유롭게 즐길 수 있다. 이때 일반 승무원은 해당 기내 주방에서 서비스 복장을 갖추고 Beverage Cart Set-up 및 Hot Beverage 서비스를 준비한다.

### (2) 음료 서비스(Complementary Service & Beverage Service)

승무원은 이륙 후 각종 주스, 탄산음료(Soft Drink), 커피, 녹차, 물 등 서비스 용품(Service Item)을 Cart로 서비스한다. 조조편의 경우에는 간식과 우유를 추가하여 승객에게 제공한다. 음료 Cart 준비 시에는 Cart 1대당 승무원 1명 혹은 2명이 담당하고, 나머지 승무원은 Aisle에서 승객들을 개별 응대하여 객실 내 승무원 공백이 생기지 않도록 한다. 음료 서비스 시에는 항상 바른 자세로 승객의 눈을 마주 보고 응대하며, 정중한 존대법을 사용하여 절도 있고 성의 있는 서비스가 이루어지도록 한다.

**음료 서비스 시 유의사항**

- 항상 밝은 표정과 명랑한 태도로 서비스한다.
- 서비스 전 반드시 Tray Table을 편 후 Napkin을 깔아드리고 서비스한다.
- 커피를 주문받은 경우 설탕, 크림의 사용 여부를 확인하고 서비스한다.
- 생수, 주스, 우유, 탄산음료는 반드시 차가운 상태로 서비스한다.
- 특히 뜨거운 음료는 반드시 승객의 주의를 환기시키며 서비스한다.
- 음료를 쏟은 경우 먼저 사과와 함께 조치를 취한 다음, 사무장에게 보고하여 Cleaning Coupon 발급 등의 후속조치를 취한다.

### (3) 객실 순회(Cabin Patrol)

음료 서비스가 끝나면 객실 승무원들은 객실을 순회하며 승객 좌석 주변이나 통로, 화장실 등 객실 곳곳의 청결 상태를 살핀다. 더불어 어린이와 노약자 등 도움이 필요한 승객에게 세심한 주의를 기울이고 독서물을 보는 승객에게는 독서등(Reading Light)을 켜 주는 등 담당 구역 승객의 쾌적한 항공

여행을 위해 적극적인 Personal Touch를 한다.

승객과의 대화는 부담을 주지 않는 내용으로 하며, 특정 승객에게 오랜 시간을 할애하는 일이 없이 담당 구역의 모든 승객에게 균등한 서비스가 이루어지도록 한다.

### (4) 착륙 준비

착륙 준비는 항공기가 착륙을 위해 순항(Approaching)하는 시점을 기준으로 실시하며, 이때 승무원들은 담당 구역별 승객, 기내 주방, 화장실 등 착륙 준비를 확인해야 한다. 구체적인 사항은 이륙 시와 동일하다. 승객 물건을 보관한 승무원은 이 시점에 물품을 돌려주고 담당 구역별로 해당 승무원이 승객의 탑승에 대해 감사 인사를 한다.

사무장은 전 객실의 착륙 준비 상태를 확인하고 조명 조절(Light Control)을 실시하고, 착륙 점검을 마친 전 객실 승무원은 지정된 승무원 좌석에 착석한다.

**CHK Point** 안전한 착륙 준비를 위한 점검사항

| 착륙 준비 시점의 Check Point |
|---|
| • 승객의 착석 및 좌석벨트, 좌석 등받이, Tray Table, Arm Rest 원위치 상태<br>• Door Side 및 Aisle Clear 상태<br>• 승객 휴대 수하물 및 유동물의 고정<br>• 화장실 점검 및 승객의 사용 여부<br>• 기내 주방 내의 탑재물 및 유동물의 고정, 안전 상태<br>• 객실 조명 조절(Dim 상태)<br>• 전자기기 사용 안내 및 확인 |

## 4) Farewell Ground Service

Farewell Ground Service란 항공기가 목적지 공항에 안전하게 착륙하여 승객이 하기할 공항 터미널까지 이동하는 동안 객실 승무원이 행하는 근무를 일컫는다.

### (1) 환송 안내 방송(Farewell Announcement)

방송 담당자는 착륙 후 엔진의 역회전이 끝난 시점에 환송 안내 방송을 실시한다. 이때 사무장은 배경 음악을 켠다. 또한 Taxiing 중에는 좌석벨트 사인(Seat Belt Sign)이 꺼질 때까지 모든 승객의 착석을 유도하고 안전 업무를 수행하지 않는 모든 승무원이 Jump Seat에 착석해 있어야 한다. 방송 담당자는 탑승객들이 다시 자사를 이용할 수 있도록 성심껏 감사의 말씀을 전해야 하며 항공기가 정시에 도착하지 못한 경우에는 상황에 맞는 사과 방송을 해야 한다.

### (2) 안전 점검 및 출입문 열기(Safety Check & Door Open)

항공기가 완전히 정지한 후 객실 사무장의 지시에 따라 안전 점검을 실시한다. Slide Mode는 이륙 시와 반대로 Automatic 위치에서 Manual 위치로 변경하며 안전 점검 보고 방법은 이륙 시와 동일하다. 사무장은 Slide Mode의 Manual 위치 여부, Door 외부의 장애물 유무, 좌석벨트 착용 사인(Fasten Seat Belt Sign) Off 상태를 확인하고 Door Open을 위해 지상 직원에게 신호를 보낸다.

### (3) 승객 하기 안내 및 환송 인사

항공기 Door를 열면 우선 지상 운송 직원에게 항공 관련 서류를 전달하고 승객 하기를 시작한다. 승객 하기 시 승객에게 감사 인사를 실시하고 UM(Unaccompanied Minor), 장애인 승객, 유아 동반 승객, 노약자 등 도움을 필요로 하는 승객에게는 적극적인 협조가 이루어지도록 한다.

**승객 하기 순서(Standard Deplaning Priority)**

1. 응급환자
2. VIP, CIP
3. First Class 승객
4. Business Class 승객
5. UM, Special Care 승객
6. Economy Class 승객
7. 제한 승객
8. Stretcher 및 Wheel Chair 승객

## 5) Post-flight Check

Post-flight Check란 항공기가 목적지 공항의 터미널에 도착하여 승객이 전원 하기한 후의 근무 내용으로, 승무원이 비행 업무를 마감하는 항공기에서의 기내 점검 업무와 항공기 하기 후 업무로 나뉜다.

### (1) 기내 점검

전 승무원은 승객 하기 완료 후 담당 구역별로 아래 사항을 점검하고 서비스 용품과 각종 기물을 규정에 의거하여 회수한다. 그리고 Catering 직원의 기내 서비스 용품 하기 업무에 협조한다.

**CHK Point 안전한 승객 하기를 위한 점검사항**

| 승객 하기 시점의 Check Point |
|---|
| • 객실 내의 잔류 승객<br>• Overhead Bin, Coatroom Open 및 유실물<br>• Slide Mode 정상 위치<br>• Cabin Squawks 사항 및 Logging<br>• Galley 및 Lavatory 최종 확인 |

### (2) 비행 후 브리핑(Debriefing)

사무장 주관하에 당일 비행편에 근무한 전 승무원은 비행 종료 후 Irregular 상황 보고 및 기타 업무 개선에 관한 아이디어 상호 교류를 통해 비행을 종료한다. 사무장은 Flight Coupon 인계와 보고서, 기타 서류를 회사에 제출한다.

# SUMMARY

- 항공기의 이 · 착륙에 필요한 공항의 기본 시설을 살펴보면 활주로(Runway), 유도로(Taxiway), 주기장(Apron), 항공 보안 시설 정도로 구분된다.
- 운항 브리핑이란 공항으로 이동 후 운항 승무원과 객실 승무원이 함께 정해진 시각에 모여 기장 주관하에 안전에 관한 협력 체제를 구축하는 시간이다.
- Pre-flight Check란 객실 승무원이 공항 수속을 마치고 항공기에 도착하여 승객들이 항공기에 탑승하기 전까지를 이른다.
- Welcome Ground Service란 승객이 항공기에 탑승하여 항공기가 이륙하기 전까지 객실 승무원이 해야 하는 업무를 말한다.
- In-flight Service란 항공기가 이륙하여 적정 고도에 이르러 좌석벨트 사인이 꺼진 시점부터 목적지 도착을 위해 좌석벨트 사인이 켜지는 시점까지의 객실 승무원의 비행 중 업무를 말한다.
- Farewell Ground Service란 항공기가 목적지 공항에 안전하게 착륙하여 승객이 하기할 공항 터미널까지 이동하는 동안 객실 승무원이 행하는 근무를 일컫는다.
- Post-flight Check란 항공기가 목적지 공항의 터미널에 도착하여 승객이 전원 하기한 후의 업무를 말한다.

# WORK SHEET

## SELF STUDY

1 회사에서의 업무를 간단히 정리해 봅니다.

2 항공기의 이 · 착륙에 필요한 공항의 기본 시설에는 무엇이 있는지 써 봅니다.

3 국내선 In-flight Service를 다음 예를 포함하여 다섯 단계로 구분하고 업무별 세부 내용을 정리해 봅니다.

예 **Pre-flight Check**

1) 개인 소지품 정리: 승무원의 기내 반입 수하물은 Overhead Bin, Coatroom, 좌석 하단에 보관할 수 있다. 좌석 하단은 전방과 통로측 방향에 고정장치가 설치되어 있어야 한다. 비행 중 업무에 필요한 개인물품은 승무원 좌석 부근에 보관한다.
2) 비상장비 및 기내 설비 점검: 사고를 미연에 방지하고 비상사태 발생 시 신속한 대처를 위해 담당 구역에서 비상장비와 보안장비 점검을 실시한다.
3) 서비스 용품 탑재 확인: 해당 노선의 특성과 서비스 내용, 승객 수를 고려하여 서비스에 필요한 기물과 용품의 수량, 청결 상태 등을 점검한다.
4) 서비스 준비: 각자 배정된 Duty에 맞는 서비스 준비 업무를 한다.

•

•

## SELF FEEDBACK

이번 장을 통해 새롭게 알게 된 부분을 써 볼까요?

## GROUP ACTIVITY

그룹으로 나누어 근무 공간별 업무 개요 중 항공기에서의 업무는 항공사별로 어떠한 차이가 있는지 조사해 봅니다.

CHAPTER

# 12 항공 객실 승무원의 국제선 업무 절차

국제선 업무 절차는 국내선 업무 절차와 비교할 때 항공기 탑승 전 비행 준비 업무 자체는 크게 다르지 않지만, 목적지 국가 입국 규정에 맞는 서류를 작성해야 한다는 점과 해외 체류로 인한 스케줄이 다르고 승객 유형과 서비스 내용이 훨씬 다양하다는 점에서 차이가 있다. 기내식만 하더라도 비행시간과 구간에 따라 제공 횟수와 형태가 상이하다. 비행 중 업무는 기내식 음료 제공과 면세품 판매 등 제공하는 서비스가 훨씬 다양하며 이에 따라 준수해야 하는 사항도 많다.

12장에서는 11장과 동일하게 국제선 업무 절차에 대해 공간별 업무를 살펴보고, 기내에서의 업무를 Pre–flight Check, Welcome Ground Service, In–flight Service, Farewell Ground Service, Post–flight Check의 5단계로 나누어 살펴보도록 한다.

### 학습목표

1. 국제선의 업무 절차 이해
2. 국제선 비행의 기내 안전 업무 및 서비스 업무 이해
3. 노선별 서비스의 차이 이해

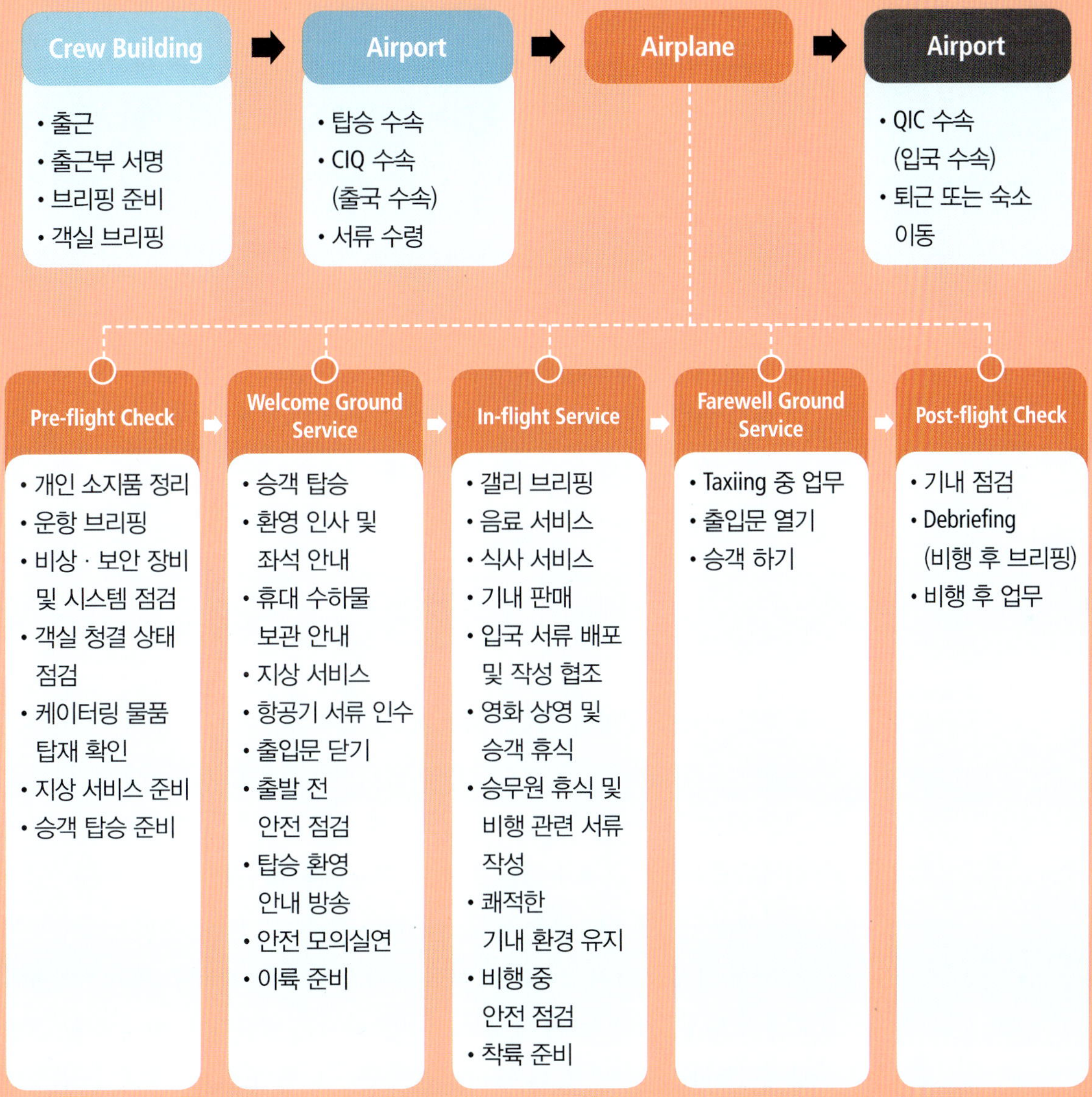


항공 객실 승무원의 국제선 업무 절차 개요

## 1. 회사에서의 업무

객실 승무원들은 스케줄에 할당된 비행 업무를 위해 출근을 하게 된다. 모기지에서의 출발 비행일 경우는 일반적으로 공항에 위치한 승무원 빌딩(Crew Building)으로 출근하며, 이곳에서 비행에 필요한 최종 준비를 하고 해당 편 승무원들과 대면하는 객실 브리핑을 갖게 된다.

승무원 빌딩에는 용모 · 복장을 재점검할 수 있는 공간과 여유시간에 승무원 상호간에 대화를 나눌 수 있는 휴게 장소는 물론 추가 비행 정보 준비를 위한 비행 준비실, 유니폼과 부착물 지급을 위한 제복실, 식당, 카페도 있다.

승무원 빌딩에 출근한 승무원은 용모와 복장을 점검하고 Show-up을 한 후 비행에 필요한 서류, 기내 판매 담당일 경우에는 대금을 수령, 준비하는 등 해당 비행에 필요한 업무를 보고 비행 준비실로 간다. 이때 해당 비행편의 업무 할당과 브리핑 정보, 당일 회사 소식 등을 조회한다. 이를 마친 승무원은 객실 브리핑 시간까지 휴게실에서 Per Diem을 수령하거나 개인 용무를 보며 대기한다.

### 1) 출근

국제선 비행에 임하는 객실 승무원은 계절, 기후, 교통 혼잡 등 여러 출근 상황을 고려하여 충분한 시간적 여유를 가지고 출근한다. 유니폼을 입고 출근할 때는 회사 규정에 맞는 메이크업과 헤어 스타일을 갖추고 사복 착용 시에도 승무원의 품위 유지를 위해 정장 차림을 해야 한다.

국제선 근무를 배정받은 객실 승무원은 기본적인 비행 준비뿐 아니라 해외 체재 시 필요한 개인용품 및 복장 준비도 신경 써야 한다. 또한 방문국의 기후와 일정, 상황 등 사전 정보에 대한 숙지는 필수이다. 사내 직원 전용 홈페이지와 인터넷을 통해 해당 편수에 관한 비행 정보와 목적지 공항 정보는 물론 취항지의 날씨, 환율, 교통 상황, 관광 명소 등 다양한 정보를 얻을 수 있다.

Mehmet Ali Ozcan/Anadolu Agency via Getty Images

## 2) 출근부 서명(Show-up)

객실 승무원은 할당된 비행 근무를 위해 용모 · 복장을 완전하게 갖춘 상태로 지정된 장소에 비치된 출근부(Show-up List)에 서명해야 한다. Show-up을 하면서 당일 비행편의 상세한 추가 정보를 얻을 수 있다. 해당 편 비행 정보에는 비행편명, 비행구간, 출발/도착시간, 항공기 기종, Lay-over Time, 탑승 승무원 인원, 승무원 명단, 각 승무원의 직위, Grade, ID Number, 방송이나 서비스 자격 코드 등이 있다.

## 3) 브리핑(Briefing) 준비

Show-up을 마친 승무원은 객실 브리핑에 참석하기 전에, 비행 근무에 차질이 없도록 최근 업무 지시, 서비스 정보 등의 공지사항을 숙지하기 위해 개인 메일함(Mail-box)을 점검하고, 승무원 필수 휴대품의 소지 및 이상 유무를 확인하며 이때 현지에서 사용할 개인 Per Diem도 수령한다.

브리핑 및 비행 전반에 관한 준비는 출근 전 직원 전용 전산망을 통해 자택에서 미리 이루어져야 하며, 승무원 빌딩에서는 최종 확인을 하도록 한다. 특히 각자에게 부여된 Duty Position에서의 안전 관련 업무는 브리핑에

국제선 객실 승무원의 필수 휴대품

| International Flight의 경우 | |
|---|---|
| 사무장 | • 사무장 지급 패드(안전 자격증, 사무장 방송문, 업무용 교본, 해당 편 비행 정보 및 탑승 승객 인적 사항 등 일체 내용 수록)<br>• A/C 및 Flight 관련 각종 서류 양식<br>• Cleaning Coupon<br>• 일반 승무원 필수 휴대품 포함 |
| 객실 승무원 | • 여권, 비자, 직원 신분증(ID Card)<br>• 업무수행에 필요한 지급품(Apron, 기내화 등)<br>• 개인 휴대로 지정된 물품(시계, 메모지, 향수 등)<br>• 비행에 필요한 각종 서류<br>• 업무용 지급 패드(안전 자격증, 방송문, 업무용 교본, 해당 편 비행 정보 및 탑승 승객 인적 사항, 기내식 정보, 상위클래스 Meal Order Chart 등 일체 내용 수록) |

참석하기 전에 완벽하게 숙지해야 한다.

객실 승무원이 비행 근무를 위해 반드시 확인하고 준비해야 할 휴대품과 사전 학습 내용을 살펴보면 다음과 같다. 먼저, 객실 승무원 필수 휴대품은 여권과 해당국의 비자, 직원 신분증(ID Card) 및 승무원 등록증, 출입국 및 비행 근무에 필요한 서류, 메모지, 기타 개인 휴대품으로 지정된 물품이다.

객실 브리핑 참석 전에 숙지할 사전 학습 내용은 당일 비행편에 투입되는 기종과 운영되는 클래스, 해당 항공기의 장비와 시스템 및 비상시 처리 절차와 Door 작동법, 객실 설비와 객실 서비스 절차와 방법, 목적지 정보(입국 서류 및 검역 절차, 면세 기준, 보세품 처리 절차, 공항 정보 및 환승(Transit) 절차, 시차)와 브리핑 관련 정보(기장, 사무장 성명, 자신의 할당 Duty, 해당 편 브리핑 시트 내용, 업무 지시와 공지사항)이다.

**Duty Code 약어 해설**

DP: Duty Purser　　S: Senior Duty　　J: Junior Duty

G: Galley Duty　　L: Left-Side Duty　　R: Right-Side Duty

UP: Upper Deck Prestige Class

### 4) 객실 브리핑(Cabin Briefing)

개인별 비행 준비를 마친 승무원은 정해진 지정 장소에서 해당 비행편 승무원들과 객실 브리핑을 갖게 된다. 객실 브리핑을 하기 전에 비행 및 서비스에 관한 정보는 항상 업데이트된 내용으로 개인적으로 숙지하고 있어야 하며, 특히 안전 관련 사항은 객실 브리핑 시 있게 될 불시 점검(Random Check)에 대비하여 철저하게 학습해야 한다.

객실 브리핑은 일반적으로 모기지에서는 승무원 빌딩에서 실시되나, 해외 스테이션에서는 지정 숙소인 호텔이나 공항에서 이루어지기도 한다.

객실 사무장이 주관하는 객실 브리핑은 근무의 첫 출발점이며 함께 비행할 팀원과의 첫 만남이 이루어지는 시간이다. 또한 이 시간의 활용도에 따라 해당 편의 서비스 품질이 좌우되기도 하므로 그 중요성은 근무 전반에 걸쳐 상당히 높다고 할 수 있다. 모든 팀원은 Team Power를 극대화하여 고객 감동 객실 서비스를 창출하기 위해 한정된 시간 내에 최대의 효과를 올리기 위한 전략적 사고와 자세를 견지하고 객실 브리핑을 준비하고 임해야 한다.

객실 브리핑은 승무원 소개를 시작으로 승무원 개개인에게 업무가 할당되며 이때 방송과 기내 판매 담당자가 지정된다. 그리고 비행편과 승객에 관한 정보를 알려 주고, 최신 업무 지시를 전달하고 확인한다.

비상시 신속하고 현명하게 대처할 수 있도록, 비상시 근무 절차(Emergency Procedure)에 대한 해당 기종의 브리핑은 브리핑마다 실시되며 안전 관련 시험(Test)도 수시로 실시된다. 휴대품 준비사항과 용모와 복장 점검을 최종 확인한 후, 객실 사무장은 승무원 상호간에 도착지 스테이션에 관한 정보를 공유하도록 하며, 적절한 동기부여로 노선 특성에 입각한 서비스가 이루어지도록 독려한다. 국내 K 항공사의 국내선과 국제선을 간단히 비교하여 객실 브리핑의 시간과 구체적인 내용을 살펴보자.

## 2. 공항에서의 업무

객실 브리핑을 마친 객실 승무원들은 버스로 공항 청사로 이동하게 된다.

**K 항공사 객실 브리핑 시간**

| 구분 | 국내선 | | |
|---|---|---|---|
| | ICN | GMP/PUS | 기타 지역 |
| 시간 | 1시간 10분 전 | | 1시간 전 |
| 장소 | 객실 브리핑실(여객 청사) | 객실 브리핑실 | 객실 전방 |

| 구분 | 국제선 | | |
|---|---|---|---|
| | ICN | GMP/PUS | 기타 지역 |
| 시간 | 1시간 45분 전 | 1시간 40분 전 | 1시간 10분 전 |
| 장소 | 객실 브리핑실 | | 객실 전방 |

**K 항공사 객실 브리핑의 주요 내용**

| 주관 | 항목 | 모기지 출발편 | 모기지 도착편 |
|---|---|---|---|
| 객실 사무장 | 비행 준비 점검 | • 인원 확인–Duty, Extra, Ferry 인원 포함<br>• Duty 확인<br>• 용모 및 복장 점검–승무원 상호 Check<br>• 필수 휴대품 소지 여부 확인: 여권 및 비자, I.D Card 및 승무원 등록증, Memo Pad | 좌동 |
| | 업무 지식 점검 | • 노선 관련 서비스 사항: 브리핑 지원 일지<br>• 안전, 보안: 승무원 휴대품 정리, 비상 · 보안 장비 점검, 비상구 작동법, 비상 처리 절차<br>• 승객 응대: 칭송 및 불만 사례<br>• 브리핑 강조사항: 전달사항/강조사항 | • 안전, 보안 관련 Debriefing 실시: 승무원 휴대품 정리, 비상 · 보안 장비 점검, 비상구 작동법, 비상 처리 절차<br>• 기내 서비스 관련 Debriefing 실시: 기본 자세 서비스, 정규 서비스, 승객 탑승 및 하기 시 서비스, 객실 쾌적성 및 편의성 제공, 승객 오락물 서비스, 기내 방송 |
| | | • 해당 편 출 · 도착 시각: 비행시간/시차 포함<br>• A/C Type 및 HL NO.<br>• 승객 상황 점검: 예약 상황, SPCL Care PAX 등<br>• 기내 서비스 순서 및 절차<br>• 클래스별 Meal Type<br>• 목적지 정보 및 노선 특이사항: CIQ 관련 유의사항 | • 해당 편 출 · 도착 시각: 비행시간/시차 포함<br>• A/C Type 및 HL NO.<br>• 승객 예약 상황: SPCL Care PAX 등<br>• 기내 서비스 순서 및 절차<br>• 클래스별 Meal Type<br>• 목적지 정보 및 노선 특이사항: CIQ 관련 유의사항 |
| 기내 판매 Duty | 기내 판매 관련 사항 | • 기판 관련사항: 면세 기준, 기판 참여 Duty Crew, 목적지 도착 후 보세품 처리법 | • 기판 관련사항: 고객 불만 사례 소개, 기판 관련 기본 정보, 기판 업무 수행 절차 |
| 객실 부사무장 | 기본 자세 인식 | • Service TIP<br>• Campaign<br>• 인사 및 인사말 연습<br>• 공상 방지 Stretching | 좌동 |

Caia Image/Collection Mix: Subjects via Getty Images

객실 승무원의 항공기 탑승시간과 운항 브리핑 시간이 정해져 있으므로 반드시 이동 소요 시간을 고려해야 한다. 일반적으로 동일 비행편의 승무원은 같은 셔틀버스를 이용하게 된다.

4장에서 살펴본 바와 같이 항공 서비스는 운송 부서와 객실 부서 간의 서비스가 밀접하게 연계되는 특성이 있다. 따라서 객실 승무원은 본인의 근무뿐만 아니라 완전한 고객 서비스 차원에서 공항의 기본 시설과 항공 수송 서비스의 공항 업무에 대해 이해해야 한다.

항공사의 공항 업무에는 승객의 탑승 수속(Check-in), 수하물 관련 업무, CIQ(Customs · Immigration · Quarantine) 안내를 주로 하는 여객 운송 업무와 Catering 작업, 기내 청소, 기용품과 기물 관리를 담당하는 객실 관련 업무가 있다. 이외에도 항공기 점검, 부품 및 정비 관리 · 점검을 하는 정비 업무, 조업사 관리 · 감독 및 OAL(Other Airlines) 지상 조업을 제공하는 조업 업무, 화물 운송 및 연료 관련 업무 등이 있다.

## 1) 탑승 수속(Check-in, Checked Baggage)

객실 브리핑이 끝나면 전 승무원은 공항으로 이동한다. 공항 도착 후 출국 터미널의 당사 카운터에서 탑승 수속을 실시한다. Duty Crew는 별도의 탑승 수속 없이 수하물 탁송 절차만 거치면 되지만, Extra Crew는 좌석 배정

Budrul Chukrut/SOPA Images/LightRocket via Getty Images

을 위해 항공사 직원 전용 탑승 수속 카운터에서 탑승권(Boarding Pass)을 발급받아야 한다. 수하물 탁송 절차는 Duty, Extra Crew 모두가 해야 하는 절차이다. 일반적으로 모든 공항에는 항공사 직원 전용 카운터가 마련되어 있어 승무원의 빠른 탑승 수속과 공항 이동이 가능하다.

## 2) 출국 수속(Customs·Immigration·Quarantine, CIQ)

탑승 수속을 마친 후 전 승무원은 공항 청사 내의 출국장으로 가서 법무부, 관세청, 보건부에서 실시하는 일련의 출국 수속을 밟게 된다. 먼저 항공기 안전 운항에 저해되는 위험물품의 항공기 탑재 및 과잉 외화 유출 방지를 위해 실시되는 보안 검색(Security Check)이 있다. 휴대 수하물은 X-ray 검색대를 통과하고 신체 부착물은 게이트형 금속 탐지기나 휴대용(Bar형) 탐지기로 검색한다. 필요시 촉수 검사가 실시되기도 한다. 출국 시 세관 신고대(Customs Check)에서 고가의 외제품을 소지한 승무원은 귀국 시 확인을 위한 신고가 반드시 이루어져야 한다.

출국 심사대(Immigration Check)에서는 여권 및 비자 검사가 이루어진다. 일반적으로 한국에서 출국하는 경우 출입국 신고서 2부를 작성하여 1부를 제출하고 확인받은 1부는 입국 시 제출하도록 되어 있다. 그러나 해당 여권으로 최초 출국하는 승무원을 제외한 모든 승무원은 이 과정이 생략되고 직원 신분증(I/D Card)으로 명단 확인을 한다.

마지막으로 병충해나 전염병의 이동을 막기 위해 보건복지부에서 실시하는 검역(Quarantine) 관련 수속을 받게 되는데, 승무원은 이 과정이 생략된다. 그러나 일상생활이나 근무 시 항상 개인 위생에 스스로 관심을 가지고 건강 관리에 유의해야 한다.

객실 승무원은 각자 공항에서의 출국 수속뿐 아니라 승객들의 출국 수속 관련 내용도 숙지하고 있어야 한다.

### (1) 승객의 CIQ 수속

CIQ란 세관(Customs), 출입국 관리부(Immigration), 검역소(Quarantine)를 의미한다. 세관 검사 때 귀중품(시계, 카메라, 보석 등)은 신고하여 입국할 때 이상이 없도록 조치하고, 출입국 관리사무소에는 여권, 탑승권(Boarding Pass)을 제시해야 한다. 또한 지역에 따라 예방 접종과 같은 검역 조치가 필요하기도 하다.

**Insight Journey**

11. '어머! 공항에 도착했는데 여권과 신분증이 없다면 어떻게 해야 할까?' 출국을 위해 공항에 도착한 승객이 여권과 신분증을 가지러 갈 시간이 부족할 경우, 이를 대체할 방법이 무엇인지 알아보자. (도움말은 부록 참조)

JUNG YEON-JE/AFP via Getty Images

Chung Sung-Jun via Getty Images

승객의 CIQ 수속 절차

### (2) 출입국 카드(E/D Card) 작성

모든 공항의 출입국 시에는 해당 국가에서 출입국 카드를 작성해야 하는 경우 반드시 출입국 카드를 제출해야 하며, E/D Card(Embarkation/Disembarkation Card)를 작성할 때는 반드시 여권의 기재사항과 동일하게 작성해야 한다. 외국에 입국할 때 항공기가 목적지에 가까워지면 객실 승무원들은 항공편을 이용하는 여행자의 입국 편의를 위해 목적지 입국에 필요한 서류 작성을 위한 서비스를 한다. 입국 카드와 목적지 국가의 규정에 의해 세관신고서, 검역설문서도 필요할 경우 작성하도록 안내하고 여행자의 입국 수속에 필요한 서류의 작성을 도우며 견본(Sample)을 제시한다.

### 3) 서류 수령

CIQ 통과 후 객실 승무원들은 해당 편의 출발 게이트로 이동한다. 이때 서류 담당 승무원은 해당 카운터에서 출발편을 밝히고 도착지 입국에 필요한 승객 관련 서류의 수량이 탑승 승객 인원수보다 많은지 확인하고 지상 직원에게서 수령하여 항공기로 향한다.

## 3. 항공기에서의 업무

공항에서 보안 검색과 출국 수속을 마친 객실 승무원은 해당 비행편의 항공기가 위치한 탑승구로 가서 탑승하게 된다. 항공 객실 안에서 이루어지는 서비스를 흔히 In-flight Service로 통칭한다. 국제선도 11장의 국내선과 동일하게 In-flight Service를 Pre-flight Check, Welcome Ground Service, In-flight Service, Farewell Ground Service, Post-flight Check의 5단계로 나누어 구성해 보았다.

Pre-flight Check은 객실 승무원이 항공기에 탑승한 시점부터 승객이 탑승하기 전까지의 업무 내용을 말하며, 개인 소지품 정리, 객실 및 시스템 점검, 객실 서비스 준비 등이 포함된다. Welcome Ground Service는 승객 탑승 시점부터 항공기가 이륙하기 전까지를 의미하며, 안전 운항을 위한 Demonstration을 실시한다. 일부 기종을 제외한 대부분의 항공기는 모니터가 장착되어 영상물을 상영하는 경우가 대부분이나, 기기 오류 등을 대비하여 승무원들은 만일의 경우 직접 시연할 것을 대비한다.

이륙 후 항공기가 적정한 순항 고도에 이르면 본격적인 In-flight Service가 실시된다. 비행시간, 운항 구간, 항공기 출발시간에 따라 비행편의 In-flight Service 패턴이 달라지고 그 서비스 내용과 방법은 항공사마다 다소 상이하다. 항공기가 목적지 공항에 도착하면 환송 인사와 함께 승객의 원활한 하기를 돕는 Farewell Ground Service를 한다. 승객 하기 후 객실 승무원은 해당 비행의 완전한 마무리를 위해 잔류 승객의 유무를 확인하고 유실물을 점검하는 Post-flight Check 업무를 행하게 된다.

| Pre-flight Check | Welcome Ground Service | In-flight Service | Farewell Ground Service | Post-flight Check |
|---|---|---|---|---|
| • 개인 소지품 정리<br>• 운항 브리핑<br>• 비상 · 보안 장비 및 시스템 점검<br>• 객실 청결 상태 점검<br>• 케이터링 물품 탑재 확인<br>• 지상 서비스 준비<br>• 승객 탑승 준비 | • 승객 탑승<br>• 환영 인사 및 좌석 안내<br>• 휴대 수하물 보관 안내<br>• 지상 서비스<br>• 항공기 서류 인수<br>• 출입문 닫기<br>• 출발 전 안전 점검<br>• 탑승 환영 안내 방송<br>• 안전 모의실연<br>• 이륙 업무 | • 갤리 브리핑<br>• 음료 서비스<br>• 식사 서비스<br>• 기내 판매<br>• 입국 서류 배포 및 작성 협조<br>• 영화 상영 및 승객 휴식<br>• 승무원 휴식 및 비행 관련 서류 작성<br>• 쾌적한 기내 환경 유지<br>• 비행 중 안전 점검<br>• 착륙 준비 | • Taxiing 중 업무<br>• 출입문 열기<br>• 승객 하기 | • 기내 점검<br>• Debriefing (비행 후 브리핑)<br>• 비행 후 업무 |

국제선 비행을 위한 항공기에서의 업무 절차 개요

## 1) Pre-flight Check

Pre–flight Check란 객실 승무원이 공항 수속을 마치고 항공기에 도착하여 승객들이 항공기에 탑승하기 전까지 수행하는 여러 점검을 이른다. 객실 승무원은 항공기 탑승 후 각자 배정된 Duty에 따라 안전 및 서비스 분야에 대한 비행 전 점검을 실시하고 서비스 준비를 하게 되는데, 승객의 안전한 여행과 객실 승무원의 원활한 업무 수행을 위해 정확하고 신속하게 실시해야 한다.

### (1) 개인 소지품 정리

객실 승무원은 항공기 탑승 후 비행 가방(Flight Bag)과 Hanger 등 승무원의 기내 반입 가능한 개인 소지품을 정리한다.

개인 소지품은 그 수와 규격이 정해져 있으며 회사 지급품인 Crew Tag이 부착되어야 한다. Overhead Bin, Coatroom, 전방과 통로측 방향에 고정장치가 설치된 좌석 하단 공간에 승객의 안전과 편의를 최우선으로 고려하여 안전하게 보관해야 하며, 승객 좌석 주변이나 Door Side 등에 방치하지 않도록 한다.

비행 중 업무에 필요한 개인용품은 승객의 안전과 편의를 최우선으로 고려하여 승무원 좌석 부근의 승객이 사용하지 않는 좌석 주머니(Sear Pocket)나 기내 주방(Galley) 주변 보관함(Compartment)에 보관한다.

© Myung Hye Ree

승무원의 기내 반입 수하물을 넣을 수 있는 Coatroom

© Lee & Myung/CENGAGE

승무원 가방에 부착하도록 지급하는 Crew Tag

### (2) 운항 브리핑

해당 비행편의 전 객실 승무원은 운항, 객실 승무원이 함께 참여하는 운항 브리핑에 참석한다. 브리핑 시간은 근무 규정에 정해져 있으며 대개 항공기 출발 1시간 20분 전, 객실 브리핑실에서 이루어진다. 운항 브리핑은 기장 주관하에 실시하며 주요 내용은 실제 비행시간(Actual Flight Time), 현지와 목적지의 기상 운항 조건 및 운항 항로에 관한 정보와 당일 비행의 특이사항에 대한 것이다.

연결편의 도착 지연 또는 기타 사유로 승무원 탑승 지연 시 운항 브리핑은 기내가 아니더라도 항공기 전방과 같이 승객과 분리된 장소에서 실시할 수 있다. 만일 출발 준비시간이 충분하지 않고 적절한 브리핑 장소가 확보되지 않은 경우에는 기장이 객실 사무장에게 브리핑하고 이 내용이 전 객실 승무원에게 전달되도록 한다.

**국제선의 운항 브리핑 주요 내용**

- 보안사항 및 계획된 비행시간, 고도, 항로
- 항로상 예상되는 Turbulence, 목적지 기상과 도착시간
- 승객 예약 상황: VIP, CIP, Extra Crew, 환자
- 화물 상황: 탑재량, 고가품
- 특별한 CIQ 절차
- 조종실 출입 절차
- 안전 고려사항: 좌석벨트 사용 방법, Turbulence 시 PA 작동 방법
- 비상 절차: 비상 신호 사용, 비상구, Slide 사용, 비상 탈출 등
- 기장과 객실 승무원 간의 협조사항

### (3) 비상 · 보안 장비 및 시스템 점검

객실 승무원은 각자 근무를 배정받은 담당 구역에서 응급 조치 장비, 화재 진압 장비, 안전장비, 비상 탈출 및 착수 장비 등 비행 전 비상 · 보안 장비 점검을 실시하여 그 결과를 객실 사무장에게 보고해야 한다. 점검 시에는 장비의 업데이트 상태는 물론 탑재 수와 이상 유무를 꼼꼼히 점검해야 한다. 그리고 비행 중에 필요한 각종 설비의 시스템 점검이 함께 이루어져야 한다.

통신 시스템 점검(Communication System Check) 시에는 객실 승무원 전원이 자신의 담당 스테이션에 설치된 Handset과 Panel을 점검하고 방송 담당자가 PA(Public Address) 작동 상황을 점검한다. 객실 사무장이나 방송 담당 승무원이 시험 방송을 실시하고 나머지 승무원은 각자의 업무 구역에서 이를 모니터링하는 방식으로 PA를 점검한다.

객실 조명 시스템 점검(Cabin Light System Check)은 객실 사무장과 객실 부사무장이 담당한다. 객실 조명을 단계별로 조절하여 이상 유무를 확인하고, 기내 주방 장비는 Galley Duty가 기내 주방에 설치된 장비의 작동 여부를 확인하는 방식으로 점검이 이루어진다.

기내 화장실 시스템(Lavatory System)은 화장실이 위치한 담당 구역의 승무원이 화장실의 청결 상태 및 설비의 작동 여부를 확인한다. 승객 좌석 위와 통로측에 돌출되어 비상 탈출에 지장을 주는 모니터와 스크린은 해당 구

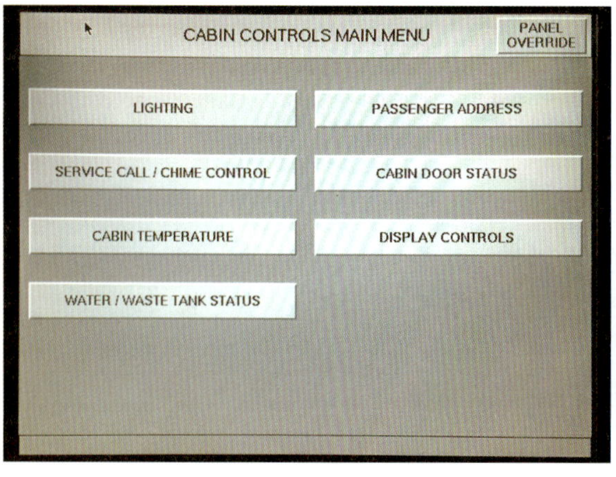


© Myung Hye Ree

객실의 전방과 후방에 장착된 패널

Creative Credit/iStock/Getty Images Plus via Getty Images

시스템 점검 업무를 수행하고 있는 객실 승무원

Halon Type 소화기(위)와 Megaphone(아래)

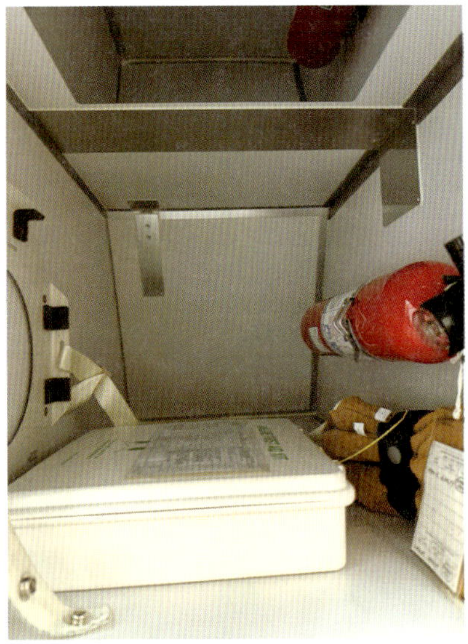

FAK

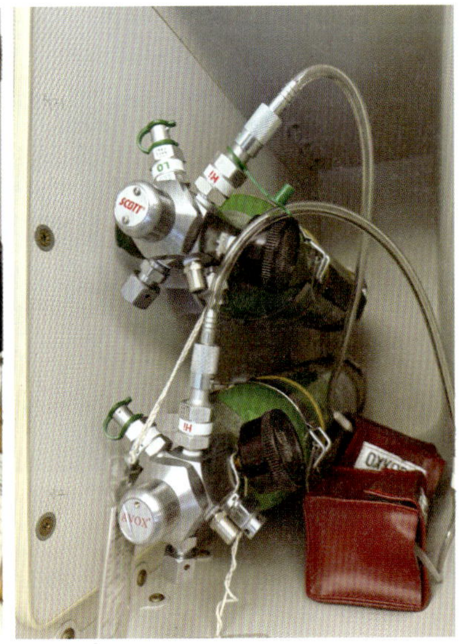

Oxygen Bottle



역의 승무원이 점검하며 승객 탑승, 하기, 이 · 착륙 시에는 반드시 원위치 시킨다.

이와 같이 다양한 객실 서비스 제공을 위해 승객 위락 시설물을 포함한 여러 가지 객실 설비가 설치되어 운용되고 있다. 객실 승무원은 승객의 서비스 만족을 제고하기 위해 철저한 사전 설비 점검(Pre-flight Check)을 해야 하며, 기종에 따라 설비의 사양과 작동법이 다르므로 이를 숙지하여 업무 효율을 기해야 한다.

### (4) 객실 청결 상태 점검(Cabin Cleaning Check)

기내 청소와 각종 용품 탑재는 도착 항공기의 승객이 하기한 후 지상 조업원이 이미 완료한 상태이므로, 객실 승무원은 승객들의 쾌적한 여행을 위해 담당 구역별로 청소 작업 상태를 점검해야 한다.

올바른 점검을 위해서는 지상 조업원의 업무 내용을 알고 있어야 한다. 지상 조업원은 기내 청소 후 승객 좌석에 담요(Blanket)와 베개(Pillow)를 비치하고, Head-rest Cover를 교체한다. 화장실에 Roll Paper, Tissue, Paper Towel, 3oz Cup, Disposal Toilet Seat Cover를 마련한 후, 주방과 화장실의 쓰레기 봉지(Trash Vinyl)를 교체하고, 베개 커버(Pillow Cover), Entrance

Sirachai Arunrugstichai via Getty Images

점검이 완료된 A321 항공기 객실 내부

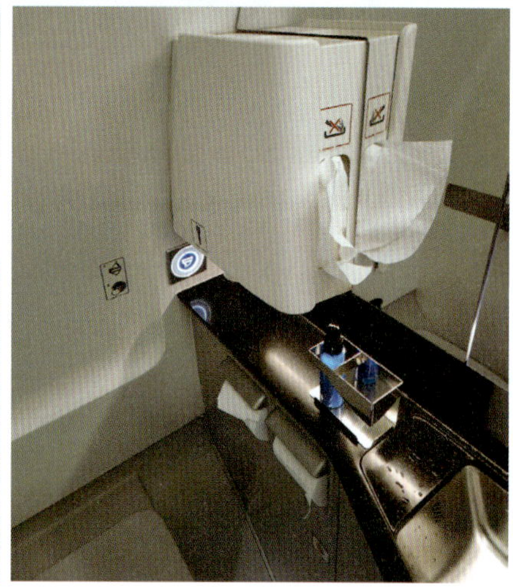

깨끗하게 정돈된 화장실 내부

© Myung Hye Ree(2cut)

Mat를 정리한다. 마지막으로 Seat Pocket Item 및 기내지의 탑재 업무를 담당한다.

객실 내 청결 상태가 유지되어야 할 부분은 다음 절에서 자세히 알아본다. 객실 승무원은 승객 탑승 전의 점검뿐 아니라 비행 중에도 수시로 청결과 정돈 상태를 살펴보아야 하며 필요한 비품은 적시에 보충해야 한다.

### (5) Catering Item Check

Catering Item은 항공 여행 중 승객에게 제공되는 서비스 용품으로, 이어폰과 여행 편의용품, 기내식, 기내 음료, 서비스 기물, 기내 판매품 등이다.

객실 승무원의 모든 점검 업무는 무엇보다 정확성을 요하는데, 그중에서

## CHK Point 객실 구역별 청결 상태 점검사항

| 객실(Cabin Area) | 주방(Galley Area) | 화장실(Lavatory Area) |
|---|---|---|
| • 승객 좌석(Passenger Seat)<br>• 바닥 카펫(Floor Carpet)<br>• Handset(Cabin Attendant Station)<br>• 클래스 나눔대(Class Divider)<br>(Curtain)<br>• 코트룸(Coatroom)<br>• 승무원 좌석(Jump Seat)<br>• 트레이 테이블 보관함(Dog House)<br>• 승무원 휴식공간(Crew Rest Area)<br>(Bunk) | • 쓰레기통(Waste Container)<br>• 싱크대(Sink)<br>• 바닥(Floor)<br>• 보관공간(Compartment) | • Toilet Bowl<br>• 거울(Mirror & Mirror Frame)<br>• 개수대(Water Basin)<br>• 바닥(Floor)<br>• 기저귀 교환대(Diaper Shelf)<br>• 액체 비누통(Liquid Soap Dispenser)<br>• 화장실 용품 비치(Lavatory Item' Setting) |
| **승객 좌석(Passenger Seat)** | **기타 구역(Other Area)** | **기타 구역(Other Area)** |
| • 좌석(Seat)<br>• 좌석 앞주머니(Seat Pocket)<br>• 트레이 테이블(Tray Table)<br>• 좌석벨트(Seat Belt)<br>• Headrest Cover<br>• Window Shade(장착 기종의 경우)<br>• 휴대 물품 보관함<br>(Box for Stowage of Small Articles)<br>• 바닥(Floor) | • 구토대(Air Sickness Bag)<br>• Safety Information Card<br>• 기내 잡지(Airline Magazine)<br>• 기내 판매 안내지(Sky Shop Guide Book) | • 정수기 주변<br>(Drink Fountain Sink Area)<br>• 입구 매트(Entrance Mat) |

도 Catering Item Check은 기내 물적 서비스와 직결되는 업무이므로 그 중요도가 더 크다고 할 수 있다. 특히 기내식은 해당 편의 승객 수에 따라 탑재량이 정해지므로, 객실 사무장은 승객 탑승 종료 시 당일 탑승객에게 제공될 적정량의 기내식이 탑재되었는지 정확하게 확인해야 한다.

Catering Item Check은 Carry-on Box, Cart, Compartment 외부에 기재된 품목의 개수와 내용이 그 내부의 것과 일치하는지를 확인하는 방법으로 실시한다. 각 Galley Duty는 해당 노선에 필요한 서비스 기물과 서비스 용품, 기내식의 탑재 내역을 최종적으로 확인하고 객실 부사무장에게 보고한다.

**Class Divider**
한 구역에 2개의 Class가 설치되는 경우 Class를 구분하기 위해 설치되는 칸막이를 말한다.

**Window Shade**
기내 창문 덮개를 말한다. 기내 영화 상영 시나 승객 Rest 시 Window Shade의 개폐 여부는 승객의 선택사항이다. 신기종의 경우 창문 덮개가 터치 형식으로 장착된다.

탑재된 Catering Item을 확인하고 있는 승무원

Oven에 탑재된 기내식

Carry-on Box에 탑재된 생수

만일 서비스 용품의 추가 탑재가 필요한 경우에는 객실 사무장에게 보고하고 Catering 부서의 Load Supervisor에게 필요한 만큼의 수량을 주문할 수 있다. 단, 서비스 용품 탑재로 항공기 출발이 지연되지 않도록 용품 수송 시간을 잘 고려하여 주문한다.

### (6) 지상 서비스 준비

비상 · 보안 장비 점검과 서비스 용품 탑재 점검이 일차적으로 마무리되면, 객실 승무원들은 지상에서 제공할 서비스를 준비하게 된다. 클래스별로 제공되는 지상 서비스는 내용이 다르지만 안전한 항공기 이륙을 위해 간단히 진행된다. 항공사마다 서비스 내용은 다르지만 대부분의 항공사 일반석에서는 이어폰을 제공하고 상위클래스에서는 환영 음료와 헤드폰, 겉옷 보관 서비스를 제공한다.

#### 신문, 잡지 서비스 준비

일부 항공사에서는 지상에서 신문을 제공하는데, 신문을 서비스하는 경우 승객이 탑승하면서 원하는 신문이나 잡지를 직접 선택하도록 하고 있다. 해당 업무를 부여받은 객실 승무원은 Serving Cart나 Galley 선반에 신문을 준비하여 항공기 밖 Bridge 접속 부분이나 Step Car 상단에 비치하고 기내의 신문, 잡지꽂이에도 종류별로 가지런히 마련해 둔다.

이어폰 서비스 준비

항공사는 승객의 여행 무료함을 달래 주기 위해 비행 중 각종 기내 오락 서비스(Entertainment Service)를 실시하며, 객실 승무원은 승객이 이를 즐기기 위해 필요한 이어폰(Earphone)을 제공한다. 승객의 편의를 위해 지상에서 이어폰을 준비하여 제공한다. 탑승구 앞에 Serving Cart를 이용하여 Setting하고 기내 선반에도 Drawer에 담아 승객이 직접 가져갈 수 있도록 운영한다.

### (7) 승객 탑승 준비

전 객실 승무원은 당일 비행편의 최종 점검을 마치면 승객이 항공기에 도착하기 전에 정복을 착용한 후 담당 Zone에서 승객을 맞이할 준비를 한다. 각자 위치에서 대기하고 Overhead Bin을 열어 두어 승객이 비어 있는 Overhead Bin을 쉽게 찾을 수 있도록 배려한다.

객실 사무장은 승객 탑승 전 PA를 통해 전 승무원에게 승객 탑승 시작 시간을 알리고 해당 노선에 어울리는 Boarding Music를 켠다. Boarding Music은 안전 모의실연을 상영하기 전에 끈다.

## 2) Welcome Ground Service

Welcome Ground Service란 승객이 항공기에 탑승하여 항공기가 이륙하기 전까지 객실 승무원이 해야 하는 업무를 말한다. 우선 탑승객과 첫 대면이 이루어지는 시간이므로 좋은 항공사의 이미지를 전달할 수 있도록 승객 탑승 시 밝은 환영 인사와 더불어 정성껏 좌석 안내를 해야 한다.

지상에서의 객실 승무원 업무는 서비스 업무보다는 전반적인 항공기 운항과 이륙을 위한 안전 업무에 비중을 두므로 안전 요원으로서의 역할을 충실히 이행해야 한다. 또한 항공기 입 · 출항 관련 서류 인수나 특별 승객 응대 시 지상 운송 직원과의 업무 협조에도 소홀함이 없어야 한다.

### (1) 승객 탑승

항공기 내 점검과 비행 준비가 완료되면 승객의 탑승이 시작된다. 원활한 승객 탑승은 운송 직원과 객실 승무원의 업무 협조하에 이루어질 수 있다. 항공기 탑승 전 지상에서 운송 직원이 승객의 휴대 수하물 규제를 규정에 의해 실시하고 공항 터미널에서 탑승 안내가 제시간에 이루어져야 승객의 기내 탑승이 정시에 시작되고 이는 항공기 정시 출발로 이어진다.

항공사는 항공기 기종에 따라 승객의 항공기 탑승시간(Boarding Time)을 다르게 정하고 있다. 대형 기종과 국제선 비행은 탑승 소요시간이 길기 때문에 소형 기종이나 국내선 비행에 비해 탑승시간이 이르다.

승객 탑승이 시작되면 객실 사무장은 탑승구에 위치하여 전반적인 승객 탑승이 원활히 진행되도록 객실 승무원을 배치하고 안내 업무를 지휘한다. 객실 부사무장은 탑승구 주변에 위치하여 승객 탑승 안내 업무 및 특별 승객(Special Passenger)의 탑승을 안내한다.

탑승구에서 환영 인사를 하는 담당 승무원은 주 탑승구에 위치하여 탑승하는 승객에게 환영 인사를 실시하고 탑승권을 참고하여 해당 좌석 방향을 안내한다. 그 밖의 객실 내 승무원은 담당 구역 비상구 주변에 위치하여 승

M101Studio/Shutterstock.com

K 항공사의 기종별 승객 탑승시간

| 기종 | 국내선 | 국제선 | 국내 간선 |
|---|---|---|---|
| B747/B787/B777–300 | D-30 | D-40 | |
| B777–200/A330–300 | D-25 | D-40 | D-20 |
| A330–200 | D-20 | D-40 | |
| A300 | D-20 | D-40 | D-15 |
| A321 | D-20 | D-30 | |
| B737 | D-20 | D-30 | D-15 |

객이 도움을 필요로 할 때 즉시 응대할 수 있도록 유연하게 이동하면서 승객 좌석을 안내하고 휴대 수하물을 적절한 장소에 보관하도록 협조한다.

**국내 간선**
국내선 중 Ground Time이 40분 이하이고, 승객 승·하기 시 Bridge를 이용하며, 국내 화물이 없는 경우(화물 컨테이너가 실리지 않는 경우)를 의미한다.

**승객 탑승 순서**

1. Stretcher 승객
2. UM, 제한 승객
3. 노약자, 유아 동반 승객
4. VIP, CIP
5. 퍼스트 클래스(FR/CL) 승객, MMC, Elite Plus Member
6. 프레스티지 클래스(PR/CL) 승객, Elite Member
7. 이코노미 클래스(EY/CL) 승객

## (2) 환영 인사 및 좌석 안내

객실 승무원은 단정한 복장을 갖추고 Door 근처나 통로(Aisle)에 대기하여 밝은 표정으로 승객에게 환영의 인사를 전한다. 좌석을 안내할 때는 먼저 승객 탑승권의 좌석번호를 확인하고 해당 좌석의 방향을 안내한다. 승객 탑승이 원활히 진행될 수 있도록 하고, 특히 노약자와 환자, 어린이, 유아 동반 승객은 적극적으로 안내한다.

만일 좌석이 중복된 승객이 있을 경우는 먼저 승객의 탑승권에서 날짜, 편명, 이름, 좌석번호를 확인하고 정중히 사과드린 후 잠시 대기할 장소를

안내한다. 이 상황을 사무장에게 보고하고, 사무장은 지상 직원에게 좌석 재배정을 요청한다. 여유 좌석이 있는 경우 나중에 탑승한 승객을 승객이 선호하는 좌석으로 재배정하여 안내한다.

### (3) 휴대 수하물 보관 안내

좌석 안내와 동시에 수행되어야 하는 객실 승무원의 업무는 휴대 수하물 보관 안내 및 협조 업무이다. 기내 반입 수하물은 Overhead Bin, Coatroom 또는 고정장치(Restraint Bar)가 설치된 좌석 밑에 보관해야 하며, 객실 승무원은 Overhead Bin에 보관된 물품이 떨어져 승객이 상해를 입지 않도록 휴대 수하물의 보관 상태를 철저히 확인해야 한다.

승객이 짐을 적정 장소에 보관할 수 있도록 안내하며, 외견상 도움이 필요하다고 판단되는 승객이나 도움을 요청하는 승객에게는 짐을 올리거나 옮기는 등의 직접적인 도움을 제공한다. 휴대 수하물은 승객이 직접 관리해야 하며 항공사는 분실이나 파손에 대해 책임을 지지 않는다.

일반적으로 기내 휴대가 허용되는 수하물은 승객의 좌석 밑이나 기내 선반에 올려놓을 수 있는 물품으로 세 면의 합이 115cm 이내인 수하물 1개로 제한된다. 하지만 상위클래스 승객은 2개까지 허용된다.

승객 탑승 중 초과 휴대 수하물 발견 시 운송 직원의 도움을 받아 승객의 최종 목적지까지 일반 화물로 보내도록 조치한다. 이때 현금, 유가증권 등 중요한 서류는 승객이 꺼내서 직접 소지하도록 권유하고 깨지기 쉬운 수하물은 승객의 서명을 받은 후 'Fragile Tag'을 부착한다.

승객의 짐은 공항 수속 시 보안 검색에서 기내 휴대 가능 품목과 제한 품목으로 분류되며, 휴대가 가능한 품목은 승객이 직접 휴대하고 휴대가 제한되는 품목은 항공사 지상 직원에 의해 화물칸에 탑재되어 목적지 공항에서 찾도록 되어 있다.

### (4) 지상 서비스

승객 탑승 후 항공기 이륙 전까지의 지상 서비스는 항공사나 각 항공사의 클래스별로 제공되는 내용이 약간 다르다. 하지만 안전한 항공기 이륙을 위해 지상 서비스는 대체로 간단하다는 공통점을 지닌다. 주로 일반석에서는 이어폰, 신문이나 잡지 등의 독서물을 제공하고, 상위클래스에는 탑승 환영 음료와 신문, 잡지 서비스가 실시된다.

지상 서비스는 항공기가 Push-back을 하기 전에 안전 업무를 수행하기에 지장이 없는 범위 내에서 실시하며, 그 이후에 승객이 서비스를 요구할 때는 항공기가 이륙한 후에 서비스하는 이유를 정중히 설명한다.

### (5) Ship Pouch 인수

항공기 내에 승객의 탑승이 완료되고 지상 서비스가 마무리되면, 객실 사무장은 지상 직원으로부터 여객 및 화물 운송 관련 서류, Flight Coupon, SHR 등을 인수한다. 이러한 내용물이 담긴 가방을 Ship Pouch라고 한다. 이때 도착지 Entry Document(출입국 카드, 세관신고서, 검역설문서) 탑재 여부 및 탑재량을 다시 한번 확인한다.

**SHR(Special Handling Request)**
인적 사항, 특별한 요구사항 같은 탑승객 정보가 기재된 서류이다. VIP, CIP, UM, TWOV (Transit Without Visa), 환자, 단체 등의 정보를 기재한다.

### (6) 출입문 닫기

객실 사무장은 승객의 탑승이 완료된 후 휴대 수하물의 보관과 Overhead Bin의 닫힘 상태, 서비스 용품의 탑재를 확인하고 객실의 출발 준비를 완료

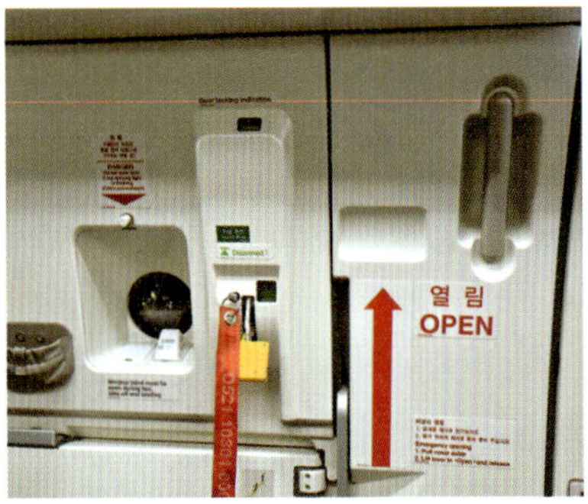


탑승구를 닫은 직후의 Door Slide Mode

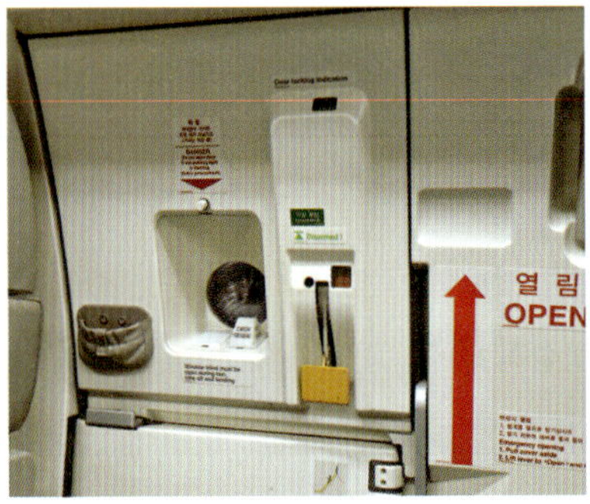


이륙을 위해 Door Slide Mode를 변경한 상태

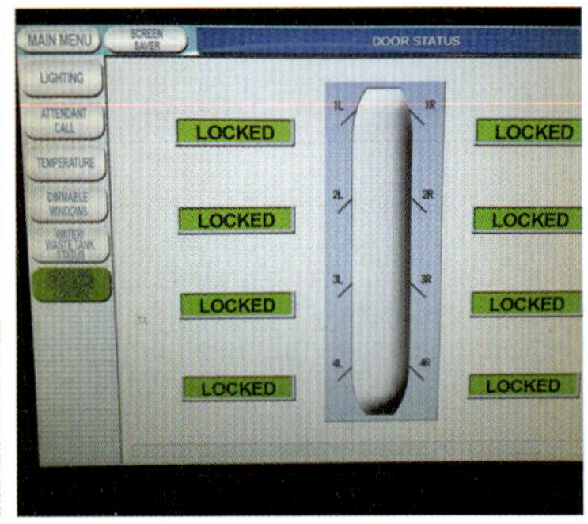


Door 닫힘 상태를 나타내는 패널

© Myung Hye Ree

하면 지상 직원에게 이를 통보한다. 그리고 기장에게 탑승객 수와 준비 완료를 보고하여 기장의 동의를 얻어 탑승구를 닫는다. 탑승구를 닫기 전에 PA를 통해 지상 직원의 잔류 여부를 확인한다.

### (7) 안전 점검(Safety Check)

안전 점검은 항공기의 지상 이동을 위한 객실 준비 상태를 점검하기 위해 실시한다. 항공기가 지상 이동을 시작하기 전에 객실 사무장의 All Attendant Call에 응답하는 것은 Door Slide Mode 변경 사실을 보고하고, 비상장비 점검 상태와 비상구 좌석 착석 상태, 휴대 수하물의 정위치 보관 및 Overhead Bin 닫힘 상태, Serving Cart의 정위치 보관 상태, Seat Back, 개인용 Monitor, Tray Table, Foot Rest의 원위치 상태에 이상이 없음을 보고하는 절차이다.

객실 사무장은 객실 준비사항을 재확인한 후 기장에게 Push-back 준비 완료를 보고한다.

**Door Slide Mode**
객실 승무원은 비상사태 발생 시 신속한 비상 탈출을 위해 항공기가 출발하고 도착하기 전에 비상구에 장착된 Slide Mode를 변경한다. 이는 비상구 Slide의 빠른 팽창을 위한 조치이다. 항공기가 출발하기 위해 문을 닫은 후에는 Armed Position에, 목적지 도착 후 항공기 문을 열기 전에는 Disarmed Position에 위치시킨다. 항공기 기종에 따라 Slide Mode의 형태와 작동법은 다르다.

**Push-back**
항공기가 주기된 곳에서 이륙하기 위해 후진하는 동작이다. 항공기는 자체 힘으로 후진이 불가능하여 Towing Car를 이용하여 후진한다.

### (8) 탑승 환영 안내 방송(Welcome Announcement)

항공기 출입문을 닫고 나면 방송 자격을 갖춘 담당 승무원이 승객의 탑승을 진심으로 환영하는 안내 방송을 하게 된다. Welcome Announcement는 탑승 환영 인사말과 간단한 비행 관련 정보로 구성된다. 방송이 객실에 나오는 동안 객실 승무원들은 해당 구역에서 승객들을 향해 정중히 인사하고 본인이 담당 승무원임을 알린다.

승객 탑승 시점의 개인용 모니터 화면

## (9) 안전 모의실연(Safety Demonstration)

안전 모의실연은 일상 비행 안전에 관한 안내뿐 아니라 비상시 항공기가 비상 착륙 · 착수를 할 때 그리고 갑작스러운 기내 고도 변화로 기내 감압 상황이 발생할 때 승객들에게 필요한 정보를 제공하기 위해 실시한다. 구명복, 산소마스크, 비상구, 좌석벨트 등의 위치와 사용법 등이 구체적으로 제시되며 VTR 영상 상영이나 승무원의 실연으로 실시된다.

안전 모의실연은 Multi−portion인 경우 중간 기착지에서 신규 탑승 승객의 유무에 관계없이 모든 구간에서 실시하며, 우회(Diversion)와 회항 후 재

**Multi−portion**
중간 기착지가 있는 운항 스케줄을 말한다. 예를 들면, 인천(ICN)−나리타(NRT)−로스앤젤레스(LAX)와 같다.

### 항공사의 탑승 환영 방송문 예시

저희 ○○항공을 찾아주신 고객 여러분, 안녕하십니까.
이 비행기는 ○○까지 가는 스카이팀 회원사인 ○○항공 ○○편입니다.
목적지인 ○○공항까지의 비행시간은 이륙 후 ○○시간 ○○분으로 예정하고 있습니다.
오늘 ○○ 기장과 ○○ 사무장, 그리고 승무원 ○○명이 여러분을 정성껏 모시겠습니다.
하늘 가득히 사랑을 드리는 저희 ○○항공과 함께 편안한 여행을 하시기 바랍니다.

Good morning (afternoon, evening), ladies and gentlemen,
on behalf of Captain ○○ and the entire crew, welcome aboard ○○ Air, a member of SKYTEAM, flight ○○ bound for ○○ (via○○).
Our flight time to ○○ will be ○○hour(s) ○○ minutes after take-off.
[R/S JOINING] On this flight, we have (a) ○○ based cabin crew on board.
If there is anything we can do to make your flight more comfortable,
our cabin crew is happy to serve you.
Please enjoy the flight. Thank you.

출발 시에도 반드시 실시한다.

객실 사무장은 안전 모의실연이 승객에게 효과적으로 전달되도록 승무원이 실연할 때는 객실 조명을 Full Bright로 하고 VTR 영상 상영 시에는 Dim으로 조절한다.

객실 승무원은 해당 구역의 승객 중 UM(Unaccompanied Minor), 장애승객, 노인 승객 등의 비상 탈출 시 도움을 필요로 하는 승객이나 객실 구조상 안전 모의실연을 볼 수 없는 좌석에 착석한 승객에게 개별 브리핑을 하고, 상영이 종료되면 담당 구역 승객들의 좌석벨트 착용과 수하물 보관 상태를 다시 한번 점검한다.

| Procedure | Announcement |
| --- | --- |
| | PA Test |
| Pax Boarding | Baggage Securing & Restriction of Electronic Devices (1차) |
| | Baggage Securing & Restriction of Electronic Devices (2차) |
| Door Close | A/C Door Close |
| Ramp Out | Welcome |
| | Safety Demo |
| Take-off | Take-off |
| Seat Belt Sign Off | Seat Belt Sign Off(안내) |
| In–flight Service | Duty Free Sales |
| Seat Belt Sign On(1차) | Approaching |
| Seat Belt Sign On(2차) | Landing |
| Landing | |
| Ramp-in | Farewell |
| Door Open | 하기 안내: 필요시 |
| Pax Deplaning | |

K 항공사 국제선 기내 방송의 구성

### (10) 이륙 준비

지상 서비스와 안전 모의실연이 종료되면 객실 승무원은 본격적인 항공기 이륙을 위한 안전 업무를 수행하게 된다. 기내 주방 내의 유동물을 고정하고 모든 기내 보관함(Compartment)과 Cart의 상태를 확인하고 Safety Strap을 장착한다. 담당 구역 승객의 이륙 준비 상태와 화장실 점검 업무를 종료하는 즉시 지정된 승무원 좌석에 착석한 후 좌석벨트와 Shoulder Harness를 착용하고 30 Second Review를 실시한다.

**30 Second Review**
객실 승무원의 안전 관련 업무 절차로 객실의 모든 이 · 착륙 점검을 마치고 승무원 좌석에 착석하여 30초 동안 비상 탈출에 관한 각자의 지정 업무 내용을 되새기는(remind) 것이다.

객실 사무장은 이륙 사인(Take Off Signal)이 나오면 객실 및 기내 주방 내 유동물 고정, 승객 좌석의 원위치(Seat Back, Foot-rest, Tray Table, Individual Monitor 등), 승무원 착석 상태(Seat Belt, Shoulder Harness)를 최종적으로 확인하고 이륙 안내 방송을 실시하며 기장에게 객실 이륙 준비 완료를 보고한다. 그리고 이륙 전 객실 조명을 외부 밝기에 맞도록 적절하게 조절한다.

## 3) In-flight Service

In-flight Service란 항공기가 이륙하여 적정 고도에 이르러 승객들에게 기내식, 기내 엔터테인먼트(Cabin Entertainment), 입국 서류 배포, 면세품 판매 등 목적지에 도착하기 전까지 이루어지는 객실 승무원의 비행 중 업무를 말한다. 서비스 내용과 절차나 방법은 항공사에 따라 상이하며 한 항공사에서도 노선별로 차이가 있다. 본서에서는 K 항공사의 장거리 비행을 기준으로 살펴본다.

장거리 비행의 In-flight Service는 크게 두 차례의 식음료 서비스와 한 번의 스낵을 제공하는 것으로 이루어진다. 여행객의 편의를 도모하기 위해 목적지의 입국 서류를 배포하며 구입 희망자에 한해 면세품 판매도 실시한다. 또한 승객의 안락한 휴식과 쾌적한 기내 환경 유지를 위해 수시로 객실을 순회하며 필요한 조치를 한다.

- Earphone, Amenity Service
- Child Giveaway
- 1st Hand Towel Service
- 1st Aperitif Service
- 1st Meal Service
- Entry Documents Service
- In-flight Sales
- Movie
- Snack
- 2nd Hand Towel Service
- 2nd Aperitif Service
- 2nd Meal Service
- Prepare for Landing

**K 항공사의 In-flight Service Procedure (장거리 비행의 경우)**

### (1) 갤리 브리핑(Galley Briefing)

항공기가 이륙하여 적정 고도에 이르면 조종실에서는 좌석벨트 착용 사인(Fasten Seat Belt Sign)을 꺼서 객실 승무원에게 서비스 업무가 가능하다는 신호를 준다. 각자의 서비스 담당 기내 주방에 모인 승무원들은 서비스를 위한 복장을 갖추고 해당 비행의 In-flight Service를 위한 기내 주방 브리핑을 갖는다.

기내 주방 브리핑은 기내 주방장이 주관하여 이루어지며 탑승객 정보, 기내식의 내용과 탑재 수량, 해당 구역의 특별식(Special Meal) 내용과 수량, 서비스 방법과 유의사항, 이륙 전 객실 특이사항 등을 담당 승무원에게 전달한다. 객실 브리핑(Cabin Briefing)에서 이미 전달된 내용이지만 해당 구역의 정보를 서비스 전에 다시 한번 상기하는 것이다. 상위클래스에서는 해당 클래스의 Senior가 주관한다.

기내 주방 브리핑을 마치고 적정한 서비스 준비가 완료되면 식사 서비스가 시작된다. 객실 서비스를 담당하는 승무원은 서비스에 전념하며 기내 주방장들은 기내 주방 내 서비스 준비 업무를 수행함과 동시에 서비스에도 가담하여 균형 있는 서비스가 이루어지도록 한다.

국제선 장거리 비행에서는 항공기 출발시간을 고려하여 평균적으로 2회의 식사 서비스가 이루어진다. 모든 식사 서비스에는 먼저 Towel이 제공되고 뒤를 이어 식욕을 돋울 식전 음료와 서양식 코스에 맞춘 식사가 제공된다. 기내 음료와 기내식에 관한 내용에 대해서는 이미 본서의 6장 '항공 객실 서비스 내용 및 용품'에서 자세히 다루었다. 이 장에서는 서비스 절차와 방법에 대해 살펴본다.

### (2) 음료 서비스(Beverage Service)

항공사들은 탑승객의 기호와 취향에 맞는 음료를 제공하기 위해 노선과 비행편별로 그에 따른 다양한 종류의 비알코올 음료와 알코올 음료를 준비한다. 음료 서비스는 식사 서비스(Meal Service) 시점을 기준으로 하며, 식전에는 식전주(Aperitif)를 제공하고 식사 중에는 Meal Type에 따라 Wine이나 기타 음료를 제공하고, 식후에는 Coffee와 Tea류를 제공한다. 아침식사

Ranglen/Shutterstock.com

**Cocktail의 종류**

| Whisky Base | Gin Base | Wine Base | Champagne Base | Vodka Base |
|---|---|---|---|---|
| • Scotch Soda<br>• Whisky Sour<br>• Bourbon Coke<br>• C.C – Sprite<br>• John Collins | • Gin Tonic<br>• Gin Fizz<br>• Orange Blossom<br>• Tom Collins<br>• Martini | • Kir | • Mimosa<br>• Kir Royal<br>• Buck Fizz<br>• Arise My Love | • Vodka Tonic<br>• Bloody Mary<br>• Screw Driver<br>• Seoul Love |

(Breakfast)나 Brunch일 경우에는 식전주(Aperitif)로 Cold Beverage 외에 Coffee와 Tea 등의 Hot Beverage를 함께 제공한다.

**일반적인 Cocktail 제조법과 유의점**

- Base와 Mixer를 혼합하여 제조하며 Cocktail 종류에 따라 설탕, 시럽 등의 감미료나 얼음을 넣고 Lemon Slice나 Orange Slice, Cheery 등으로 화려하게 장식한다.
- 항상 차게(4~6℃) 만든다.
- On the Rocks는 Ice Cube를 Class의 4/5 정도 채우고 Liquor를 2oz 정도 따른다.
- Straight는 1oz 정도가 적당하며 Chaser를 함께 주문받아 서비스한다.
- Whisky Water는 얼음을 잔의 2/3 정도 채우고 Liquor(주로 Scotch Whisky)를 2oz 정도 따르고 물로 3/4까지 채운다.
- Mixer가 발포성일 경우 너무 많이 젓지 않는다.
- 장식을 이용하여 장식의 효과를 주되 말라 있지 않은 것을 써야 한다.
- 얼음은 깨끗하고 단단한 것을 사용하며 녹은 얼음은 Cocktail을 묽게 하므로 쓰지 않도록 하며 얼음을 넣은 Cocktail은 Muddler를 같이 제공한다.
- 설탕이 들어가는 Cocktail은 충분히 저어 녹인 후 얼음을 넣는다.

**Chaser**
일종의 입가심 음료로 Hard Liquor류를 Straight로 마실 때 함께 마시며 물, 소다수, 진저에일 등을 주로 서비스한다.

비행 중 객실 승무원들은 승객이 요구하는 대로 모든 음료의 제공이 가능하나 알코올 음료의 경우에는 만취 승객이 발생하지 않도록 유의하여 제공한다.

### (3) 식사 서비스(Meal Service)

음료 서비스에 이어 정해진 Service Procedure 및 Meal Type 기준에 따라 Meal을 서비스한다. 모든 항공사의 기내식은 클래스별로 내용과 제공 방식이 다르다. 일등석에서는 기내식을 Course로 제공하고, 이등석에서는 Semi Course 방식으로, 일반석에서는 Pre-set Tray 방식으로 제공한다. 상위클래스 승객에게는 3~4 Choice Entree를 제공하고, 일반석 승객은 2 Choice Entree 기회를 제공받는다.

기내식은 일반 Meal과 특별식(Special Meal)으로 구분되어 탑재, 서비스된다. 그 종류는 노선 및 서비스 시점에 따라 다르며, 다양한 Menu 제공과 기내식 서비스 향상을 위해 3~4개월 주기로 Cycle Menu를 운영한다. 항공사의 기내식은 주로 서양식을 근간으로 하며, 내국인 승객을 위한 한식과 노선 특성을 살린 일본식, 중국식 등을 제공하고 새로운 Menu 개발과 기내식 서비스 개선을 위해 연구하고 있다.

기내식을 제공하는 서비스 횟수는 전체 비행시간에 따라 정해지는데, 10

gerenme/iStock/Getty Images Plus via Getty Images

Towel Service
↓
Aperitif Service
↓
Meal Tray Service
↓
Wine, Water Service
↓
Coffee, Tea Service
↓
Meal Tray 회수

**Meal Service Procedure**
**(일반석 Dinner일 경우)**

시간 이상의 장거리 노선에는 Hot Meal이 2회 제공되고 간단한 스낵이 서비스되는 것이 일반적이다.

특별식은 일반 Meal과 달리 그 서비스 방법이나 준비 과정에 특별한 주의가 필요하다. 지상에서 Meal 탑재 점검 담당 승무원은 Catering 직원과의 특별식 인수인계 작업 후 탑재 내역을 사무장에게 보고하며, 사무장은 승객 탑승 후 전달되는 SHR(Special Handling Request)의 특별식 내역과 실제 탑재 내역을 비교 · 확인한다. SHR상에 기재된 특별식이 탑재되지 않았을 경우 지상 직원에게 즉시 통보하고, Catering 직원에게 요청하여 조치한다.

승객 탑승 후, 각 Zone별 기내 주방 담당 승무원은 SHR을 참고하여, 특별식 주문 승객에게 승객의 주문 내용, 성명, 좌석번호를 확인한 후 특별식 Tag에 그 내용을 기입하여 승객의 Head Rest Cover에 부착한다.

담당 객실 승무원은 Meal 서비스 시 일반식보다 특별식 주문 승객에게 먼저 제공한다. Meal과 함께 서비스되는 Wine 및 기타 음료는 Meal Tray 서비스와 동시에 주문받아 곧바로 제공해야 한다. 식사 서비스 시 주문한 내용과 Meal 내용이 맞는지 재확인하여 누락 및 착오로 인한 승객 불만이 야기되지 않도록 한다. 예약 시 사전 주문 내용이 누락되어 특별식이 탑재되지 않은 경우 승객의 양해를 구하고, 의향을 물어 상위클래스 Meal을 이용

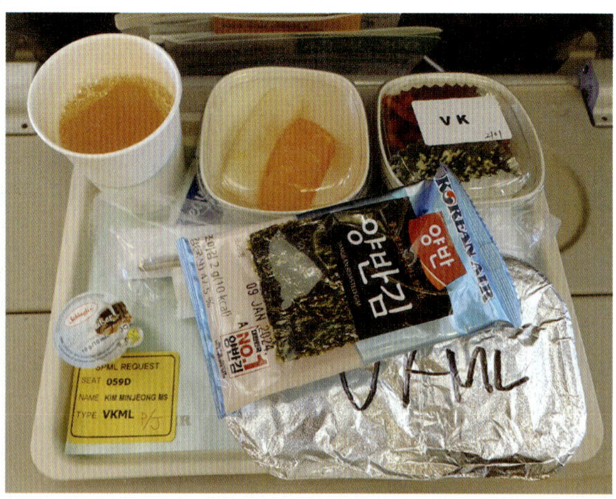

하는 등의 차선책을 강구한다.

특별식 중 Kosher Meal은 서비스하는 방법이 다른 식사들과 다르다. 포장된 식사는 반드시 승객이 보는 앞에서 개봉해야 한다. 일반적으로 Kosher Meal은 종이 Box에 포장되어 Sealing용 스티커(Sticker)가 부착되어 있다. 그러나 일부 Kosher Meal은 개봉된 후 이중으로 봉인된 경우도 있는데, 이는 Kosher Meal 제조 후 유대교 검식관인 랍비가 내용물 확인을 위해 Sealing용 스티커를 뜯고 검사한 후 재부착한 제품이다. 제조 공정상 문제가 없는 제품인 만큼 의문을 제기하는 승객이 있다면 설명을 충분히 하도록 한다.

### (4) 기내 판매 서비스

기내 판매 서비스는 국제선 탑승객에 대한 기내 서비스의 일환으로 세계 유명 브랜드의 면세 상품을 기내에서 판매하는 업무를 말한다.

기내식 서비스 후 면세품 판매를 시작하기 전에 안내 방송을 하고, 해당 구간의 비행시간과 서비스 절차를 감안하여 실시한다. 비행시간이 짧은 단거리 구간이나 소형 기종에서는 일부 품목만 판매한다. 판매 담당 승무원들은 Cart에 면세품을 준비하여 객실을 순회하며 구입을 원하는 승객에게 면세품을 판매한다. 이때 객실 승무원은 해당 국가의 입국 허용 면세량을 안내한다.

Alex Segre/UCG/Universal Images Group via Getty Images

기내 면세품 판매는 전체 객실 서비스의 일부이나, 휴식을 취하는 승객에게 방해가 되지 않도록 해당 구역의 객실 조명만을 밝히거나 기내 판매 Cart만을 비추는 간접 조명을 이용하여 진행하는 것이 바람직하다. 이때 객실 내 다른 구역에 서비스 공백이 발생하지 않도록 유의한다.

항공사들은 주류, 담배, 화장품, 향수, 액세서리, 초콜릿, 커피, 차, 건강식품, 펜, 선물용품, 어린이를 위한 선물용품 등 여러 가지 기내 면세품을 구비하고 있다. 객실 승무원들은 자사가 판매하는 기내 판매 면세품의 종류를 파악하고 있어야 하며 판매 시에는 반드시 기내 판매 안내지를 참고하여 정확한 가격을 제시해야 한다. 수수 화폐와 카드는 원칙적으로 해당 항공사가 별도로 지정하며 환율과 가격은 수시로 변동하여 적용된다. 최근에는 기내에 탑재된 귀국편 예약주문서로 예약주문을 받아 귀국편 기내에서 물품을 전달하는 귀국편 예약주문제도와, 사전에 승객이 원하는 품목을 전화나 인터넷으로 접수받아 기내에서 전달하는 사전 예약주문제도를 실시하여 승객들에게 쇼핑 편의를 제공하고 있다.

### (5) 입국 서류 배포 및 작성 협조

객실 승무원은 기내 면세품 판매 후 담당 구역별로 승객의 입국 편의를 위해 항공기 도착 전 해당 도착국의 입국에 필요한 서류를 승객에게 배포하고 작성을 돕는다. 일반적으로 입국 서류에는 입국 카드와 세관신고서가 있고 일부 국가에서는 검역 관련 설문서가 추가로 요구된다.

각 도착지 국가의 출입국 규정에 따른 작성 요령을 사전에 숙지하여, 작성 안내와 협조 시 승객의 여행 목적 및 소지 수하물의 종류 등을 정확히 작성할 수 있도록 한다. 그리고 도착 전에 담당 구역 승객의 입국에 필요한 서류 소지 및 작성 여부를 재확인한다.

### (6) 영화 상영 및 승객 휴식

첫 번째 식사 서비스가 끝나면 객실 승무원들은 기내 판매 서비스를 하고 입국 서류를 배포한 뒤 객실 전체를 담당 구역별로 정리하고 객실 조명을 조절한다.

Jeffrey Greenberg/Universal Images Group via Getty Images

항공사는 승객의 즐겁고 편안한 비행을 위해 다양한 콘텐츠를 제공한다. 국내외 영화를 장르별, 종류별로 제공하는 것은 물론 최신 영화를 선보이고 K-pop 음악과 함께 분야별로 다양한 음악을 승객이 취향에 따라 선별해 들을 수 있도록 하고 있다. 다양한 게임이나 뉴스, 단편물도 주제에 따라 다양하게 제공하고, 일부 노선에서는 승객의 휴대폰과 연결해 자주 이용하는 콘텐츠를 호환하는 것은 물론, 와이파이를 통해 SNS 같은 외부와의 소통이 가능하도록 하고 있다.

이 시점에 승무원은 기내 주방 조명(Galley Light)을 Dim 상태로 유지하고 중간에 날이 밝을 경우 승객의 양해를 구해 창문(Window Shade)을 닫거나 어둡게 조절하도록 한다. 그리고 이어폰(Earphone)을 제공받지 못한 승객에게 재서비스하고 기기 사용이 익숙하지 않은 승객에게는 사용법을 친절하게 안내한다.

이 시간은 섬세한 객실 승무원의 서비스가 승객에게 각인되는 시간이다. 승객의 편안한 여행을 위해 객실 담당 구역을 순회하며 상황에 맞는 응대를 하고 승객 개개인의 쾌적성을 최대한 배려하고 안전한 비행을 위한 수시 점검도 잊지 말아야 한다.

객실 승무원은 비행 중 승객이 필요로 하는 것을 적극적으로 제공하며 상황에 따라 음료, 베개, 담요 등을 필요로 하는 승객이 있는지 먼저 살펴보고

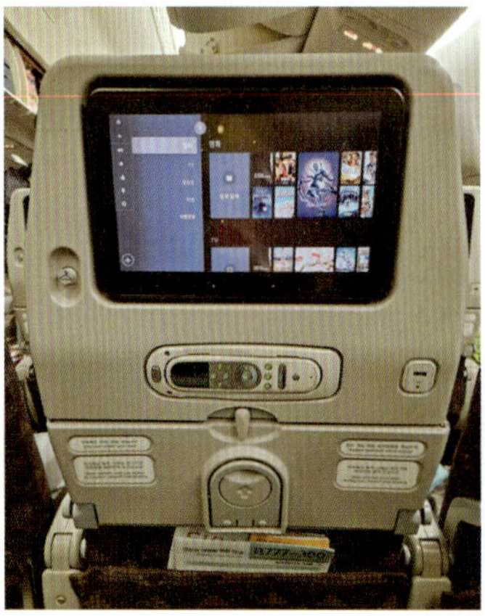

Tretyakov/Shutterstock.com

제공한다. 항상 객실의 쾌적성 유지를 위해 조명과 온도를 조절하며 승객 좌석 주변과 기내 주방, 화장실 등을 수시로 점검하고 청결한 상태를 유지한다. 특히 노약자나 환자 승객이 탑승한 경우는 더욱 세심한 관찰이 요구된다.

승객의 휴식을 위해 갤리 작업 시 소음에 유의하며 기내 통로를 Walk Around할 때는 어두운 기내에서 승객과 부딪히지 않도록 주의한다. 그리고 승객이 휴식을 취하는 동안 화장실, Door Side, 객실 후방 등 안전 취약 지역을 수시 점검한다. 이러한 주도적 서비스는 승객의 욕구를 미리 파악하여 충족시키고 기내 안전 사고는 수시 점검으로 미연에 방지한다는 적극적인 마음 자세가 바탕이 되어야 한다.

이외에도 비행 중 승객들에게 해당 비행에 관련된 각종 정보를 안내하는 시스템인 Air Show가 모니터 내에 있어 승객은 언제든 비행 속도, 고도, 현재 위치, 목적지까지의 거리와 남은 시간, 현지시각 등을 실시간으로 확인할 수 있다. 항공사들은 이러한 기내 오락(Entertainment)을 제공하는 프로그램 선정 시 일정 기준을 가지고 항공 여행에 적당한지 그 내용을 면밀히 검토하며 일정한 주기로 교체하고 있다.

### (7) 승무원 휴식 및 비행 관련 서류 작성

승객들이 편안히 휴식을 취하며 개인 시간을 보내는 동안 객실 승무원들도 2개 조로 교대 휴식(Crew Rest)을 취하게 된다. 단 비행시간이 10시간 이상인 직항편에서 승무원 교대가 없는 경우 사무장이 객실 서비스 절차를 고려하여 실시할 수 있다. Crew Rest 중 휴식조 승무원은 개인적인 여가 활동을 할 수 없으며 다음 근무를 위해 충분한 휴식을 취해야 하고, 근무조 승무원은 휴식조 승무원의 담당 구역에 공백이 생기지 않도록 비행 안전 및 승객 서비스에 만전을 기한다. 특히 두 번째 식사 서비스 준비는 물론 비행 관련 서류 작성을 수행해야 한다. 식사 서비스 준비는 앞서 언급한 내용과 동일하며 서비스 절차 역시 크게 다르지 않다. 휴식 종료 시에는 자신의 용모를 재점검하고 근무에 임해야 한다.

비행과 관련하여 일반 객실 승무원이 작성해야 하는 서류는 서비스 용품 Inventory List와 Liquor Inventory List이다. Inventory List는 서울 출발편(Out-bound Flight)에서 작성하는 서류로 기내에서 서비스하고 난 후 소모품의 잔량을 점검하여 인수인계 때 교대 승무원 팀이 이를 참고하도록 모든 서비스 용품의 잔여량을 기재한다.

Liquor Inventory List는 일부 국가의 세관 요구에 의해 작성된다. 이는 객실 서비스 용도로만 사용될 수 있는 기내의 면세 주류가 보세 구역 이외로 반출되는 것을 막기 위한 것이다. 객실 승무원은 항공기 내에 있는 모든 Liquor류의 잔량을 파악하여 해당 서류에 정확하게 기입하고, 목적지에 도착하기 전에 기내 주류가 담겨 있는 기내 보관함(Compartment)을 서류에 기입한 번호의 Seal을 이용하여 잠궈야 한다.

Seal의 모양

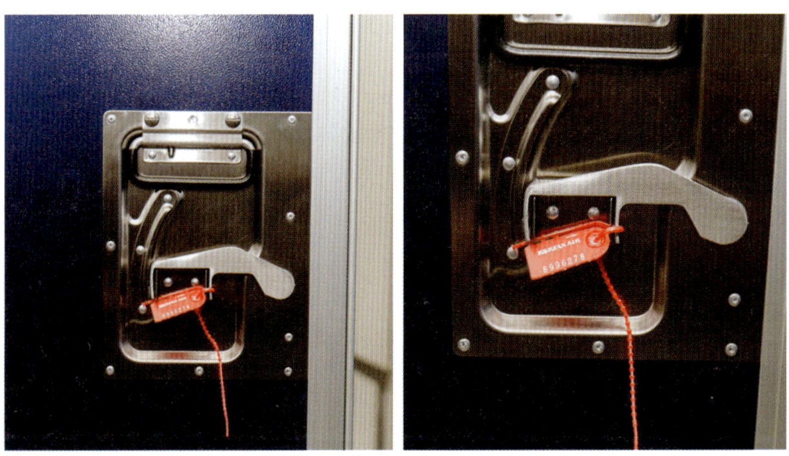

Sealing한 모습

### (8) 쾌적한 기내 환경 유지

#### 객실 조명 조절

객실 조명은 서비스 내용 및 서비스 시간대에 따라 조절하게 된다. 일반적으로 식사 서비스 시 객실 조명을 밝혀야 할 경우 승객의 조도 적응을 위해 단계적으로 약 20초의 시간을 두고 조절한다.

식사 서비스 중 객실 조명은 Full Bright를 원칙으로 하나 서비스 시간대를 고려하여 Dim 또는 Medium으로 조절하여 운영할 수 있다. 상위클래스의 식사 서비스 시에는 다른 승객의 휴식을 고려하여 객실 조명을 어둡게 조절할 수 있다.

기내 판매 시에는 해당 Class(Zone)의 객실 조명만 밝게 유지하여 다른 Zone 승객의 휴식을 최대한 보장한다. 야간 비행에 기판 보조등이 탑재되어 사용될 경우에는 판매 구역도 객실 조명을 Dim으로 유지한다.

승객 휴식 시점에는 객실 및 기내 주방 조명을 끄는 것이 일반적이나, 승객 휴면 시 기내 주방에서 서비스를 준비하는 경우 조명(Light)을 Dim으로 유지한다. 불가피하게 Full Bright를 사용해야 할 경우에는 신속히 처리 후 Dim으로 조절해서 불빛이 커튼 사이로 새어 나와 기내 주방 주변 승객의 취침을 방해하지 않도록 한다. 화면(Screen) 앞 좌석에 앉은 승객이나 불빛으로 취침하지 못하는 승객에게는 안대(Slumber Mask)를 제공한다.

비상구 근처 조명(Threshold Light)과 승무원 좌석 근처 조명(Work Light)은 이륙 전 안전 점검 시 Off하고, 착륙 후 안전 점검 시 On한다. 객실 조명을 적절하게 조절해야 서비스 품질이 높아진다. 따라서 객실 승무원은 서비스의 형태, 승객 휴식 등 객실 상황에 적합하게 객실 조명의 상태가 유지되도록 세심하게 신경 써야 한다.

#### Class Divider

Class Divider는 클래스를 구분하는 모든 기내 설비를 의미하며 기내 안전을 위해 이 · 착륙 시는 반드시 열린 채로 고정되어야 한다. 이륙 후 좌석벨트 착용 사인(Fasten Seat Belt Sign)이 Off되면 각 클래스를 구분하는 커튼을 닫고 도착 전 좌석벨트 착용 사인이 On된 후에 커튼을 연다.

객실 승무원은 비행 중 각 클래스를 구분하는 커튼을 사용하여 하위클래스에서 상위클래스로의 승객 이동을 제한한다. 특히 EY/CL(Economy Class) 승객의 상위클래스 출입을 제한하고, 가급적 상위클래스 승객이 하위클래스를 방문하도록 안내한다. 착륙 후 승객 하기 시 승객 하기 순서가 지켜지도록 하기 위해 커튼을 사용할 수 있다.

지상이나 고공에 있을 때 조종실과 객실을 청결하고 쾌적하게 유지하기 위해 항공기 내부로 신선한 공기를 공급하고, 이산화산소 등 사용된 공기는 항공기 외부로 배출시켜 객실 내부를 항상 신선하게 하고 온도를 적절하게 유지한다. 전체적인 객실 적정 온도는 24±1℃로 유지함을 원칙으로 한다. 객실 승무원은 객실 온도를 조절할 때, 창측이나 Door Side 승객에게 담요와 Hot Beverage를 적극적으로 서비스하는 등 승객 개개인의 온도차를 감안하여 세심한 서비스를 하도록 한다.

온도 조절이 필요한 경우 객실 승무원은 Cabin Attendant Station Panel에서 온도를 조절한다. 근무하는 기종의 기내에 온도 조절 Panel이 없는 경우 조종실(Cockpit)에 연락을 취하여 조절할 수 있다.

### 청결과 정숙

객실 승무원은 항상 기내 환경 중 객실의 청결과 정숙 유지를 고려해야 한다. 객실 승무원의 주 근무지인 기내 주방 주변은 물론 화장실, Aisle을 제

비행 중 쾌적하게 유지되는 객실

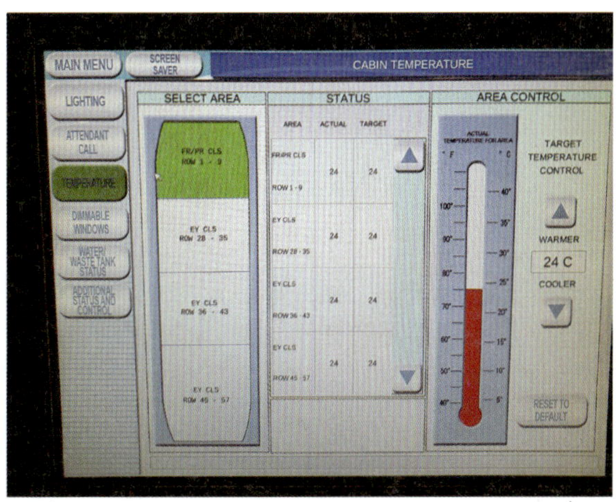



클래스별 온도 조절이 가능한 Cabin Attendant Station Panel

때 청소(Cleaning)하여 청결을 유지한다. 승객 좌석 Seat Pocket 내 사용한 컵, 불필요한 물건, 모아 둔 휴지는 신속히 치우고 화장실은 수시로 점검하여 부족한 물품을 채워야 하며, 공기 청정제를 분사한다.

객실은 많은 사람이 이용하므로 타인에게 불편을 끼치지 않도록 공공의 질서가 요구되는 장소이다. 객실 승무원은 승객 간에 이러한 질서가 유지되도록 최대한의 노력을 기울이고 객실 근무 시 공공의 예절에 어긋나는 일이 발생하지 않도록 유의한다. 특히 기내 주방에서 작업 시, Aisle을 걸어 다닐 때, 승무원끼리 이야기할 때, Cart를 이동할 때, 기내 보관함(Compartment), Cart, Carry-on Box 등의 Door를 열고 닫을 때, Overhead Bin과 커튼을 열고 닫을 때 발생하는 소음이 승객의 여행에 지장을 초래하지 않도록 유념한다.

### 승객 요구사항 응대와 휴면 시 Walk-around

객실 승무원은 승객의 요구사항(Request)이 즉시 해결되도록 해야 한다. 만일 즉시 해결이 불가능한 경우 해결이 가능한 시점을 안내하고 양해를 구해야 하며 승객 요구는 메모를 해서 잊어버리지 않도록 한다.

식사 서비스 후 승객 휴면 시에는 담당 구역을 정기적으로 순회하여 객실의 안전을 유지하고 쾌적함을 조성하며 승객의 욕구를 충족시킨다. 승객 기호 및 상황을 감안하여 적정량의 음료를 준비하여 개별적으로 제공하며, 화

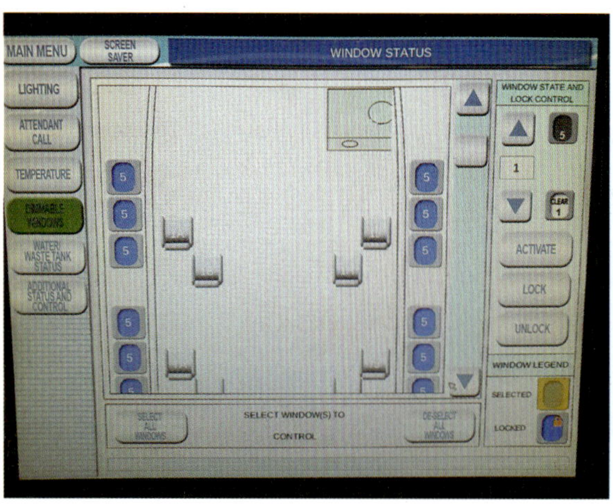


쾌적한 객실 관리를 위해 창가측 조명을 조절할 수 있는 Panel

승객 휴면 시점의 객실 내부

© Myung Hye Ree(2cut)

장실과 Door Side, 객실 후방 등 안전 취약 지역을 점검하여 갑작스러운 환자 및 화재 발생에 대비한다. 취침하지 않는 승객에게는 AVOD 사용을 적극 권유하고 취침 승객에게는 베개, 담요 등의 사용을 도우며, 스크린 장착 기종의 경우 주위 승객에게는 안대를 제공한다.

통로를 지날 때는 승객의 휴식에 방해되지 않도록 유의하며 담당 구역 순회 후 승객의 가시권에서 대기하여 승객을 주시한다. 그리고 기내 주방 주변, Door Side, 화장실 주변 등 다른 좌석보다 쾌적성이 낮다고 생각되는 좌석의 승객에게는 비행 중 수시로 관심을 갖고 서비스한다.

### (9) 비행 중 안전 점검

객실 승무원은 객실의 보안과 안전 요원으로서의 임무를 다하기 위해 비행 중 안전 점검을 충실히 해야 한다.

가장 기본이 되는 것이 승객들의 좌석벨트 착용에 대한 안내이다. 우선 승객이 비행 중 좌석벨트를 상시 착용하도록 안내한다. 그리고 Turbulence 발생 시는 좌석벨트 착용 사인(Fasten Seat Belt Sign)이 켜지면 즉시 안내 방송을 실시하고 승객의 좌석벨트 착용 상태를 점검하며 화장실 내 승객 유무를 확인하고 모든 점검이 완료되면 승무원도 Jump Seat에 착석한다.

객실 보안을 위해 탑승 승객이 지켜야 할 기본적인 사항은 탑승권을 소지하고 있는 것이며 신원이 불분명한 경우 승무원은 승객에게 신분증 제시를

요구할 수 있다. 기장을 포함한 모든 승무원들은 객실 보안과 안전을 위해 승객 검색, 체포, 하기 조치를 위한 권한을 행사할 수 있으며 승무원은 기장으로부터 허가를 받은 후 혐의가 있는 승객의 신체를 검색할 수 있다.

## (10) 착륙 준비

### 기장 도착 안내 방송 후

승객들이 휴식을 마치고 두 번째 식사까지 끝내고 나면, 기장이 목적지의 도착을 알리는 안내 방송을 하게 된다. 이 방송은 그동안의 기내 서비스를 마무리하고 착륙을 준비하라는 신호를 주는 것이다. 이때 방송 담당자는 규정에 의거하여 서비스 용품 회수 및 도착지 안내 방송을 하게 되고, 담당 승무원들은 회수해야 할 서비스 물품을 회수하여 정해진 위치에 보관한다. 그리고 도착 공항에 필요한 입항 서류를 최종적으로 정리하고 승객들의 입국 서류 작성도 재확인한다.

### Approaching Signal 후

항공기가 지상 고도 20,000피트에 도달하면 기장은 객실에 Approaching Signal을 준다. 이때 방송 담당자는 Approaching 방송 및 기타 안내 방송을

© Myung Hye Ree

승객에게 회수해야 하는 어린이 헤드폰

실시하고, 객실 승무원은 최종적으로 서비스 물품을 회수하고 기내 판매 업무를 종료하며 승객들이 맡긴 코트 및 보관품을 반환한다.

장거리 여행 동안 사용된 베개와 담요, 승객 좌석 주변도 함께 정리하고, 기내 주방 안 용품 정리와 유동물 보관 상태를 점검한다. 담당 구역에 특별 승객(Special Passenger)이 있는 승무원은 해당 승객의 착륙 준비에 소홀함이 없도록 한다.

각 Zone의 Senior와 Galley Duty는 서비스 용품의 잔량, 해당 구역의 기내 설비 상태, 기내 판매품과 Liquor의 잠금(Sealing) 상태를 최종 확인하는 등 항공기 인수인계 시 필요한 내용을 잘 정리하여 사무장에게 보고한다.

### Landing Signal 후

항공기가 지상 고도 10,000피트에 달하면 기장은 객실에 Landing Signal을 준다. 이때 방송 담당자는 Landing 방송을 실시하고 객실 승무원들은 승객의 좌석벨트 착용 상태, 좌석 등받이와 Tray Table의 정위치, 개인용 모니터의 원위치, 발 받침대(Footrest)의 원위치 등 최종적인 객실 안전 점검을 수행한다. 제반 안전 점검이 끝난 후에는 승무원 자신도 Jump Seat에 착석하여 좌석벨트 및 Shoulder Harness를 착용하고 30 Second Review를 실시한다.

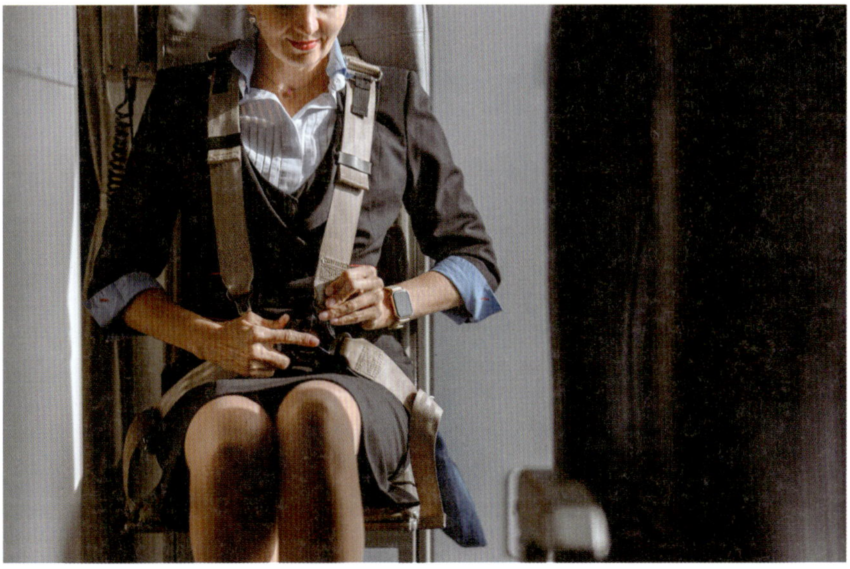

Creative Credit/iStock/Getty Images Plus via Getty Images

## 4) Farewell Ground Service

항공기가 목적지 공항에 안전하게 착륙하여 승객이 하기할 공항 터미널까지 이동하는 동안 객실 승무원이 행하는 근무를 일컫는다.

### (1) Taxiing 중 업무

항공기가 목적지 공항에 착륙하여 승객이 하기할 공항 터미널까지 이동하는 것을 Taxiing이라 하는데, 그동안 객실 승무원은 좌석벨트 착용 사인이 꺼질 때까지 모든 승객의 착석을 유도해야 한다. 그리고 안전에 관한 업무를 수행하지 않는 승무원은 Jump Seat에 착석한 상태에서 승객들을 관찰하며 비행 안전 취약 단계 규정을 준수한다.

방송 담당자는 착륙 후 항공기 엔진의 역회전(Engine Reverse)이 끝난 시점에 Farewell 방송을 실시하고, 객실 사무장은 환송 방송(Farewell Announcement)에 이어 보딩 뮤직(Boarding Music)을 튼다.

© Myung Hye Ree

항공기가 착륙해 이동하는 모습을 볼 수 있는 개인용 모니터

### (2) 출입문 열기

항공기가 완전히 정지한 후, 모든 객실 승무원은 객실 사무장의 PA 지시에 따라 안전 점검을 실시하고 All Attendant Call에 응답한다. 기내 조명 시스템이 설치된 스테이션의 담당 Senior는 기내 조명을 Full Bright로 조절하여 승객의 하기를 돕는다. 객실 사무장은 Door를 열기 전 Slide Mode의 정상 위치 여부, 장애물 유무, 좌석벨트 착용 사인의 Off를 확인한 후 항공기 외부 지상 직원에게 Door Open 허가 수신호를 준다. Door Open은 비상사태를 제외하고는 외부에서 지상 직원이 Open하도록 규정되어 있는데, 이는 Slide의 잘못된 작동을 방지하기 위함이다. 단, 소형기인 B737 기종은 객실 승무원이 직접 Open한다.

항공기 문이 열리면 지상 직원에게 Ship Pouch를 인계하고 중요 승객이나 특별 승객에 대한 정보를 알려 주고 검역 또는 세관의 하기 허가가 필요한지 확인한다.

### (3) 승객 하기

승객 하기 시 모든 객실 승무원은 자사를 이용해 준 승객에게 감사하며 하기 인사를 실시한다. 인사는 본인이 착석한 Jump Seat 주변에서 하게 되는데, 도움이 필요한 UM 승객, 장애인 승객, 유아 동반 승객, 노약자 승객은 하기 인사와 함께 승객의 짐을 적극적으로 들어 준다.

항공사에서 규정하는 일반적인 승객 하기 순서는 응급환자, VIP(Very Important Person)와 CIP(Commecial Important Person), 일등석 승객, 이등석 승객, UM과 특별 관리 승객, 일반석 승객, 제한 승객, Stretcher 승객 순이다. 원활한 승객 하기를 위해 Class Divider(커튼)를 사용할 수 있다.

## 5) Post-flight Check

Post-flight Check란 항공기가 목적지 공항의 터미널에 도착하여 승객이 전원 하기한 후의 근무 내용으로, 승무원이 항공기에서 비행 업무를 마감하는 업무와 항공기 하기 후 업무로 나뉜다.

## (1) 기내 점검

객실 승무원은 탑승 승객의 전원 하기를 확인한 후 담당 구역의 화장실, 좌석 주위, Seat Pocket, Overhead Bin, Coatroom 등을 돌아보며 승객 유실물 유무를 꼼꼼하게 점검한다. 승객 하기 후 유실물을 발견했을 때는 먼저 객실 사무장에게 보고하고 유실물을 도착지의 운송 직원에게 인계한다.

만일 운송 직원과의 연락이 불가능한 경우 출·도착지 공항의 INFO Desk(Information Desk) 또는 L/B 창구에 인계하고, 객실 사무장은 유실물의 내용, 형태, 개수, 발견 장소, 인계 운송 직원의 인적 사항 등을 사무장 비행 보고서(Purser's Flight Report)에 기재하여 회사에 보고한다.

비행 중이나 후 객실 설비에 이상이 발생한 경우, CDLM에 결함 내용과 위치를 구체적으로 기록하고 White Copy를 절취하여 기장에게 전달한다.

각각의 승무원은 담당 Zone별로 기내 보안 점검을 실시하고 Slide Mode의 정상 위치를 재확인한 후, 지상 직원과의 인계인수가 필요한 Item을 인계한다.

객실 부사무장은 해외 스테이션의 경우 Dry Item Inventory List를 현지의 Catering 담당 또는 교대팀 승무원에게 전달하고, 객실 사무장은 최종적으로 기내를 순회하여 이상 유무를 확인한다.

**CDLM**
비행 중에 생긴 Squawk(객실 고장이나 작동 불량사항)와 그 결함 상태를 기입하는 항공 일지이다.

**Dry Item**
Tea, Baby Material 등 일반적으로 상온에서 흔히 사용되는 용품을 말한다.

Paul Chinn/The San Francisco Chronicle via Getty Images

Robin Utrecht/SOPA Images/LightRocket via Getty Images

### (2) 비행 후 브리핑(Debriefing)

객실 승무원은 항공기 하기 후 지정된 장소에서 비행 중 특이사항을 객실 사무장에게 보고한다. 객실 사무장은 필요시 비행 종료 후 비행 후 브리핑을 주관하여 실시할 수 있으며, 브리핑에서 해당 편의 서비스 내용 중 발생한 문제점이나 이에 대한 개선점을 승무원 상호간에 교환할 수 있다.

### (3) 비행 후 업무

성공적으로 구간 비행 근무를 마친 후 모기지(ICN, GMP)에서 특별한 임무를 맡지 않은 승무원은 공항에서 퇴근하고 각종 서류 제출이나 기판 대금 반납, 도착 보고 등의 임무를 띤 승무원은 Crew Building에서 해당 업무를 한다. 모기지를 제외한 지역에서는 승무원 전원이 함께 이동하여 호텔 도착 후 다음 비행편의 Pick-up Time을 확인한 후, 해당 일까지 개인적인 휴식 일정을 갖는다.

# SUMMARY

- 객실 승무원들은 승무원 빌딩(Crew Building)으로 출근하며 이곳에서 해당 편 승무원들과 대면하는 객실 브리핑(Cabin Briefing)을 갖게 된다.
- 항공 서비스가 운송 부서와 객실 부서 간의 서비스가 밀접하게 연계되는 특성이 있으므로 객실 승무원은 공항 업무에 대해서도 이해해야 한다.
- 개인 소지품은 그 수와 규격이 정해져 있으며 회사 지급품인 Crew Tag이 부착되어야 한다.
- 기내 청소와 각종 용품 탑재는 도착 항공기의 승객이 하기한 후 지상 조업원이 이미 완료한 상태이므로, 객실 승무원은 승객들의 쾌적한 여행을 위해 담당 구역별로 청소 작업 상태를 점검해야 한다.
- Catering Item은 항공 여행 중 승객에게 제공되는 서비스 용품으로, 이어폰과 여행 편의용품, 기내식, 기내 음료, 서비스 기물, 기내 판매품 등이다.
- 지상에서의 객실 승무원 업무는 서비스 업무보다는 전반적인 항공기 운항과 이륙을 위한 안전 업무에 비중을 두므로 안전 요원으로서의 역할을 충실히 이행해야 한다.
- 안전 모의실연(Safety Demonstration)은 일상 비행 안전에 관한 안내뿐 아니라 비상시 항공기가 비상 착륙 · 착수를 할 때 그리고 갑작스러운 기내 고도 변화로 기내 감압 상황이 발생할 때 승객들에게 필요한 정보를 제공하기 위해 실시한다.

- 특별식(Special Meal)은 일반 Meal과 달리 그 서비스 방법이나 준비 과정에 특별한 주의가 필요하다.
- 특별식 중 Kosher Meal은 서비스하는 방법이 다른 식사들과 다르다.
- 기내 판매 서비스는 국제선 탑승객에 대한 기내 서비스의 일환으로 세계 유명 브랜드의 면세 상품을 기내에서 판매하는 업무를 말한다.
- 승객 하기 후 유실물을 발견했을 때는 먼저 객실 사무장에게 보고하고 유실물을 도착지의 운송 직원에게 인계한다.

# WORK SHEET

## SELF STUDY

1 객실 브리핑에서 다루는 주요 내용에는 무엇이 있는지 모기지 출발편을 기준으로 항목별로 정리해 봅니다.

2 **Galley Briefing** 내용은 무엇인지 정리해 봅니다.

3 비행 중 업무 5단계 중에서 국내선 노선과 비교해 국제선 노선에서 추가적으로 하는 업무에는 무엇이 있는지 정리해 봅니다.

예 **Pre-flight Check**

1) 운항 브리핑 내용—CIQ 절차
2) 객실 청결 상태 점검 시 비치 물품과 준비 물품에 대한 점검
3) 이어폰, 여행 편의용품, 기내식, 음료, 서비스 기물, 판매품 확인 및 수량과 상태 점검
4) 지상 서비스 용품 확인 및 준비

•

•

•

•

4 승객 휴게 시점에 수행하는 객실 승무원의 업무를 정리해 봅니다.

5 승객 하기 순서를 나열하고, 원활한 승객 하기를 돕는 방법이 무엇인지 생각해 봅니다.

## SELF FEEDBACK

**이번 장을 통해 새롭게 알게 된 부분을 써 볼까요?**

## GROUP ACTIVITY

그룹으로 나누어 몇 개의 항공사를 선정하고 기내에서 제공하는 일반 기내식 중 특화된 메뉴의 종류와 구성을 조사해 봅니다.

PART 5

# 항공 글로벌 경영 환경

CHAPTER

# 13 항공 서비스 경영 환경의 변화

1970년대 미국의 초대형 항공사 출현으로 다른 국가들 역시 항공사들이 대형화되면서 단일 항공사로는 운영 효율에 한계가 있어 항공사 간의 제휴를 맺게 된다. 항공사 간 제휴는 항공사 동맹을 맺음으로 운영 비용을 절감하고 효율적으로 관리할 수 있다는 이점이 있다.

1990년대 후반 항공사들의 운영 비용 절감이 가능해지고 승객들의 저가 여행 선호도가 높아짐에 따라, 저비용 항공사들이 출범하게 된다. 이는 이후 아시아 지역에서도 많은 저비용 항공사들이 등장하는 배경이 된다.

13장에서는 항공사의 경영 변화를 이해하고 항공사 제휴 형태, 저비용 항공사의 출범과 도약 과정을 알아본다.

### 학습목표

1. 국가별 항공사의 경영 변화 이해
2. 항공사 제휴의 목적과 제휴 내용 이해
3. 저비용 항공사의 출범 배경 이해

## 1. 항공사의 대형화

세계 항공 운송 산업의 변화에서 주목할 것은 미국 초대형 항공사(Mega-carrier)의 출현과 국제 항공 운송 산업에 대거 진출, 그리고 컴퓨터 예약 시스템의 확장에 의한 세계 항공 시장의 지배 움직임이다. 이러한 추세는 항공 운송 산업의 규모 확대와 투자 설비의 확장 경쟁을 의미하며 미국에서 시작하여 전 세계적으로 확산되고 있다.

미국은 1970년대 후반에 항공 운송 산업 규제가 완화되면서 자국의 각 항공사가 시장 지배력을 키우기 위한 다각적인 전략을 개발하고 정착시켰으며, 이는 전 세계 항공사의 경영 전략에 큰 영향을 미치게 되었다. 특히 허브-스포크 네트워크(Hub-spoke Network), 상용 고객 우대 프로그램(Frequent Flyers Program), 수익 경영 시스템(Revenue Management System), 컴퓨터 예약 시스템(Computer Reservation System)의 개발 등은 미국 항공사의 본격적인 국제 무대 진출에서 중요한 전략적 수단으로 활용되었다.

특히 1978년 규제 완화 이후, 자유 경쟁에 따른 항공 기업의 도산, 흡수, 합병 등의 과정을 겪어 결국 초대형 항공사들이 미국 시장의 85%를 점유하게 되었다. 또한 이러한 여세를 몰아 국제 항공 운송 시장에 진출함으로써

PHILIPPE DESMAZES/AFP via Getty Images

경쟁이 더욱 치열해졌다. 일본도 1986년 신 항공 정책을 발표하여 국내 항공의 규제 완화와 적극적인 국제선의 복수화 정책을 채택하면서 세계적인 항공사들과 규모의 경쟁을 시도했다.

영국도 대표 항공사인 영국항공(British Airways)과 제2 민항인 브리티시 칼레도니안 항공(BCAL)을 합병하고, 일원화 체제로 전환하여 대형화했다. 프랑스도 1990년대에 에어프랑스(Air France)가 UTA 항공, 에어 인터 등 다른 프랑스 항공사를 인수 합병하는 것을 승인하여 대형화하였으며, 이어 2003년 에어프랑스와 네덜란드항공(KLM), 2005년 유에스에어(US Air)와 아메리카웨스트(America West), 2007년 독일항공(Lufthansa)과 스위스항공(Swiss International Air Lines)의 합병이 이루어져 규모의 경쟁이 가속화되고 있다.

## 2. 항공사 제휴와 다국적화

아무리 초대형 항공사라 하더라도 단일 항공사로서는 인건비, 유류비의 인상 등으로 인해 운영 비용을 효율적으로 관리하기가 어렵다. 이로 인해 각 항공사는 세계화 전략의 초기 단계로서 먼저 항공사 간 제휴에 역점을 둔다. 항공사 제휴는 양자 간 제휴 형태인 마케팅 제휴와 좀 더 포괄적이며 다자간 제휴 형태인 전략적 제휴로 구분할 수 있는데, 전략적 제휴를 특히 글로벌 항공사 동맹(Global Airline Alliance)이라고 부른다.

**마케팅 제휴 (Marketing Alliance)**
제휴 항공사들이 각각 목표를 추구하고 자산을 독립적으로 운영하면서 전반적인 경영 활동을 하며 협력하는 방식이다.

**전략적 제휴 (Strategic Alliance)**
제휴 항공사들이 함께 목적을 설정하고 달성하기 위해 각각의 자산을 통합해 운영하는 방식이다.

제휴의 내용은 운항편명 공동 사용(Code Sharing), 공동 운항(Joint Operation), 청사(Terminal)의 공동 사용 및 일괄 탑승 수속(Through Check In) 처리, 여행상품 공동 개발, 운항편의 일부 좌석 사용(Block Seat), 마케팅 측면에서 운항 스케줄의 조정, 공동 광고, 정보 시스템 및 상용 고객 우대 프로그램의 공유, 일정한 범위 내에서 자본 제휴, 컴퓨터 예약 시스템을 통한 제휴 등 운영에 있어 거의 전 분야를 망라한다.

항공사 동맹으로는 스타 얼라이언스(Star Alliance), 대한항공이 속한 스카이팀(Sky Team), 영국항공과 아메리칸항공(American Airlines)이 주축인 원월드(One World)가 활발히 운영되고 있다.

Markus Mainka/Shutterstock.com

Minh K Tran/Shutterstock.com

항공사가 행사하는 운수권(Traffic Right)은 국제 항공 체계에 따라 일정한 요건을 갖춘 항공사에 의해 행사되는 것이 원칙이다. 요건 중 하나는 항공사의 실질적인 소유(Substantial Ownership)와 유효적인 지배(Effective Control)로, 항공사가 해당 국가 국적을 가진 국민이나 기업에 의해 소유되고 운영되어야 하는 원칙을 말하는 것이다. 따라서 지금까지는 특별한 경우를 제외하고는 다국적 항공사의 출현이 불가능했으나 세계화의 확산과 지역 경제 블록의 탄생, 시장의 다변화 등으로 다국적 항공사에 의한 운수권 행사가 불가피해짐으로써 세계적으로 다국적 항공사를 어느 정도 용인하는 추세이다.

가장 역사가 오랜 다국적 항공사로는 스칸디나비아 3국에 의해 설립, 운영되고 있는 스칸디나비아항공(Scandinavian Airlines System)이 있으며, 에어프랑스와 합병한 네덜란드항공, 독일항공(Lufthansa)과 합병한 스위스항공(Swiss International Air Lines) 등도 다국적 항공사로 분류할 수 있다. 지역 내 항공 자유화가 확산되면서 다국적 항공사의 출현이 증가했다.

## 3. 저비용 항공사의 도약

1972년 미국의 사우스웨스트항공(Southwest Airlines)이 저비용 항공사(Low Cost Carrier)로서 텍사스 러브 필드(Love Field) 공항을 근거로 운항을 개시했다. 사우스웨스트항공은 버스나 열차 등 지상 교통 수단과의 경쟁에서 저가 운임을 무기로 고속 성장했으며, 1978년 미국의 항공 자유화 이후에는

Suparat Chairatprasert/Shutterstock.com

미국뿐만 아니라 유럽 각국에서도 저비용 항공사들이 출현하게 되었다. 그러나 이들 간의 경쟁이 치열해지고 기존 대형 항공사들의 견제에 밀려 초반에 등장한 저비용 항공사는 대부분 도산하거나 대형 항공사에 합병되어 더 이상 세력을 확장하지 못했다.

1990년대 후반, 전 세계적인 항공 수요의 안정적인 증가와 정보 기술의 비약적인 발전으로 항공사들이 운영 비용을 획기적으로 절감할 수 있었으며, 여행 소비자들의 저가 여행에 대한 선호도가 증가함으로써 저비용 항공사들이 다시 등장하기 시작했다.

아시아 지역에서는 국가 간 항공 자유화가 진행되면서 더 많은 저비용 항공사들이 등장할 것으로 예견된다. 특히 최근 저비용 항공사들은 기존 네트워크 항공사들의 자회사 형태로 시장에 진출하고 있다. 국내 시장 규모가 비교적 작고 항공 시장이 통합되지 않은 환경에서 다각도의 경쟁 전략과 방어 전략을 모색하며 영향력을 점차 넓혀 가고 있다.

# SUMMARY

- 세계 항공 운송 산업의 변화에서 주목할 것은 미국 초대형 항공사(Mega-carrier)의 출현과 국제 항공 운송 산업에 대거 진출, 그리고 컴퓨터 예약 시스템의 확장에 의한 세계 항공 시장의 지배 움직임이다.

- 항공사의 제휴는 양자 간 제휴 형태인 마케팅 제휴(Marketing Alliance)와 좀 더 포괄적이며 다자간 제휴 형태인 전략적 제휴(Strategic Alliance)로 구분할 수 있는데, 전략적 제휴를 특히 글로벌 항공사 동맹(Global Airline Alliance)이라고 부른다.

- 항공사가 행사하는 운수권(Traffic Right)은 국제 항공 체계에 따라 일정한 요건을 갖춘 항공사에 의해 행사되는 것이 원칙이다.

# WORK SHEET

## SELF STUDY

1 미국, 영국, 프랑스의 항공사 대형화 배경을 각각 정리해 봅니다.

2 항공사 제휴에는 어떤 방식이 있는지 살펴보고 제휴의 내용을 정리해 봅니다.

## SELF FEEDBACK

이번 장을 통해 새롭게 알게 된 부분을 써 볼까요?

## GROUP ACTIVITY

그룹으로 나누어 항공사 동맹에 무엇이 있는지 살펴보고 설립 배경과 역사를 조사해 봅니다.

CHAPTER

# 14 항공사 전략적 제휴와 저비용 항공사

항공사 간의 전략적 제휴의 목표는 규모의 경제와 범위의 경제를 획득하여 수익을 증대하고 원가를 절감하는 것이며 제휴 네트워크를 통해 수요를 제고하는 것이다. 또한 효율적인 공조 마케팅으로 거래 비용 역시 절감하는 것이다. 이제 항공사 제휴 형태는 마케팅 제휴와 글로벌 제휴를 중심으로 다자간 전략적 제휴가 공존하는 양상을 띤다. 저비용 항공사는 다수의 항공사가 지속적으로 출현하면서 경쟁 구도가 심화되어 구체적 비용 절감 구조 설계에 집중하는 동시에 수익 증대 전략을 모색하고 있다.

14장에서는 항공사 제휴 형태를 알아보고 전략적 제휴로 인한 마케팅 강점을 살펴본다. 항공사들의 현재 제휴 현황을 이해하고 저비용 항공사의 운영 전략 방안을 자세히 알아본다.

### 학습목표

1. 항공사 제휴의 배경과 목표, 형태 이해
2. 전략적 제휴를 통한 마케팅 강점 이해
3. 항공사들의 현 제휴 현황 파악
4. 저비용 항공사의 개념 및 추세 이해
5. 비용 절감 전략 이해

# 1. 항공사의 전략적 제휴

항공사 간 경쟁이 심화되고 수익성이 낮아지는 시장 환경에서 생존 전략의 하나로 항공사들은 원가 절감에 주력할 수밖에 없었고 그 과정에서 자연적으로 등장한 것이 바로 항공사 간 제휴이다. 이러한 시장 환경을 고려할 때 전략적 제휴가 추구하는 목표를 정리하면 다음과 같다.

첫째, 제휴를 통해 규모의 경제와 범위의 경제를 획득하여 수익 증대와 원가 절감이라는 두 가지 목표를 동시에 달성하는 것이다.

둘째, 제휴 회원사들끼리 서로의 항공편 운항 스케줄을 공조(Schedule Coordination)하여 연결편의 불편을 최소화하고 보다 많은 고객이 제휴 네트워크(Alliance Network) 안에서 여행이 가능하도록 함으로써, 신규 노선이나 추가 항공기의 도입이 없이도 수요를 제고시키는 것이다.

셋째, 회원 항공사들이 각자 보유하고 있는 시장을 공유함으로써 효율적인 공조 마케팅을 전개하는 것이다.

넷째, 항공기의 공동 구매, 시설의 공동 사용, 인력 풀 등을 통해 직접적으로 원가를 절감하는 동시에 상승 효과(Synergy Effect)를 바탕으로 거래 비용을 절감하는 것이다.

**규모의 경제 (Economies of Scale)**
기업이 생산량을 늘릴 때 단위당 생산비용이 감소하는 것을 말한다.

**범위의 경제 (Economies of Scope)**
여러 다양한 제품을 동시에 생산해 생산비용을 절감하는 현상을 의미한다.

Brookgardener/Shutterstock.com

## 1) 항공사 제휴의 배경

항공사 제휴란 경쟁 관계에 있는 항공사가 특정 사업 혹은 기능별 활동 부문에 있어 경쟁사와 일시적 협조 관계를 맺는 것을 의미한다. 이는 기업 간에 특수 목적을 가지고 한시적으로 운영되는 만큼, 사업 운영 폭이 극히 제한적이며 참여 기업의 의지와 노력 여하에 따라 운영 과정 및 성과에 큰 차이가 있다.

최근 항공업계는 세계화(Globalization), 자유화(Liberalization), 민영화(Privatization) 등으로 대별되는 환경 변화 추세에 부응하기 위해 다각적인 방안을 찾고 있다. 또한 세계적인 노선망 구축을 통한 항공사의 글로벌화는 항공사들의 그룹화와 제휴를 가속화하고 있다.

한편 이상의 추세와는 다소 상반되는 지역주의(Regionalism)도 확산되고 있는데, 이를테면 이미 세계의 거대한 경제 블록으로 등장한 유럽연합(EU), 북미 지역의 NAFTA와 아시아, 태평양 지역 국가들의 이익을 대변하는 APEC 등의 결성이 그 대표적인 예라 할 수 있다. 이러한 추세는 지역별 주요 항공사들의 제휴 움직임과 함께 항공 산업의 3극화 현상을 부추기고 있으며, 이에 따라 항공업계에서는 북미, 유럽, 아시아 등의 지역별로 연계되는 거대한 항공 노선 네트워크가 형성되고 있는 추세이다. 이제 존립을 희망하는 항공사들에게 제휴는 필수 불가결한 요건이 되었고 글로벌 항공사 제휴 그룹 중 어느 그룹에 어떠한 역할로 편입할 것인가 하는 것이 중요한 이슈로 등장하게 되었다.

AaronP/Bauer-Griffin/GC Images via Getty Images

## 2) 항공사 전략적 제휴의 형태

항공사의 제휴는 일반적으로 마케팅과 전략적 목적으로 이루어지며 시간이 경과하면서 기업 간의 활동이 더 통합되고 제휴의 결속 수준도 나날이 높아지고 있다. 항공사의 전략적 제휴 형태는 수익 지향 제휴, 비용 절감 지향 제휴, 공동 운항 지향 제휴로 나누어 볼 수 있다.

### (1) 수익 지향 제휴

네트워크의 확장 및 공동 마케팅 등의 방법으로 수익을 극대화하기 위한 제휴 단계이다. 제휴의 형태로는 코드-셰어링, 상용 고객 우대 프로그램의 공동 운영, 네트워크의 상호 조정, 제휴 항공사의 로고(Logo) 사용 등으로 나타난다. 즉 비용 절감을 위해 판매 영업점이나 공항의 여객 라운지를 공동으로 운영하기도 하지만, 제휴의 일차적인 목적은 수익을 보다 많이 창출하는 데 있다. 모든 회원 항공사가 제휴 브랜드를 공유하되 각각 독자적인 브랜드를 유지하고 제휴 활동 외에는 자산을 독립적으로 운영하면서 마케팅과 관련된 협력을 목적으로 하기 때문에, 상업적 제휴나 마케팅 제휴가 이 유형에 속한다고 할 수 있다. 제휴의 진입과 탈퇴가 비교적 어렵지 않다.

### (2) 비용 절감 지향 제휴

판매 활동 측면에서는 상업적 제휴와 동일하지만, 수익 극대화를 강화하면서 동시에 제휴 목적이 비용 절감에 있다는 점에서 수익 지향 제휴와는 다소 차이가 있다. 마케팅 활동 외에 지상 조업이나 정비 등 비용을 통제할 필요성이 높은 운항 관련 활동을 하며 운송 수요가 많지 않은 제3 지역의 영업 지점 운영, 공항 서비스 시설, 케이터링 등의 공동 운영을 통해 영업 비용을 절감할 수 있는 활동을 중심으로 하는 제휴 단계이다. 따라서 제휴 범위가 넓고 회원 항공사가 많을수록, 제휴의 탈퇴가 쉽지 않다.

### (3) 공동 운항 지향 제휴

상업적 제휴의 단계가 진전될수록 진입과 탈퇴가 점차 용이하지 않은 지분

TK Kurikawa/Shutterstock.com

EQRoy/Shutterstock.com

참여에 의한 제휴로 발전하는 것이 일반적이다. 이러한 제휴 형태는 보유 자산을 통합하여 공동으로 운영한다. 따라서 공동으로 상품을 개발하여 판매할 수 있고, 필요에 따라서는 공동 출자에 의해 기업을 새로 설립할 수도 있다. 그리고 단일 브랜드를 이용한 프랜차이징, 항공기와 승무원에 대한 상호 교환 등이 가능하다. 특히 제휴 항공사들이 모두 단일의 제휴 브랜드만을 사용하며, 단일 형태의 기업을 공동으로 운영한다. 이에 일단 제휴가 성립되면 진입과 탈퇴가 매우 어렵다.

단일의 공동 활동을 목표로 하는 초기 단계와 달리, 이 단계에서는 전략적 목적의 제휴가 가장 보편적인 형태이다. 이 같은 공동 운항 지향 제휴는 국적이나 소유권에 대한 규제를 제외하고는 전형적인 합병과 유사하다.

### 3) 항공사 전략적 제휴의 효과

#### (1) 마케팅 효과

항공 운송 산업은 비용 측면에 있어 항공기의 대량 구매를 통해 연료와 정비 비용 등 운영 비용을 낮추는 것과 같은 규모의 경제가 한정적으로 적용되는 산업이다. 그 이유는 대형 항공사의 단위 비용이 소형 항공사보다 낮지 않기 때문이다. 미국의 규제 완화 직후 현상을 보면 소형 항공사가 대형 항공사보다 더 낮은 비용을 실현했었다. 그럼에도 불구하고 비용 성과가 우수했던 소형 항공사는 대부분 도산했고 대형 항공사는 현재까지도 남아 전 세계 항공 노선에 운항하고 있다. 이는 규모가 클수록 마케팅에 강점을 갖게 되어 시장의 생존 경쟁에서 대형 항공사가 유리한 경영 형태를 유지할 수 있었기 때문이라고 해석된다. 구체적 마케팅 강점을 살펴보면 다음과 같다.

첫째, 허브 공항을 중심으로 한 시장 지배력 형성이다. 허브 공항을 중심축으로 많은 목적지의 연결 네트워크가 해당 지역 내에서 월등한 마케팅 경쟁력을 부여한다. 둘째, 경쟁사를 시장에서 몰아낼 수 있는 능력의 확보이다. 스케줄, 운항 빈도, 운임 등을 해당 노선의 특성에 맞게 조정하여 규모가 작은 경쟁사를 퇴출시키는 것이다. 셋째, 시장 내 유관 산업체인 여행사, 호텔 등을 지배적으로 활용하는 유통 경쟁력의 우위 효과이다. 넷째로는 우월한 광고 능력, 마지막으로 마일리지 프로그램이나 기타 서비스가 평균 수준보다 높다는 점 등을 꼽을 수 있다.

이상과 같이 항공사들은 글로벌 제휴를 통해 획기적인 시장 범위 확대와 결속력 있는 네트워크의 마케팅 효과를 그 목표로 하고 있다.

### (2) 비용 효과

항공사 비용은 규모의 경제가 한정적으로 적용되므로 합병 · 제휴의 방법으로 규모를 확장하는 것이 단위 비용 감소에 큰 영향을 미치지는 못한다. 따라서 글로벌 제휴의 주된 목적은 비용 절감보다는 시장 지배력 강화라고 볼 수 있다. 시장 지배력이 강화되면 비용 효과(Cost Effect)와 시너지 효과가 발생하여 비용이 감소하게 된다. 즉 제휴를 통해 수요가 창출되어 단위 비용이 감소하는 효과가 나타나고, 제휴 항공사와의 시설 공동 사용, 마케팅 공동 수행 등으로 비용을 절감하는 시너지 효과가 생기기 때문이다.

**단위 비용(Unit Cost)**
상품이나 서비스를 하나 생산하는 데 드는 비용을 말한다. 여기서는 한 좌석에 소요되는 비용을 의미한다

또한 대형 항공사와 소형 항공사가 제휴하면 대형 항공사는 직접 지선을 운영하는 것보다 간접적으로 비용이 감소되는 효과를 얻을 수 있다. 한편 공동 구매에 의한 장비 등의 조달 비용이 낮아지는 효과 역시 경우에 따라 누릴 수 있다.

### (3) 노선 운영 합리화

항공사 제휴는 시장 내 경쟁자 수를 줄여 경쟁 둔화는 물론 노선 운영의 합리화 등을 꾀하는 기반을 제공하기도 한다. 운항편명 공유 등으로 적은 비

행편수를 투입하고도 소비자에게는 운항 빈도가 높은 것처럼 인식되도록 하는 효과가 있으며, 탑승률이 극히 저조해지는 현상을 막을 수도 있다.

타 산업과 달리 항공 운송 산업은 두 국가 간의 협정에 의해 국제 노선이 운영됨으로써 상대국이나 상대 지역에서의 항공 운항 활동의 제약이 많다. 즉 미국의 항공사가 인천국제공항을 항공기 모기지로 하여 동북아 지역 시장을 중심으로 운송 활동을 하는 것은 불가능하다. 양국 간 항공 협정에서는 대개 상대 국가의 특정 도시를 최초 출발지로 하여 노선을 운항하는 것을 허용하지 않기 때문이다. 또한 소유권과 통제력 규제에 의해 상대 지역의 항공사에 대해 경제적인 방법으로 지배력을 행사할 수도 없다. 그러나 항공사 제휴를 통해 비행편명을 공유하여 운항하면, 상대 지역의 도시를 중심으로 실질적인 영업 활동을 할 수 있게 된다.

### 4) 항공사 전략적 제휴의 현황

세계 항공 시장에서 형성되는 제휴의 형태는 두 항공사 간에 맺는 제휴의 초기 형태에서 벗어나 여러 항공사가 동시에 참여하는 다자간 전략적 제휴로 발전하고 있다. 1996년 미국의 유나이티드항공(United Airlines)과 독일항공(Lufthansa)을 주축으로 형성된 스타 얼라이언스(Star Alliance)가 등장

Sorbis/Shutterstock.com

한 이래, 시장 지배력 강화를 위해 그동안 유지해 온 개별사 간 지역적 제휴 관계에서 탈피하여 글로벌 제휴 형태로 발전했다.

글로벌 제휴의 배경으로는 미국이 주도하고 있는 '하늘의 개방(Open Sky)' 정책과 이에 따라 자국 항공사에 반독점 면제가 확대 적용된 것을 들 수 있다. 따라서 개별 항공사들이 스스로의 노력으로 노선을 확장하고 새로운 서비스를 개발하는 것이 아니라 각 대륙이나 지역을 대표하는 항공사들이 모여 서로의 네트워크와 대고객 프로그램을 개발하고 공유하는 새로운 체제로 운영되고 있다.

**반독점 면제 (Anti-trust Immunity)**
국가나 정부 기관이 일정 기간 동안 특별 권한을 부여하여 시장 지배력을 행사하거나 불공정 거래를 해도 법적 책임을 묻지 않는 것을 말한다. 공익 추구나 전략 산업 육성 목적으로 시행된다.

각 제휴 그룹은 독자적인 특징을 유지하면서 회원 항공사 간에 원활한 서비스(Seamless Service), 상용 고객 우대 프로그램의 공유, 서비스 절차의 통일화 등 고객 서비스의 향상과 비용 절감을 도모하고, 미국 정부의 반독점 면제 혜택을 획득할 목적으로 형성되는 경우도 많다.

21세기 이후에는 항공사 제휴의 근간이 되어 온 마케팅 제휴와 글로벌 동맹을 중심으로 한 전략적 제휴가 상존한다. 이 같은 두 가지 제휴 형태에 기반하여 세계 항공업계는 노선 규모와 서비스 면에서 사실상 3대 글로벌 동맹이 세계 항공 시장을 좌우하고 있다. 한 예로 글로벌 항공사 동맹인 스카이팀의 발전사를 간략히 살펴보면, 스카이팀은 2000년 6월 22일 대한항공, 아에로멕시코(Aeromexico), 에어프랑스, 델타항공의 4개 항공사를 주축으로 창설되었다. 2014년 3월 가루다 인도네시아 항공의 가입으로 20개 항공사가 참여했고, 2016년 12월 기준 177개국의 1,062개 취항지에 매일 17,300

First Class Photography/Shutterstock.com

Fandistico/Shutterstock.com

**3대 글로벌 동맹 현황(2024년 기준)**

| 동맹 형태 | 회원 항공사 | |
|---|---|---|
| 스카이팀(SkyTeam)<br>20개 항공사 | • 아에로멕시코(Aeromexico)<br>• 샤먼항공(Xiamen Airlines)<br>• 대만중화항공(China Airlines)<br>• 체코항공(Czech Airlines)<br>• 대한항공(Korean Air)<br>• 알이탈리아(Alitalia)<br>• 케냐항공(Kenya Airways)<br>• 사우디아항공(Saudia Airlines)<br>• 스칸디나비아항공(Scandinavian Airlines System)<br>• 중동항공(Middle East Airlines Air Liban SAL)<br>• KLM 네덜란드항공(KLM Royal Dutch Airlines)<br>• 타롬항공(TAROM Romanian Air Transport) | • 에어프랑스(Air France)<br>• 베트남항공(Vietnam Airlines)<br>• 중국동방항공(China Estern Airlines)<br>• 델타항공(Delta Air Lines)<br>• 가루다 인도네시아 항공(Garuda Indonesia)<br>• 에어유로파(Air Europa)<br>• 아르헨티나항공(Argentine Airlines)<br>• 버진 애틀랜틱(Virgin Atlantic) |
| 스타 얼라이언스(Star Alliance)<br>25개 항공사 | • 에게안항공(Aegean Airlines)<br>• 에어차이나(Air China)<br>• 에어뉴질랜드(Air New Zealand)<br>• 아시아나항공(Asiana Airlines)<br>• 아비앙카항공(Avianca)<br>• 코파항공(Copa Airlines)<br>• 이집트항공(Egypt air)<br>• 에바항공(EVA Air)<br>• 루프트한자(Lufthansa)<br>• 남아프리카항공(South African Airways)<br>• 탑포르투갈(TAP Portugal)<br>• 터키항공(Turkish Airlines)<br>• 싱가포르항공(Singapore International Airline) | • 에어캐나다(Air Kanada)<br>• 인도항공(Air India)<br>• 전일본공수ANA(All Nippon Airways)<br>• 오스트리아항공(Austrian Airlines)<br>• 브뤼셀항공(Brussels Airlines)<br>• 크로아티아항공(Croatia Airlines)<br>• 에티오피아항공(Ethiopia Airlines)<br>• 폴란드항공(Polish Airlines)<br>• 심천항공(Shenzhen Airlines)<br>• 스위스항공(Swiss Air)<br>• 타이항공(Thai Airways Company)<br>• 유나이티드항공(United Airlines) |
| 원 월드(One World)<br>14개 항공사 | • 영국항공(British Airways)<br>• 일본항공(Japan Airlines)<br>• 콴타스항공(Qantas Airways Limited)<br>• 아메리칸항공(American Airlines)<br>• 이베리아항공(Iberia Airlines)<br>• 스리랑카항공(Srilankan Airlines)<br>• 알래스카항공(Alaskaair) | • 핀란드항공(Finnair Plc)<br>• 카타르항공(Qatar Airways)<br>• 로열 요르단 항공(Royal Jordanian Airlines)<br>• 캐세이 퍼시픽 항공(Cathay Pacific Airways)<br>• 말레이시아항공(Malaysia Airlines)<br>• 로열 에어 모로코(Royal Air Maroc)<br>• 피지항공(Fiji airways) |

여 편의 항공편이 스카이팀 회원 항공사의 긴밀한 협력 속에 운항하고 있다. 2024년 기준 취항 공항은 926개에 달하며 취항 국가는 187개국, 연간 여객 수는 5억 5천만 명을 훨씬 넘는다. 회원 항공사의 통합 마일리지 적립, 상용 고객 우대 프로그램, 전 세계 600여 개 스카이팀 라운지와 부속 시설

제공, 공항에서 원활한 서비스를 제공하는 Skypriority 전용 서비스가 제공되고 있다.

## 2. 저비용 항공사

저비용 항공사의 효시는 미국의 PSA(Pacific Southwest Airlines)로 알려져 있다. PSA는 캘리포니아의 샌디에이고에 본사를 두고 1949년 5월 6일 DC-3기로 샌디에이고에서 버뱅크를 경유하여 오클랜드를 주 1회 왕복하는 항공사로 출발했다. 국제선 최초의 저비용 항공사는 1966년에 레이커가 영국에 본사를 두고 설립한 레이커항공(Laker Airways)이다. 1982년 2월 6일 파산할 때까지 대서양을 횡단하여 운항했으며, 21세기에 전 세계에서 유행하고 있는 저가 운임을 실현하기 위해 기내식을 판매하는 전략을 최초로 도입했다.

### 1) 저비용 항공사의 개념

저비용 항공사라는 용어는 영어로 'Low Cost Carrier', 'Low Fair Airlines', 'No-frill Airlines', 'Budget Airlines', 'Discount Airlines' 등 다양하게 표현되고, 이에 대해 저비용 항공사 전략을 채택하지 않은 기존의 항공사를 'Network Carriers', 'Full Service Airlines', 'Full Service Carrier', 'Traditional Schedule Airlines' 등으로 칭한다. 국문에서도 저(원)가 항공사, 저운임 항공사, 저비용 항공사 등 다양한 용어가 사용된다. 저비용 항공사는 운영 역사가 짧아 시장 환경이나 지역에 따라 그 경영 구조나 목적 및 모델이 다양하다.

**No-frills Airlines**
불필요한 서비스를 제공하지 않는 항공사를 말한다.

**Budget Airlines**
긴축 재정으로 운용하는 저가 항공사를 가리킨다. Low-budget Airlines, Low Cost Airlines도 같은 말이다.

학자 로턴(Lawton)은 그의 연구에서 대표적인 저비용 항공사인 미국의 사우스웨스트항공과 유럽의 라이언에어(Ryan Air) 운영 전략을 요약하고 해당 전략을 구사하는 항공사가 저비용 항공사라고 정의했다. 그 전략으로는 단거리 운항(Short-haul Routes), 'No-frill' 서비스(No Meals, No In-flight Entertainment, No Advance Seat Selection, No Frequent Flyer

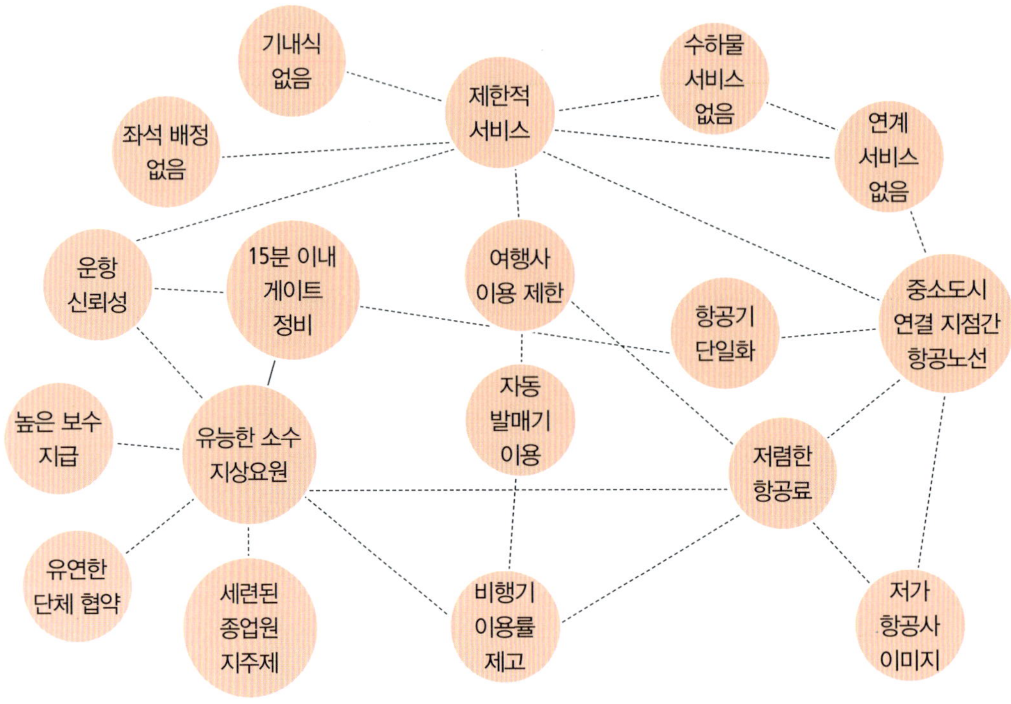


사우스웨스트항공의 운영 방침

Points), 최소 부채 비용(Minimal Debt Servicing Costs), 운항 기종의 표준화(Standardized Fleet), 사용료가 저렴한 공항 이용(Use of Cheaper), 신중한 노선 확장(Cautions Route Expansion), 전자 티켓 이용(Ticketless Reservation System)이 있다.

그리고 'Centre For Asia Pacific Aviation'의 보고서에서는 "저비용 항공사는 명확한 정의를 내릴 수 없고 지역이나 시장에 따라 구조와 목적을 달리하는 카멜레온 같은 항공사"라고 표현하면서 각각 시행하는 전략에 따라 독립적인 저비용 항공사(Independent No Frills Airlines), 기존 항공사의 자회사(No Frills Subsidiaries Of The Established Airlines), 저비용 항공사의 전략과 기존 항공사의 전략을 혼용하여 'Some-frills'로 운영하는 하이브리드형 항공사(Hybrid Operators)로 분류했다.

Horacio Villalobos#Corbis via Getty Images

## 2) 저비용 항공사의 출현

저비용 항공사를 대표하는 항공사는 미국의 사우스웨스트항공이라고 할 수 있다. 1978년 미국의 규제 완화가 점차 유럽과 아시아, 오세아니아 지역으로 확산되면서, 1991년에는 아일랜드의 라이언에어, 1995년에는 영국의 이지제트(EasyJet), 말레이시아의 에어아시아(Air Asia), 호주의 버진블루(Virgin Blue) 등 전 세계적으로 저비용의 전략 특성이 확대되었다.

1980년대에 미국에는 진입 규제가 철폐되면서 많은 저비용 항공사가 설립되었으나 대형 항공사와의 운임 경쟁과 지속적인 원가 절감 실패로 대부분의 항공사들이 파산하는 고전을 겪기도 했다. 그러나 1990년대에 들어와 저비용 항공사들은 전 세계적인 규제 완화 정책에 힘입어 본격적으로 항공시장에 진입하여 2000년대 초 9.11 테러나 이라크 전쟁, 사스(SARS), 고유가에도 불구하고 전략적으로 성공을 거두었다.

반면 유럽의 경우, 과열 경쟁으로 인해 1995년과 1996년에 걸쳐 무려 80개의 신규 항공사가 출현하고 1995년 한 해에만 56개 항공사가 설립되었으나, 17개 항공사가 운항 개시 1년 만에 파산하는 등 항공사의 LCC 경쟁이 두드러졌다.

저비용 항공사가 전략적으로 성공을 거두면서 나타난 또 하나의 새로운 현상은 기존 항공사들도 저비용 항공사와의 경쟁을 위해 자회사 형태로 경

ROSLAN RAHMAN/AFP via Getty Images

Percuzz_capt/Shutterstock.com

쟁에 뛰어들고 있다는 것이다. 네덜란드항공의 바시크에어(Basiq Air), 스칸디나비아항공의 스노우플레이크항공(SnowFlake Airlines), 에어말타(Air Malta)의 페어포유(Fare4U), 델타항공의 송에어(Song Air), 유나이티드항공의 테드에어(Ted Air), 에어캐나다의 탱고항공(Tango Airlines), 콴타스항공의 제트스타(Jet Star), 에어뉴질랜드의 프리덤에어(Freedom Air), 가루다 인도네시아 항공의 시티링크(City Link), 타이항공의 노크(Nok), 싱가포르항공의 타이거항공(Tiger Airways) 등이 이에 해당한다.

자회사 형태의 저비용 항공사들은 모기업의 경쟁력을 기반으로 터무니없는 저운임 경쟁을 유발하여 취약한 신규 진입 항공사가 도산하고 난 후 다시 운임을 올리거나 아니면 모기업의 기업 문화에서 벗어나지 못해 경쟁에서 패한 후 시장에서 철수하기도 한다. 네덜란드항공이 설립한 버즈항공(Buzz Airway)은 라이언에어에, 영국항공이 설립한 고플라이(Go Fly)는 이지제트(EasyJet)에 매각되고, 에어캐나다가 설립한 탱고항공과 지프(Zip)는 파산했다.

저비용 항공사들은 세계적으로 지속적인 출현과 과열 경쟁에 노출되어 있기 때문에 비용을 인하하기 위한 구조 설계에 주력하고 있다.

## 3) 저비용 항공사의 운영 전략

### (1) 수익 증대 전략

첫째, 단거리(Short Haul) 운항 전략이다. 단거리 운항은 어느 정도까지는 운항 비용이 증대되는 것이 사실이나, 수요 측면에서 보면 장거리 운항에 비해 수익 증대 효과가 더 높다. 따라서 가격에 민감한 수요자는 장거리 여행을 포기하는 반면 단거리의 저렴한 요금을 선호하기 때문에 이들에 대한 수요 창출 효과가 크다.

둘째, 지점 간(Point To Point) 운항 전략이다. 이는 저비용 항공사의 핵심 전략으로, 주된 노선이 직항편이어서 승객이 이용하기가 편리하므로 여객의 유입권이 넓어져 수익성이 높아지게 된다.

셋째, 환불 불가 제도(No Refund)의 운영이다. 이 제도는 승객이 예약을 하고 탑승은 하지 않는 예약 부도(No-show)율을 낮추어 좌석 가동률을 높인다. 이외에 요금 등급(Fare Class)을 단순화하여 상대적으로 수익 증대를 꾀하기도 한다.

### (2) 비용 절감 전략

첫째, 지점 간(Point To Point) 운송 전략이다. 허브-스포크 전략은 혼잡시간을 유발하여 탑승 게이트, 발권, 보안 검색, 지상 조업, 정비, 탑승교 등의 요원 업무가 가중되고 이들의 기량을 높이기 위해 상대적으로 높은 비용이 들지만, 지점 간 운송은 혼잡시간이 없으므로 이들에 대한 인건비를 줄이고 지상 조업장비 등의 자본 지출도 줄일 수 있다. 한편 공항의 혼잡도가 줄어 연결 여객이나 수하물의 대기시간을 감소시켜 항공기의 가동률을 향상시킨다.

둘째, 기종의 단일화(Common Fleet)이다. 규모의 이익으로 항공기, 부품, 부자재 등의 구매력을 향상시키고, 승무원이나 정비사 등의 전문 인력에 대한 훈련 비용을 감소시킴과 동시에 전문성을 강화시킬 수 있으며, 객실 등급 및 재훈련 설계 과정의 단순화, 강사 및 훈련 시설의 활용도를 높여 밀도의 경제 달성이 가능하다. 2024년 현재 미국의 대표적 저비용 항공사 사우스웨스트항공은 국내선에 집중하여 B737 항공기를 약 700대 운항하여 기종 단일화에 노력하고 있다. 우리나라의 경우 제주항공은 동일 기종의 항공기를 45대, 티웨이항공이 이와 함께 A330을 운항하여 비용 누수를 개선하고 있다.

> **규모의 이익**
> 다양한 기종을 운영하지 않고 단일 기종으로만 운영할 경우, 원가가 절감되어 얻는 이익을 의미한다. 정비 시 필요한 부품 등 물적, 인적 비용도 줄일 수 있다.
>
> **밀도의 경제 (Economies of Density)**
> 항공 운송 산업 분야에서 사용하는 용어로, 같은 비용을 가지고 밀도를 높였을 때 수익이 증가하는 것을 의미한다. 즉, 단위당 밀집된 정도에 따라 단위 비용이 감소하는 것과 같다.

셋째, 공항 선택의 차별화(Choice Of Secondary Airport)이다. 공항의 착륙료와 공항 시설 사용료를 상대적으로 줄이고, 항공기 가동률 증가와 사원의 효율적 운용을 꾀할 수 있다.

넷째, 'No-frill' 서비스 전략이다. 일등석 서비스와 기내식 서비스를 없애고 기내 엔터테인먼트 서비스를 최소화하여 객실 승무원의 수를 줄이고, 기내식 보존을 위한 기내 장치가 불필요하여 좌석 수를 늘리며, 좌석 단위당 비용 역시 최소화할 수 있다. 비행 중량을 감소시켜 단위 비용을 절감하고, 탑재시간이 불필요하므로 항공기의 지상 대기시간을 단축할 수 있다. 이와 같은 운영 전략에 따라 기내 서비스를 다소 축소하고 인건비를 절감하며 무상으로 제공하는 간단한 기내 서비스를 제외한 서비스를 모두 유료화하거나 이등석 축소 또는 전체 일반석 운영 등과 같이 운영 클래스를 단순화하여 기존 대형 항공사와 다른 운영 체제를 도모하고 있다.

다섯째, 순수 여객 운송 서비스(No Cargo Service)이다. 착륙료 및 항행시설 사용료 등 중량과 관련된 비용을 줄이고 화물 탑재를 위한 지상 조업 장비 및 인원이 불필요하며 동시에 정시성도 향상시킬 수 있다.

이외에 인터넷을 이용한 온라인 직접 발권(On-line Sales)으로 예약과 동시에 결제가 이루어지는 시스템을 통해 미결제로 인한 공석을 축소했다. 이는 영업점에 지불하는 비용을 절감하거나 여행사에 지급하는 수수료의 감소, 본사 콜센터 인원 감축으로 이어져 비용이 절감되는 효과가 있다. 편명공유, 연계 운송, 상용 고객 우대 프로그램 등을 채택하지 않음으로써 비용을 절감하고 항공권을 일찍, 미리 예약할수록 운임 가격을 낮추어 영업 이익을 사전에 확보하기도 하고, 여러 가지 초특가 이벤트로 공석을 사전에 관리하고 있다.

Michael715/Shutterstock.com

Bima Adhitya/Shutterstock.com

기내 와이파이, AVOD 장착 항공기 등 제공하는 최신 설비를 확대하고, 항공권의 직접 구매율이 증가함에 따라 항공사 웹사이트와 모바일을 통한 항공권의 직접 판매를 촉진하기 위한 마케팅 전략을 시행하고 있다. 이러한 구매 경로의 단순화를 위해 모바일 애플리케이션, 웹사이트를 통한 항공권 구매의 편리성 구축뿐만 아니라 항공권 특가 행사와 다양한 서비스 혜택을 포함한 여행상품이 개발, 판매되고 있는 추세이다.

### 4) 저비용 항공사의 운영 현황

저비용 항공사 전략은 미국에서 시작하여 유럽을 거쳐 아시아와 오세아니아, 남미, 아프리카에도 확산되고 있다. 주로 국내선 위주의 틈새 전략으로 출발한 저비용 항공사 전략은 아시아에서는 지역적 특성에 따라 점차 국제선으로 그 영역을 확대하고 있다.

우리나라의 경우 2000년도 중반부터 티웨이항공, 제주항공 등 저비용 항공사들이 출범하게 되면서 2013년 기준 에어부산, 제주항공, 진에어 등의 국내 LCC 시장 점유율은 국내선의 경우 44%, 국제선은 10%를 육박하게 되었다. 이에 따라 인천국제공항이 동북아시아 허브 공항으로 대두하면서 경쟁력 강화를 위한 항공 네트워크 강화 방안이 요구되었다. 2024년 기준 국토교통부 항공 통계에 따르면 상반기 국제선 여객 수가 약 4,300만 명인데, 그중 1,500만 명 이상이 LCC 9개사의 국제선 탑승객인 것으로 나타났다. 최근 에어부산은 창립 17주년을 맞이해 국내 대표 저비용 항공사로 성장했음을 공표하며 아시아 최고 LCC 항공사 도약이 목표라고 전했다. 우리나라 LCC 항공사들도 단거리 노선에 이어 중거리, 장거리 노선을 확대 운영하고 있어 승객들이 항공 여행에서 다양한 요소를 선택할 수 있는 환경이 되었다.

국내 저비용 항공사를 규모 순으로 살펴보면, 제주항공은 규모가 가장 크다고 할 수 있으며, 중소형 항공기를 지속해서 순차적으로 도입해 서울과 제주, 인천공항 국제선 노선에 주력하고 있다. 이어 티웨이항공은 A330 항공기를 도입하여 시드니, 자그레이브를 시작으로 파리까지 장거리 운항을 확대하고 있다. 진에어는 한진 그룹의 자회사로 B777 항공기로 장거리 운항을 지속하고 있다. 에어부산은 부산, 김해 국제 공항 착발 노선에 주력하고 있다. 이스타항공은 한때 운영 중단 절차를 밟았지만 타 기업 인수로 재취항 후 빠르게 성장하고 있는 추세이다. 에어서울은 코로나 19 이후 국내선 취항에 주력하고, 에어프레이마는 FSC 항공사의 품격 있는 서비스와 LCC 항공사의 가격 경쟁력을 동시에 갖춘 하이브리드 항공사임을 표명하며 B787 드림라이너 항공기의 일반석 좌석 간 간격을 넓혀 중단거리부터 장거리 노선을 모두 운항하고 있다.

국내 저비용 항공사의 성장에도 불구하고 외국 저비용 항공사의 국내 취항 확대로 경쟁이 심화할 전망이지만, 국내 항공 수요의 한계성을 고려한

Fabrizio Gandolfo/SOPA Images/LightRocket via Getty Images

Fabrizio Gandolfo/SOPA Images/LightRocket via Getty Images

Phuong D. Nguyen/Shutterstock.com

viper-zero/Shutterstock.com

InsectWorld/Shutterstock.com

Starz12/Shutterstock.com

국제선의 확장, 항공기의 추가 도입, 여행객의 해외 근거리 노선의 수요 증가로 지속적인 성장세를 보일 것으로 전망된다. 또한 지역 내 저비용 항공사에 대한 경쟁 전략 및 방어 전략을 모색 · 시행하는 중에 있으며 대형 항공사와의 항공 정비 위탁을 통한 항공 안전성의 향상, 정시 운항 약속, 이색 객실 서비스, 다양한 프로모션을 통해 시장 경쟁력을 확보해 나가고 있어 더욱 성장할 것으로 기대된다.

**Insight Journey**

12. 티웨이 항공에서 운영하는 구독형 멤버십에 대해 자세히 알아보자. (도움말은 부록 참조)

# SUMMARY


- 항공사 간 경쟁이 심화되고 수익성이 낮아지는 시장 환경에서 생존 전략의 하나로 항공사들은 원가 절감에 주력할 수밖에 없었고 그 과정에서 자연적으로 등장한 것이 바로 항공사 간 제휴이다.

- 항공사 제휴(Airlines Alliance)란 경쟁 관계에 있는 항공사가 특정 사업 혹은 기능별 활동 부문에 있어 경쟁사와 일시적 협조 관계를 맺는 것을 의미한다.

- 항공사의 전략적 제휴 형태는 수익 지향 제휴, 비용 절감 지향 제휴, 공동운항 지향 제휴로 나누어 볼 수 있다.

- 세계 항공 시장에서 형성되는 제휴의 형태는 두 항공사 간에 맺는 제휴의 초기 형태에서 벗어나 여러 항공사가 동시에 참여하는 다자간 전략적 제휴로 발전하고 있다.

- 주로 국내선 위주의 틈새 전략으로 출발한 저비용 항공사 전략은 아시아에서는 지역적 특성에 따라 점차 국제선으로 그 영역을 확대하고 있다.

- 국내 저비용 항공사들은 지역 내 저비용 항공사에 대한 경쟁 전략 및 방어 전략을 모색 · 시행하는 중에 있으며 대형 항공사와의 항공 정비 위탁을 통한 항공 안전성의 향상, 정시 운항 약속, 이색 객실 서비스, 다양한 프로모션을 통해 시장 경쟁력을 확보해 나가고 있어 더욱 성장할 것으로 기대된다.

# WORK SHEET

## SELF STUDY

1 항공사의 전략적 제휴가 추구하는 목표가 무엇인지 정리해 봅니다.

2 항공사의  전략적 제휴 형태가 어떻게 나뉘는지 정리해 봅니다.

3 항공사의 전략적 제휴 효과에는 어떤 것이 있는지 정리해 봅니다.

4 저비용 항공사의 운영 전략을 두 가지로 구분하고 각각 세부 내용을 정리해 봅니다.

## SELF FEEDBACK

이번 장을 통해 새롭게 알게 된 부분을 써 볼까요?

## GROUP ACTIVITY

그룹으로 나누어 국내 LCC 항공사별로 역사, 특화 서비스, 최근 운영 방법 등을 조사해 봅니다.

# Appendix

## 학습자의 Insight Journey를 안내하는 Direction Finder

**Insight Journey 1** 진에어에서 운영하고 있는 항공권 프로모션의 종류를 알아보자.

**Direction Finder** 진마켓(매 반기), 진에어페이, 진심여행상점(매 분기), 진딜라이트 팝업스토어(매월) 등이 있다(2024년 기준). 진마켓은 연중 최저 특가 프로모션으로 접속 지연 현상을 완화하기 위해 서버를 증설하고, 지역별로 오픈 시점을 달리해 운영하고 있다. 또한 진에어의 간편 결제 시스템인 '진에어페이'를 운영하며 이용 고객에게 3000원 할인 쿠폰을 제공하는 등 다양한 이벤트를 진행한다. 진심여행상점은 분기마다 진행하는 항공 할인 및 제휴 혜택 온라인 프로모션이다. 진심여행상점에서 국제선 항공권을 예매하는 고객은 출발 노선과 날짜에 따라 최대 15% 항공 운임 할인과 함께 숙박, 투어, 통신 등 다양한 제휴 혜택을 받을 수 있다. 진딜라이트 팝업스토어는 월마다 항공권 할인과 제휴를 통해 다양한 혜택을 제공하는 정기 프로모션이다.

◀ 그 밖의 이벤트도 찾아보자.

**Insight Journey 2** 에어프레미아는 2024년 국제선 취항 2주년을 맞았다. 자사 탑승객 대상으로 만족도 조사를 실시한 결과 고객 충성도에서 최고 수준을 받았다. 어떠한 부분에서 높은 점수를 받았는지 세부적인 내용을 알아보자.

**Direction Finder** 에어프레미아는 2024년 10월 자사 탑승객 1,742명을 대상으로 만족도 조사를 수행한 결과 '출 · 도착 정시성 준수'가 91%로 가장 높은 만족도를 기록한 것으로 나타났다. 이어서 넓고 편안한 기내 환경(90%), 체크인 시스템(90%), 합리적인 수하물 제공(89%) 등이 높은 평가를 받았다. 이는 장기 노선 중심의 적은 기체 수로 정시성이 낮다는 선입견을 깨뜨린 조사 결과라고 볼 수 있다. 실제 2024년 국토교통부가 발표한 '상반기 항공사 서비스 평가 결과'에서도 에어프레미아는 정시성 B+ 등급을 받으며 인천국제공항 기반 항공사 중 둘째로 높은 평가를 받았다.

◀ 관련 뉴스를 직접 읽어 보자.

**Insight Journey 3** 2024년 제주항공은 '국가 서비스 대상' LCC 2년 연속 1위를 수상하며 서비스 품질을 인정받았다. 세부적으로 어떠한 부분에서 능력을 인정받았는지 알아보자.

**Direction Finder** 구체적인 평가 항목으로 서비스 관리(품질 관리 및 사후 서비스), 유사/경쟁 서비스 대비 경쟁 우위, 고객 만족도(CRM) 체계, 광고-마케팅 전략 운영 등에서 높은 점수를 받았다.

특히 2023년 소비자 중심 경영(CCM) 인증을 획득하고 항공 운송 서비스 평가의 항공 교통 이용자 보호 충실성 부문에서도 최고 등급을 받는 등 고객 편의 개선을 위해 꾸준히 노력한 점을 높이 인정받았다.

◀ 2024년 여름 성수기의 친절 캠페인을 알아보자.

**Insight Journey 4**

국내 최초로 반려견 전용 기내식 메뉴를 선보인 항공사가 어느 항공사인지 찾아보자. 해당 서비스를 이용할 경우, 반려견의 기내 취식이 가능한지도 자세히 알아보자.

**Direction Finder**

제주항공은 2023년 업계 최초로 반려동물 전용 기내식을 판매했다. 다만 기내에서는 반려동물을 케이지에서 꺼내거나 먹이를 줄 수 없기 때문에 취식은 불가하다. 보호자는 해당 기내식을 수령한 후, 여행지에 도착해서 제공하도록 운영했다. 덧붙여 제주항공은 수의사가 함께 비행기에 타는 '반려견 전세기'를 김포–제주 노선에서 두 차례 운항하기도 했다. 이와 같이 반려견 전용 항공편 등과 같은 고객의 니즈를 반영한 맞춤형 서비스를 제공한 결과 출시 반년 만에 8,319명이 이용하는 등 큰 인기를 끌었다.

◀ 펫패스(Pet Pass)의 다양한 혜택을 받아 보자.

**Insight Journey 5**

에미레이트항공은 '2024년 스카이트랙스 세계 항공 대상(Skytrax World Airline Awards)'에서 총 7개 부문을 수상했다. 에미레이트항공의 차별화된 서비스가 무엇인지 알아보자.

**Direction Finder**

에미레이트 항공은 일등석과 비즈니스석 승객을 대상으로 '쇼퍼 드라이브 서비스(Chauffeur Drive Service)'를 제공한다. 해당 서비스는 출입국 시 전용 기사가 고급 차량으로 원하는 곳으로 데려다주는 것으로 전 세계 70여 도시에서 시행하고 있다. A380 항공기의 일등석은 작은 캡슐 호텔처럼 꾸며져 있으며, 미니 바와 미니 화장대, 스크린 등을 이용할 수 있고 전용 샤워룸도 준비되어 있다.

◀ 에미레이트항공 A380의 격조 있는 기내 설비를 확인하자.

**Insight Journey 6** 에어아시아는 2024년 게임 기업과 파트너십을 체결해 새로운 기내 엔터테인먼트를 제공했다. 관련한 세부 내용을 알아보자.

**Direction Finder** 에어아시아는 다국적 게임 기업인 세가/아틀러스와 파트너십을 체결했다. 체결에 따라 에어아시아는 초현실적인 게임 세계를 현실에서의 항공 산업에 구현하여 소비자에게 새로운 여행 경험을 제공하는 것을 목표로 한다고 발표했다. 또 2024년 10월부터 세가, 그리고 세가의 자회사인 아틀러스의 대표적인 게임의 하나인 〈소닉 더 헤지혹〉과 〈페르소나5〉의 캐릭터를 비행기 안팎에서 생생히 구현하는 흥미로운 협업 마케팅을 전개할 예정이라고 밝혔다. 이와 같이 게임 프랜차이즈를 비행 경험과 접목함으로써 승객이 재미, 엔터테인먼트를 누릴 수 있도록 운영하고 있다고 강조했다.

◀ 여행도 하고 게임도 하는 재미난 서비스를 알아보자.

**Insight Journey 7** 2024년 대한항공은 고객의 편의를 위해 기내 면세점 'SKYSHOP' 온라인 플랫폼을 개편했다. 어떠한 점이 달라졌는지 자세히 알아보자.

**Direction Finder** 대한항공 C&D는 기내 면세점 스카이숍 온라인 몰을 '탑승객 맞춤 커머스' 구조로 전환해 고객 만족도를 높이고자 대대적인 개편 사업을 추진했다. 이에 따라 한국이디에스는 대한항공 탑승객을 위한 맞춤형 서비스를 제공하고 대한항공 기내 면세점만의 경쟁력 강화를 목표로 프로젝트를 수행했다. 구체적인 주요 과업은 시장 분석을 통한 스카이숍 콘셉트 및 방향 수립(앱 · 웹 활성화를 위한 마케팅 방안 수립), 카테고리, 베스트, 이벤트, 전문관 등 고객 중심의 메인 페이지 리뉴얼, 전문관 · 폐쇄관 운영 구조 체계 마련, 검색 기능 고도화 및 멤버십 관리 기능 강화, 전시 상품 상세 페이지 내 동영상 업로드 환경 마련을 포함한 커스터마이징 환경 구축 등이다.

◀ 다채로운 스카이숍을 둘러보자.

**Insight Journey 8** 에어서울이 기내 안전과 승무원들의 기내 서비스를 함께 강화하기 위해 제작한 신규 기내 안전 영상에 대해 알아보자.

**Direction Finder** 에어서울은 신규 기내 안전 영상을 제작하여 기내 안전과 승무원들의 기내 서비스를 함께 강화했다. 이번 에어서울의 신규 기내 안전 영상은 AOMG, 네이버 나우 크리에이티브 디렉터 출신 '차일드'와 함께 만들었다. 안전에 대한 다양한 정보를 쉽고 직관적으로 고객에게 전달하는 것을 목표로 제작했으며 특히 3D 기술을 활용한 점이 특징이다.

◀ 새로운 안전 영상을 클릭해 보자.

**Insight Journey 9**

객실 승무원은 입국 시 면세 범위가 일반 승객과 다르다. 대한민국에 입국하는 항공 객실 승무원의 면세 허용 범위를 알아보자.

**Direction Finder**

(2024년 12월 현재) 면세 범위: 취득가 150달러 이하 물품으로서 품목당 1개 또는 1조

별도 면세: 1L 이하, 400달러 미만 주류 1병(3개월 내 1병 반입 가능. 단, 선신고에 한해 일반 승객과 같이 1회 2병 가능), 담배 1보루

**Insight Journey 10**

2024년, 제주항공은 한글날을 맞이해 이색 기내 방송을 진행했다. 해당 내용에 대해 자세히 알아보자.

**Direction Finder**

제주항공은 10월 4일부터 10일까지 일주일간 '2024 한글 주간'에 맞춰 국내선과 국제선 모든 항공편 기내에서 순우리말로 바꾼 이색 기내 방송을 실시했다. 또 해당 기간 순우리말 퀴즈를 기내에서 진행해 한글의 아름다움과 소중함을 알리는 데 최선의 노력을 다했다. 또한 김포국제공항에서는 발권 시 외국인 여행객을 대상으로 '손멋글씨' 행사를 진행하고 한국인 탑승객에게는 한글날을 기념해 제주항공에서 제작한 탑승권 모양 엽서에 행복한 여행을 기원하는 좋은 글귀와 이름 등을 손멋글씨로 적어 주는 행사도 개최했다.

◀ 한글날 행사의 이모저모를 살펴보자.

**Insight Journey 11**

'어머! 공항에 도착했는데 여권과 신분증이 없다면 어떻게 해야 할까?' 출국을 위해 공항에 도착한 승객이 여권과 신분증을 가지러 갈 시간이 부족할 경우, 이를 대체할 방법이 무엇인지 알아보자.

**Direction Finder**

장기 체류 등을 목적으로 비자가 필요한 경우가 아니라면 공항에서 '긴급 여권'을 발급받으면 가능하다. 외교부에 따르면 긴급 여권이란 '긴급한 사유로 발급하는 비전자 여권'을 의미한다. 긴급 여권은 한 번만 쓸 수 있는 단수 여권으로 유효기간은 1년이다. 긴급 여권

은 전자 여권을 (재)발급받을 시간적 여유가 없고, 여권을 긴급히 발급할 필요성이 인정되는 경우에 한해 발급한다. 긴급 여권은 공항이나 공항 인근 지방자치단체 청사에서 발급받을 수 있다. 공항의 경우에는 인천국제공항에서만 발급받을 수 있으며, 구체적인 장소는 인천국제공항 제1터미널과 제2터미널 여권민원센터이다. 하지만 누구나 긴급 여권을 발급받을 수 있는 것은 아니다. 본인인지 확인할 수 없을 경우에는 긴급 여권을 발급받을 수 없기 때문에 여행할 때 여권 이외에 다른 신분증을 따로 챙기는 게 좋다.

◀ 비상시 유익한 '긴급 여권'을 꼼꼼히 확인해 두자.

Insight Journey 12

Direction Finder

티웨이항공에서 운영하는 구독형 멤버십에 대해 자세히 알아보자.

티웨이항공의 구독형 멤버십의 정식 명칭은 '티웨이플러스'이다. 2023년 6월부터 해당 제도를 운영하며 라이트, 베이직, 프라임, 플래티넘 네 가지 멤버십을 제공한다. 구독하면 사전 좌석 선택, 티웨이-e카드 지급, 여정 변경 무료 등 다양한 프리미엄 혜택을 누릴 수 있어서 다른 항공사들과 차별화된 멤버십 서비스로 꾸준한 인기를 끌고 있다. 그중에서도 프라임과 플래티넘 멤버십은 장거리 노선을 이용할 때 비즈니스 업그레이드 기회가 확대된다는 특징이 있다.

◀ 티웨이플러스의 모든 것이 담긴 웹페이지를 방문해 보자.

# 참고문헌

김경숙(2003), 항공서비스론, 백산출판사.
김연성 외 5인(2002), 서비스 경영 – 전략 · 시스템 · 사례, 법문사, pp. 162–170.
김연성 외 1인(2010), 항공사 기내서비스의 서비스 청사진분석에 관한 연구, 한국품질경영 학회지.
김연성 외 6인(2023), 인사이트 있는 특별한 고객경험전략, KMAC.
대한항공, 객실승무원 업무규정집.
대한항공, 신입사원 입사교육교재.
대한항공, 객실훈련원, 우리고객의 불만과 칭송.
대한항공, 기내방송규정집.
대한항공, 기내잡지 Morning Calm (May, 2024).
대한항공, 기내잡지 Beyond (May, 2024).
델타항공, 기내잡지 SKY (August, 2004).
마크 패튼(2003), 서비스경영론, 현학사.
박대운(1993), 우리나라 항공기 여승무원 교육훈련에 관한 연구, 경희대학교 석사학위논문.
박혜정(2002), 항공객실서비스실무, 백산출판사.
벤 리즌 외 2인(2017), 비즈니스를 위한 서비스디자인, 초아출판사.
서비스경영연구회 편저(2011), 서비스코어 11, 한경사.
서비스경영연구회 편역(2004), 서비스경영, 한경사.
아시아나항공, 객실승무원 업무규정집.
아시아나항공, Customer's Voice Ⅲ.
아시아나항공, 기내방송규정집
아시아나항공, 기내잡지 Asiana (August, 2011).
알레인 해리스(2003), 고객서비스실무, 시그마프레스.
에어 프랑스, 기내잡지 Mermoz (December, 2001).
유나이티드항공, 기내잡지 Hemispheres (September, 2004).
윤문길 외 3인(2008), 항공운송서비스경영, 한경사
윤제동 외 2인(2006), 항공사 승무원의 서비스친절도와 이용고객의 사전지식이 고객 만족과 충성도에 미치는 영향, 인하대학교 산업경제연구소 경상논집.
이영희 외 2인(2006), 항공기식음료론, 연경문화사.
이영희 외 1인(2010), 항공기 객실서비스 실무, 연경문화사.

이영희 외 1인(2011), 최신 항공기 객실업무, 연경문화사.
이용일(1998), 항공업무론, 문원북.
이지영 외 1인(2007), 항공사 객실승무원의 감정노동과 정서안정성이 심리적 소진에 미치는 영향, 대한스트레스학회지.
이지민 외 2인(2001), 객실업무개론, 연경문화사.
이지민(2001), 항공운송시장에서 범세계적 전략적 제휴집단의 특성에 관한 연구, 항공대학교 석사학위논문.
이지민(2007), 항공사 기내서비스 프로세스 분석에 근거한 서비스품질 감사시스템 개발에 관한 연구, 인하대학교 박사학위논문.
전인수 역(1999), 서비스 마케팅, 석정.
정규엽(2007), 호텔외식관광마케팅, 연경문화사.
정상천(2002), 객실업무개론, 인하공업전문대학 출판부.
정익준(2000), 항공운송관리론, 백산출판사.
최기종 외 1인(2000), 항공업무론, 학문사.
칼 알브레히트 외 1인(2003), 서비스아메리카, 도서출판 물푸레.
콴타스 항공, 기내잡지 The Australian Way (May, 2004).
한소영(1999), 항공기 여행의 의혜적 연행성 분석, 서강대학교 석사학위논문.
허국강 외 1인(2000), 항공수송업무론, 기문사.

Air Stage (February, 2016)
Air Transport World, "Important Challenges Confront In-flight Food", Air Transport World (April 1999), pp.101-102.
A. Parasuraman, Valarie A. Zeithmal and Leonard L. Berry, "A Conceptual Model of Service Quality and it's Implication for Future Research", Journal of Marketing, vol.49 (Fall 1995), p.47.
Card A. king, "A Framework for a Service Quality Assurance System", Quality Progress (September, 1997), pp.19-23.
Christian Gronroos, Service Management and Marketing, Lexington Books, Lexington, Mass, 1990, p.27.
Christopher H. Lovelock, "Classifying Services to Gain Strategic Marketing Insight", Journal of Marketing, vol. 47 (Summer 1983), p.15.
Christopher H. Lovelock, "Classifying Services to Gain Strategic Marketing Insight", Journal of Marketing, vol. 47 (Summer 1983), pp.12-13.
Earl Sasser, R. Paul Olsen, and D. Daryl Wyckoff, Management Of Service Operations, Allyn and Bacon, Boston, 1978, p.8.
Fitzsimmons, James A. and Fitzsimmons, Mona J., Service Management, 4th edition, McGraw

Hill, 2004.

Fortune, "What Is Most Important to Airline Passenger", Fortune (December 1997), p.99-100.

Gronroos. C. "Strategic Management and Marketing in the Service Sector", Swedish School Economics and Business Administration, Helsinki, 1999.

Henry Lefer, "Deregulation Causes Some Passenger Service Woes", Air Transport World (September 1999), pp.49-50.

J. L. Heskett, T. O. Jones, G. W. Loveman, W. E. Sasser, Jr., and L. A. Schlesinger, "Putting the Service-Profit Chain to Work", Harvard Business Review, March-April 1994, pp.164-174.

Jacka, J. Mike and Keller, Paulette J.(2002), Business Process Mapping-Improving Customer Satisfaction, John Wiely & Sons, Inc.

James Brian Quinn, Jordan J. Baruch, and Penu Cushman Paquette, Scientific American, vol. 257, no. 2 (December 1987), p.50.

James L. Heskett, W. Earl Sasser, Jr., and Leonard A. Schlesinger, The Service Profit Chain, The Free Press, 1997, Figure 2-1, p.19.

James L. Heskett, W. Earl Sasser, Jr., and Leonard A. Schlesinger, The Service Profit Chain, The Free Press, New York, 1997, p.101.

John E. G. Bateson, "Perceived Control and the Service Encounter", in J. A. Czepiel, M. T. Solomon, and C. G. Surprenant, The Service Encounter, Lexington Books, Lexington, Mass, 1985, p.76.

OAG Worldwide (April-June 2004) "Passenger Never Forget Had It So Good", Business Week (October 1999), pp.124-126.

Pauel E. Green and Yoram Wind, "New Way to Measure Consumer's Judgement", Harvard Business Review (July-August 1997), p.69.

Paul Seidenman and David Spanovich, "In-flight Food Trend as Matter of Cutting the Fat", Airline Executive (October 1999), pp.23-25.

Richard Norman, Service Management: Strategy and Leadership in Service Business (New York Jone Wiley & Sone. Ltd., 1999), p.177.

Richard P. Cooke, "Comfort and Amenity Comes First", The Wall Street Journal (February 1997), p.24.

Shostak, G. Lynn. "Designing Services That Deliver", Harvard Business Review, (January-February 1984), pp.133-139.

Shostak, G. Lynn, "Service Positioning through Structural Change", Journal of Marketing, vol. 51 (January 1987), p.36.

SKY SHOP (May 2016)

Swan J. E. and Combo L. J., "Product Performance and Customer's Satisfaction: A New Concept", Journal of Marketing, vol.40 (April 1999), p.26.

Teas, "Expectations, Performance of a Model of Perceived Quality", Journal of Marketing, vol. 57 (October 1993), pp.18-34.
Valarie A. Zeithaml and Mary Jo Bitner, Service Marketing, McGraw-Hill, New York, 1996, p.5.

flyairseoul.com
ko.wikipedia.org
morningcalm.koreanair.com
www.airbusan.com
www.airlinebusiness.com
www.airliners.com
www.airportal.go.kr
www.airpremia.com
www.daum.net
www.eastarjet.com
www.emirates.com
www.etoday.co.kr
www.faa.com
www.hankyung.com
www.iata.com
www.jejuair.net
www.jinair.com
www.koreanair.com
www.molit.go.kr
www.naver.com
www.ncs.go.kr
www.oag.com
www.oneworld.com
www.philippineair.co.kr
www.skyteam.com
www.staralliance.com
www.twayair.com

# 찾아보기

## 한국어

## 영문

## T



## U



## V



## W



## Z



## 기타

약력 **이지민**

인하대학교 대학원 경영학과 졸업(경영학 박사)

대한항공 객실승무부 객실사무장

대한항공 객실훈련원 상위클래스전문과정 강사

인하공업전문대학 항공운항과 겸임교수

국가직무능력표준(NCS) 개발위원

현) 신구대학교 항공서비스과 전임교수

**명혜리**

세종대학교 대학원 호텔관광경영학과 졸업(경영학 박사)

대한항공 객실승무부 객실부사무장

인하공업전문대학 항공운항과 외래교수

현) 에이치알교육연구소 소장

신구대학교 항공서비스과 겸임교수